交通行业高职高专规划教材

Gangkou Wuliu Jixie
港口物流机械

主　编　吴广河
副主编　郑永生　赵秋园
主　审　仇桂玲

人民交通出版社股份有限公司
China Communications Press Co.,Ltd.

内 容 提 要

本书以现代港口生产组织为核心,对港口物流机械设备在港口生产中的地位作用和发展趋势进行了介绍,主要内容包括:起重机械、连续输送机械、港口装卸搬运机械、集装箱装卸专用机械等常用机械设备的典型结构、工作原理、主要工作参数以及在港口生产中的用途。

本书主要作为高职高专院校涉港专业的教学用书,也可以供有关工程技术人员学习参考。

图书在版编目(CIP)数据

港口物流机械/吴广河主编. —北京:人民交通出版社股份有限公司,2015.4
交通行业高职高专规划教材
ISBN 978-7-114-12157-9

Ⅰ.①港… Ⅱ.①吴… Ⅲ.①港口-物流-机械设备-高等职业教育-教材 Ⅳ.①U693

中国版本图书馆 CIP 数据核字(2015)第 064928 号

交通行业高职高专规划教材

书　　名:	港口物流机械
著 作 者:	吴广河
责任编辑:	赵瑞琴
出版发行:	人民交通出版社股份有限公司
地　　址:	(100011)北京市朝阳区安定门外外馆斜街 3 号
网　　址:	http://www.ccpcl.com.cn
销售电话:	(010)59757973
总 经 销:	人民交通出版社股份有限公司发行部
经　　销:	各地新华书店
印　　刷:	北京武英文博科技有限公司
开　　本:	787×1092　1/16
印　　张:	13
字　　数:	297 千
版　　次:	2015 年 7 月　第 1 版
印　　次:	2023 年 2 月　第 4 次印刷
书　　号:	ISBN 978-7-114-12157-9
定　　价:	34.00 元

(有印刷、装订质量问题的图书由本公司负责调换)

交通行业高职高专规划教材
编 委 会

主　　　任　宋士福

副　主　任　杨巨广

委　　　员　（以姓氏笔画为序）
　　　　　　仇桂玲　刘水国　刘俊泉　刘祥柏　苏本知
　　　　　　张来祥　周灌中

编写组成员　（以姓氏笔画为序）
　　　　　　王　峰　井延波　孙莉莉　李凤雷　李永刚
　　　　　　李君楠　吴广河　吴　文　佟黎明　张　阳
　　　　　　范素英　郑　渊　赵鲁克　郝　红　徐先弘
　　　　　　徐奎照　郭梅忠　谭　政

前　言

本书是为配合涉港口类专业了解港口物流设备的教学需要而编写的交通行业高职高专规划系列教材之一。该系列教材立足港口一线人才需求，结合人才培养模式改革的要求，坚持职业导向、学生为中心，以基础理论教学"必需、够用"为度，突出职业技能教学的地位，旨在培养学生具有一定的职业技能及必要的技术应用能力，以适应工作岗位的实际需求。

本书是根据港口装卸工艺流程涉及的主要机械设备和涉港类专业《港口物流机械》教学大纲编写的，主要内容包括起重机械、连续输送机械、港口装卸搬运机械和集装箱装卸专用机械四部分。

本书从培养学生应用能力出发，减少了理论推导，着重实际能力的培养，深入浅出，力求做到贴合港口实际、适应港口工作需要。

参加本书编写的有青岛港湾职业技术学院吴广河(绪论及第二、第四章)、赵秋园(第三章)、郑永生(第一章)，同时青岛港湾职业技术学院张阳、邓书花，青岛港集团有限公司前港分公司张来祥、张元刚、韩传林、张伟也参加了本书的编写，全书由吴广河担任主编。

本书由青岛港湾职业技术学院仇桂玲教授担任主审，对书稿进行了认真细致的审阅并提出了宝贵的修改意见。本书在编写过程中还得到了青岛港湾职业技术学院领导和课程组各位老师的大力支持和帮助，在此一并表示感谢。

限于编者的水平，书中误漏和欠妥之处在所难免，恳望广大读者批评指正。

编者
2015 年 4 月

目 录

绪论 1
  复习思考题 6

第一章　起重机械 7
  第一节　概述 7
  第二节　起重机主要零部件 15
  第三节　桥式类型起重机 32
  第四节　轮胎起重机 40
  第五节　门座起重机 54
  复习思考题 68

第二章　连续输送机械 70
  第一节　概述 70
  第二节　带式输送机 78
  第三节　斗式提升机 93
  第四节　气力输送机 99
  第五节　其他输送机 108
  复习思考题 117

第三章　港口装卸搬运机械 118
  第一节　港口装卸搬运机械的用途和工作特点 118
  第二节　港口装卸搬运机械的类型和组成 119
  第三节　叉车 124
  第四节　单斗车 143
  复习思考题 151

第四章　集装箱装卸专用机械 153
  第一节　集装箱运输基础知识 153
  第二节　集装箱 157
  第三节　岸边集装箱起重机 173
  第四节　集装箱龙门起重机 186
  第五节　集装箱正面吊运机 189
  第六节　其他集装箱机械 194
  复习思考题 197

绪　　论

　　港口物流机械是现代化企业的主要作业工具之一,是合理组织批量生产和机械化流水作业的基础。对第三方物流企业来说,物流设备又是组织物流活动的物质技术基础,体现着企业的物流能力大小。物流设备是物流系统中的物质基础,伴随着物流的发展与进步,物流设备不断得到提升与发展。物流设备领域中许多新的设备不断涌现,如四向托盘、高架叉车、自动分拣机、自动引导搬运车(AGV)、集装箱等,极大地减轻了人们的劳动强度,提高了物流运作效率和服务质量,降低了物流成本,在物流作业中起着重要作用,极大地促进了物流的快速发展。

一、港口物流机械的作用

　　在原材料、在制品、产成品及相关信息从供应地向需要地有效转移的全过程中,用来完成运输、装卸搬运、储存、分拣、包装、流通加工、配送等方面工作的设备,称为物流机械设备。

　　港口物流机械在物流业中起着重要的作用。现代物流工程是以现代管理理论和方法,综合运用现代电子信息等现代物流技术,通过现代化物流机械设备,为用户提供多功能、一体化的服务。物流机械设备是物流工程的重要组成部分,是物流工程中的物质基础,先进的物流技术是通过物流机械设备来实现的。要将货物的运输、装卸、仓储、加工、整理、配送和信息传输等各项功能有机地结合起来,形成完整的供应链,同样离不开物流机械设备。因此,物流机械设备也是实现物流功能的技术手段。

　　物流是生产与消费之间联系的纽带,为了实现以最小的投入获得最大的经济效益,就要使物流过程快速、合理。采用高速、高效、专业化的物流机械设备是提高运输、装卸、仓储、分拣、配送等各个物流环节效率的保证。将各种物流机械设备进行优化组合,实行合理的配备、衔接,组成一个系统,通过计算机控制和管理,就能使它们在作业中发挥更大的效能,当然也就大大地提高了物流效率。

　　物流是经济活动中的"第三利润源泉"。在物流过程中,运输活动的时间长、距离长、消耗也大。另外,运费在全部物流费用中占有最高的比例,在社会物流费用中运输费要占到50%以上。装卸活动也反复、频繁地出现在物流过程中,装卸活动消耗的人力、物力很多,装卸费用在物流成本中所占的比重也较高。以我国为例,船舶运输中的装卸费占40%左右。改善物流机械设备的性能、提高运输和装卸的效率,就能大大降低物流的成本。因此,物流机械设备是"第三利润源泉"的主要部分。

　　港口物流机械是物流机械设备中的重要组成部分,在港口生产中发挥了巨大的作用,大大提高了港口生产效率。本书重点介绍港口物流机械。

二、港口物流机械的分类

　　港口物流机械种类很多,主要分为起重机械、连续输送机械、装卸搬运机械和集装箱装卸机械。

1.起重机械

起重机械是以间歇工作方式对物料进行提升、短距离运移,从事装卸、安装等作业的机械设备。在物流系统中,起重机械用来进行装卸船舶、装卸车辆、堆垛、拆垛等工作。

起重机械的工作特点:

(1)动作是间歇的、重复的、周期性的。即通过重复、短时间的工作循环,周期性地完成货物的提升和运移,每个工作循环中都包括满载和空载的过程。

(2)每个工作循环中,其主要工作机构都做正向和反向的运动,且起制动非常频繁。

(3)所受到的载荷的大小和方向都是变化的。

港口起重机械主要的机型有:桥式起重机、门式起重机、轮胎起重机、门座起重机等。

2.连续输送机械

连续输送机械是沿一定的路线,连续、均匀地运送散货或成件物品的机械设备。它是装卸搬运活动中最主要的机械设备。在生产物流中,连续输送机械是车间自动化流水作业线不可缺少的组成部分。它将人与工位、工位与工位、加工与装配、加工与储存衔接起来,完成原料、半成品、成品的连续、稳定地运送,以供装配和储存。在流通中心、配送中心的物流出入库系统中,大多采用自动化连续输送机械,除完成货物的出入库输送外,还能进行货物的自动称量、自动计数、外形检测、自动卸载等工作。连续输送机械也可以作为辅助设备向分拣机输送货物,供分拣或拣选。在港口、车站、库场,连续输送机械可以用来输送煤炭、黄砂、碎石等散粒物料,以及中、小型成件物品。连续输送机械主要的机型有:带式输送机、链式输送机、螺旋输送机、气力输送机等。

3.装卸搬运机械

装卸搬运机械用于船舶和车辆的货物装卸,以及在堆场、仓库、船舱、车辆内进行的货物堆垛、拆垛和转运作业。装卸搬运机械一般兼有装卸与运输的功能,并可以装设各种可拆换的工作装置,故能适应多种物料的搬运作业,满足各种短距离的物料运输作业要求。装卸搬运机械的种类很多,主要有:叉车、单斗车、跨运车、牵引车、挂车和搬运车等。

4.集装箱装卸专用机械

集装箱装卸专用机械是用来对集装箱进行装卸船舶、装卸车辆、水平搬运、堆垛作业的机械设备。近年来,全世界港口集装箱吞吐量大幅度增长,集装箱运输船舶向超大型化发展,因此,为满足集装箱装卸作业的现代化、高效化,集装箱装卸专用机械迅速发展。集装箱装卸专用机械主要有:岸边集装箱起重机、集装箱龙门起重机、集装箱叉式装卸车和跨运车、集装箱正面吊运机、集装箱牵引车和挂车等。

三、港口物流机械发展概况

第二次世界大战后,工业生产、科学技术、经济得到了迅速发展。物流业以及作为物流业的硬件设施——港口物流机械也得到了相应的发展。

从运输设备来看,20世纪50~60年代,散货船舶的载重量一般是几千吨至1万吨,运输的货物是以煤、大宗建材为主。水运工艺的第二次革命是将谷物由袋装改为散装,还将某些本属于散货的件货(如化肥)也改为散装运输,因此,出现了5~8万吨级的巴拿马型散货船。

1987年韩国还建成了超巴拿马型的散货船,其最大载重量达到了36.5万吨。

20世纪60年代末,在公路上首先出现了集装箱运输。集装箱运输因为具有能实现全部机械化作业、提高装卸效率、提高货运质量、适合组织多式联运的运输方式等优点,改变了件货运输和装卸的落后状况。因此,很快地应用到水路运输上,并引发了水运工艺的第三次革命。1976年出现了第一代集装箱运输船,其载箱量仅为200TEU,航速22kn。经过几十年的发展,地中海航运公司(MSC)于2015年1月下水的集装箱船 MSC Oscar 号货物装载能力达19224TEU。另外,为满足不同货物的运输要求,还出现了各种专用船舶如液货船、滚装船、载驳船、冷藏船等。

汽车运输快捷、方便,能做到"门到门"输送,满足小批量、多品种的原材料、产成品的输送要求,因此,近年来公路运输发展迅速。但普通的载货卡车只能完成一般的货物运输,以满足运量要求。为满足输送货物的特殊要求,出现了越来越多的专用车辆。自卸车、罐式车、冷藏车等专用车辆,因为能有效地发挥汽车运输的功能,成为物流系统中不可缺少的设备。

随着物流业的发展及运输工具的大型化、专用化,物料搬运设备也向大型化、高速、高效、多品种方向发展,其控制方式也从手动、半自动发展到全自动。

轮胎起重机、汽车起重机等流动式起重机在20世纪50~60年代起重量大多为5t、8t。以后,通用型流动式起重机以中小型为主,起重量在40t以下,专用型流动式起重机向大型化发展。为满足大型石油、化工、冶炼设备和高层建筑构件安装等的需要,已生产了起重量800t的轮胎起重机,汽车起重机的起重量达到了1200t,主臂架长度126m。

早期的流动式起重机大多采用机械式传动。由于液压传动具有结构紧凑、可以无级调速、操纵方便、运转平稳和安全可靠等优点,目前在流动式起重机上广泛采用,特别是大吨位的全液压起重机发展迅速。许多流动式起重机还采用液力传动。这种传动方式使液力变矩器与发动机合理匹配,发动机的转矩能自动适应行驶条件;还采用了动力换档的变速器、液压转向装置。这样大大减小了驾驶员的劳动强度。为了减小臂架的自重,普遍采用高强度低合金钢,并对臂架截面的合理选型进行了大量的研究。为了防止流动式起重机倾翻,已研制和应用了计算机控制的起重力矩限制器。

近代国际集装箱运输系统的迅速发展,主要是应用第6代集装箱运输船舶,并相应发展了岸边集装箱起重机。服务于第1~2代集装箱船舶的岸边集装箱起重机的起重量为22.68t,外伸距23.78m。而目前世界上最大的岸边集装箱起重机是由上海振华港口机械有限公司生产的,其外伸距达到了73m,起重量100t。最新研制的双小车岸边集装箱起重机的生产率达到了60TEU/h。

集装箱装卸起重机的电力拖动方式,从第1~2代的直流发电机—电动机组、第3代的晶闸管直流调速发展到现在的全数字直流调速。

带式输送机是用来将散货和件货进行平面输送的机械。早期的移动带式输送机单机长度仅几十米,固定带式输送机单机长度不过100m。通过采用钢绳芯带,增加驱动单元的数量,采用中间驱动方式,增大单个驱动单元的功率,增大输送带与驱动滚筒间的摩擦系数等方法,使单机长度大大提高。当长距离输送时,可以实现无转载运输。目前,带式输送机单机长度最长达到15000m。

最初,对带式输送机单机采用手动操作,以后对带式输送机系统中各个单机用电器控制方式进行顺序操作,目前已经发展到在中央控制室里对输送系统进行集中控制,实行无人操作及监控运行。

为了提高装卸效率,散货船舶的装卸从采用门座起重机等通用设备发展到用装船机、卸船机等专用机械。目前世界最大的抓斗卸船机的生产率达到了 3500t/h,世界最大链斗式连续卸船机生产率 4500t/h,而移动式煤炭装船机的生产率达到了 12000t/h(2012 年 6 月 15 日,由上海振华重工独立设计、制造的世界最大装船机完成组装。该项目共有两台,用于巴西里约热内卢阿苏大港。该批装船机具有臂架伸缩、回转、俯仰功能,是目前世界上最大的装船机,额定装船为 12000t/h,最大装载能力达 15000t/h。装船机由主机、尾车和中继皮带机组成,Y15 装船机轨距为 18m,基距为 17m,回转轨道直径达 10m,回转半径近 50m,码头廊道轨顶标高达 22m,设备总重约为 1800t),弧线式矿石装船机的生产率则达到了 16000~20000t/h。

四、港口物流机械的发展趋势

为适应现代物流产业的需要,港口物流机械呈现以下的发展趋势。

1. 大型化和高速化

随着船舶的大型化、车辆的专用化、交通运输方式的现代化,装卸搬运设备的容量、能力越来越大,设备的运转速度或运行速度大大提高。履带起重机的最大额定起重量为 3000t,起重力矩达 400000kN·m,主臂长 72m,副臂长 42m。浮式起重机的起重量可达 6500t。带式输送机通过加大带宽、提高带速和增加槽角等方法来提高生产率,目前最大输送能力已经达到 37500t/h。抓斗卸船机的最大额定起重量为 85t,卸船能力达到了 4200~5100t/h。

2. 实用化和多样化

在现代化物流系统中,流动过程中的原材料、在制品、产成品已从低产量、大批量、少品种发展到高产量、小批量、多品种状况。"零库存"、"及时供货"、"供应链管理"等物流管理方式也被普遍采用。因此,近年来,国内外在建设物流系统及自动化仓库方面更加注重实用性,大型自动化仓库已经不再是发展方向。美国 Hallmark 公司曾建造了多达 120 个巷道的自动化立体仓库系统。为了适应工业和物流业的发展形势,10~20 个巷道的自动化仓库系统不再是首选方案,目前更趋向于采用规模更小、运作速度更快和用途更广的自动化仓库系统。利用先进的微电子控制技术,对货物进行分段输送和按预定路线输送,对货物的储存和输送保持了高度的柔性,并且具有更高的生产率。

为了提高起重机械在使用时的安全性和可靠性,在其传动和控制系统中采用新型的安全装置,如激光、红外线、超声波防撞装置,带语言提示功能的超负荷、超行程限制器,以及室外工作起重机的新型防滑装置。这样,一方面保证了起重机械的安全运转,另一方面还提高了机械的使用率,减少了停机检修的时间。

由于电动车辆无废气排放,低噪声、低振动,特别适宜在仓库内和车间内作业。由于高比能量、长寿命、易充电的新一代蓄电池的应用,室外作业场合也开始采用电动车辆。因此,电动车辆必将成为工业车辆发展的重点。

港口物流机械也向多品种方向发展,开发特殊用途的起重机,如海上钻井平台用的起重

机,使其服务领域更加广阔。通过采用花纹带、波状挡边搁板带、压带、磁性带、吊挂带等方式,使带式输送机能水平、大倾角,甚至垂直输送货物。

3. 自动化和智能化

广泛采用微电子技术、自动控制技术、人工智能技术,实现现代港口物流机械的自动化和智能化是今后的发展方向。

桥式起重机、抓斗装卸桥、集装箱龙门起重机或者它们的某些机构采用全数字控制或遥控方式。多台电梯和自动化仓库中的多台堆垛起重机采用群控的方法,实现机械的自动化作业,大大提高了作业效率。

带式输送机已经实现无人操作及远程监控。在中央控制室可以对系统中的主机、辅助设备和各种装置进行集中控制,对整条输送线路的情况实施远程监视以便及时发现故障和发现可能发生的事故。

电动车辆运行和起升机构的动力控制已经实现较大范围的无级调速和回收能量的再生制动。由于采用了微电子技术,进一步完善了车辆的性能,实现了自调速、自诊断和自保护。

内燃车辆用计算机对发动机工况进行管理,控制燃料的消耗和废气的排放,不仅改善了发动机的效率,提高了经济性,而且降低了能耗和保护了环境。用计算机对发动机的特性、变矩器的特性,以及实时车速、对应的发动机转速等传动系数进行分析,完全实现了自动换档。

在自动导向车系统中,自动导向车由计算机控制能够按照设定的指令进行无人导向运行、平层认址和载荷交换。新技术应用日新月异,随着物流作业要求的提高,导向车的故障自动诊断和排除、双向无错传输技术、能源自动补充技术和非线路导向技术得到进一步发展。在巷道堆垛机应用电子和自动控制以后,具有了更高的认址精度和搜索能力。

多媒体技术的应用使得远程操作指导和现场监视更加直观,也使得异地故障分析和防火、防盗成为可能。

4. 成套化和系统化

在实现了物流机械单机自动化作业的基础上,将一些港口物流机械组成了一个系统。通过计算机控制,使它们在作业过程中能够很好地衔接、协调和高效地工作。

今后要重点发展工厂内的生产搬运自动化系统、物流中心货物集散与配送系统、集装箱装卸搬运系统、货物自动分拣和输送系统。

现代化港口采用集装箱自动装卸搬运系统。无人驾驶的集装箱搬运车装有自动导航装置,能够沿规定的路线将集装箱搬运到堆场上的指定位置。用跨运车进行集装箱的堆垛作业,同时在车上的检测设备测取集装箱的箱号、堆放位置等信息,并与中央控制室之间实现无线传输。

当集装箱需要出港时,中央控制室的计算机将有关箱号、堆放位置等数据传输给跨运车或集装箱龙门起重机,并根据指令完成集装箱的拆垛作业。自动导向车将集装箱运到码头前沿,再由岸边集装箱起重机装船或装入集装箱卡车出港。

由昆船技术中心物流试验室与青岛颐中集团联合研制的成品自动化物流系统,不仅能够收集箱号、数量、外形尺寸等数据,还能完成货物的外形检测,根据包装的大小装入托盘和自动装到自动导向车上。自动导向车沿规定的线路将货物送到高层货架巷道口的载货台上,巷道堆垛机从载货台上叉取货物后,自动存入指定的货格。

比如香烟需要出库时,巷道堆垛机得到从计算机取得的箱号、货位指令,从货架上的货格中取出托盘货物搬运到巷道口,自动导向车将托盘货物搬运到自动分拣机。货物在分拣机上按货号分流,然后在各个分拣出口处汇集,再由装卸机械装车出库。这个自动化物流系统还有许多功能,我们将在以后的课程中具体分析。

5. 模块化和标准化

港口物流机械运用标准化设计,采用模块化结构。

与传统的设计和生产模式相比,模块化和标准化的方式极大地适应客户的需求。客户需要什么功能就组装成需要的设备,而且价格也更加合理。

在分析了起重机械相近系列产品的结构和规格的基础上,选出几种基型,然后将零、部件制成通用的组合件。根据用户的要求,将各种组合件拼装成不同的产品或派生出新产品。这种模块化和标准化的生产方式,降低了设计成本,缩短了制造周期,同时也加快了新产品的开发。

轮胎起重机、汽车起重机等流动式起重机已经系列化,可以根据参数选择。通用的部件和机构,如驱动桥、转向桥、中心回转接头、起升机构和回转机构等完全采用标准化设计,使得同一部件或机构能够在不同型号的起重机上使用。

6. 绿色化

所谓港口物流机械的"绿色"化就是提高设备的牵引力,有效地利用能源,减少污染排放。内燃机车辆可以采用液化石油气作燃料,使废气的排放符合国际标准。压缩天然气燃料将得到推广应用。内燃机车辆的噪声也降低到 75~80dB,而转向盘处的振动力小于 3N。

港口物流机械的"绿色"化还体现在对各港口物流机械的调度、使用和维护方面。如带式输送机在输送散货物料时要采用防护罩,尤其在粒度小和速度快的情况下,要避免粉尘飞扬。

复习思考题

1. 什么是港口物流机械?港口物流机械可以分为几大类?
2. 港口物流机械的作用有哪些?
3. 港口物流机械的发展前景是怎样的?请举例说明。

第一章　起重机械

本章主要对起重机械进行认知,讲述其结构组成、特点和分类,并详细介绍起重机械主要零部件及典型机械(桥式类型起重机、轮胎起重机、门座起重机)的结构组成、动作原理和运用场合。

第一节　概　述

一、起重机械的组成与工作特点

起重机械是用来垂直升降和水平运移货物的机械,工作特点是动作间歇性和作业循环性。起重机械主要由驱动装置、工作机构、金属结构及安全保护装置所组成。

1. 驱动装置

起重机械的驱动装置是用来驱动各工作机构动作的动力设备。它是起重机械的重要组成部分,在很大程度上决定着起重机械的工作性能和构造特征。

2. 工作机构

工作机构是起重机械的执行机构,通过各个机构的动作,完成对货物的升降和水平运移,从而实现装卸、转载、运输、安装等作业要求。起重机械的工作机构有起升、运行、变幅和回转四大机构。起升机构是用来升降货物的机构,是起重机械最基本的机构;运行机构是用来实现起重机械或起重小车沿固定轨道或路面行走的机构;变幅机构是依靠臂架俯仰或小车运行的方式使吊具移动而改变幅度的机构;回转机构是使起重机械回转部分在水平面内绕回转中心转动的机构。

任何一种起重机械,无论其形式如何,其工作机构都必需由作为基本机构的起升机构与其他三种机构进行组合完成作业任务,其他三种机构根据需要可任意增减、组合。如桥式起重机具有起升机构和小车、大车运行机构,是起升机构与运行机构组合;轮胎起重机和门座起重机都具有起升、运行、变幅和回转四大机构,是起升机构与所有其他机构组合。

3. 金属结构

金属结构是起重机械的基体和骨架。它主要用来布置和安装起重机械的驱动装置和机构部分,承受各种载荷并将这些载荷传递给起重机械的支承基础。起重机械的主要金属结构有臂架、门架、桥架、转台、人字架、机房等。

起重机械除了以上三大部分以外,为了使起重机械工作安全可靠,还需要装设一些安全保护装置。例如:为了防止吊重过载而使起重机械破坏,需装有起重量限制器或起重力矩限制器;为了防止起重机械行至终点或两台机械相碰发生剧烈撞击,需要装设行程限位器、缓冲器;为了防止露天工作的起重机械被风吹动滑行,需装设防风抗滑装置等。

起重机械的工作程序是:吊挂(或抓取)货物,提升后进行一个或数个动作的运移,将货物放到卸载地点后卸载,然后返程做下一次动作准备。完成这样一个工作循环后,再进行下一个工作循环。因此,起重机械是一种间歇动作的机械,它具有间歇、循环、重复的工作特点。在工作中,各工作机构经常处于反复起动、制动,稳定运动时间较为短暂。

二、起重机械的类型

起重机械形式很多,根据主要用途和构造特征进行分类,可分为桥式类型和臂架式类型起重机,详见图1-1。根据运行方式可分为固定式起重机、流动式起重机、移动式起重机、缆索起重机和其他起重机。

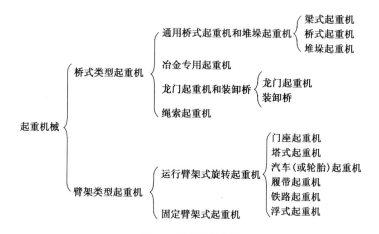

图1-1 起重机械分类

下面根据运行方式分类法对所有起重机做简单展示介绍。

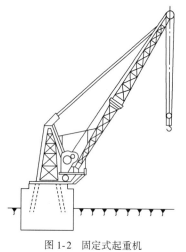

图1-2 固定式起重机

1.固定式起重机

固定式起重机一般是将起重机固定在基础或支承基座上,只能原地工作,其作业范围较小,在内河港口码头应用较多。图1-2所示为固定式起重机;臂架可以俯仰变幅而不能回转的起重机称为固定式动臂起重机;臂架可回转(包括能变幅和不能变幅的)起重机称为固定式回转起重机。

图1-3所示为桅杆起重机。它是臂架下端与桅杆下部铰接,上端通过钢丝绳与桅杆相连,桅杆本身依靠顶部和底部支承保持直立状态的可回转臂架型起重机。桅杆起重机一般安装在码头、库场或船舶甲板上使用。

2.流动式起重机

流动式起重机是能在带载或空载情况下沿无轨路面运行并依靠自重保持稳定的起重机械。流动式起重机按底盘形式分为小型起重机、随车起重机、汽车起重机、轮胎起重机和履带起重机。

图1-4所示为小型起重机。它是一种可由人力或借助辅助设备把物品从一个场地搬移

到另一个场地的起重机,要安装在底座上。该起重机结构简单,制造容易,起重量一般不超过1t。

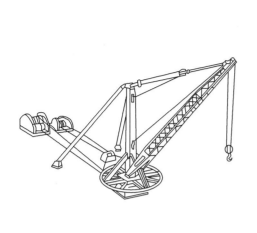

图1-3 桅杆起重机

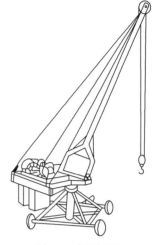

图1-4 小型起重机

图1-5所示为随车起重机。它是固定在载货汽车上的流动式起重机,主要用于装卸自身车厢内的货物。

图1-6所示为汽车起重机。它是以通用或专用的汽车底盘为运行底盘的流动式起重机。汽车起重机适用于流动性大的不固定作业场所。为了保证安全操作,使用时必须撑好支腿并绝不允许吊重行驶。

图1-5 随车起重机

图1-6 汽车起重机

图1-7所示为履带起重机。它是以履带为运行底盘的流动式起重机。由于履带与地面接触面积大,能在松软、泥泞地面上作业。其通过性能好,爬坡能力大,但因制造成本高,底盘笨重,且要破坏行驶的路面,故在港口应用不如轮胎起重机广泛。

3. 移动式起重机

移动式起重机是沿地面轨道行走的臂架型起重机,或支承在轨道上的桥架型起重机。移动式起重机包括门座起重机、半门座起重机、铁路起重机、桥式起重机、门式起重机(龙门起重机)和装卸桥。图1-8所示为铁路起重机。

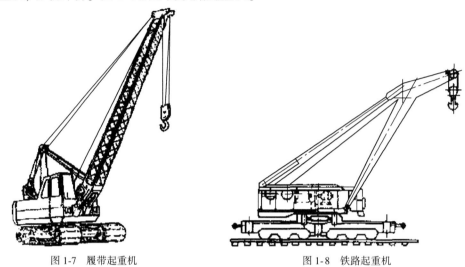

图1-7　履带起重机　　　　　　　图1-8　铁路起重机

4. 缆索起重机

缆索起重机是挂有取物装置的起重小车沿架空承载索运行的起重机,如图1-9所示。其承载索两端的支架可以在两侧平行的轨道上运行,起重小车在四根平行布置的承载索上运行。起升卷筒与起重小车的牵引卷筒均装设在主塔上,另一侧的副塔上装设有调整承载索张力的液压拉伸机。

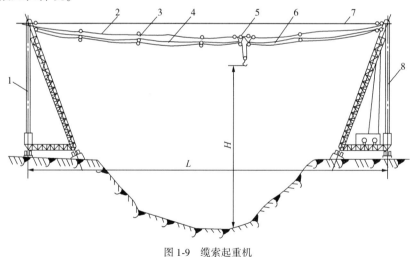

图1-9　缆索起重机

1-副塔架；2-承载索；3-支索器；4-起重索；5-起重小车；6-牵引索；7-辅助索；8-主塔架

5. 其他起重机

其他起重机包括起重葫芦、卷扬机和升降机等。图1-10所示为起重葫芦。它是通过链轮或卷筒,并带有减速装置和制动装置的简单起重机。起重葫芦有手拉和电动两种类型。

手拉葫芦如图1-10a)所示,是由人力通过拽引链和链轮驱动的。由于构造简单、重量小、携带方便,在缺乏电源的临时性及流动性场所,可用来起吊小型设备。电动葫芦如图1-10b)所示,它是由电机驱动的,可单独使用,也可与桥架配套作为桥式起重机的起重小车使用。

图1-11所示为卷扬机。它是由电动驱动的卷筒通过挠性件(钢丝绳、链条)升降运移重物的起重设备,是一般起重机起升机构的仿型,可用于装卸或安装作业。升降机是重物或承载装置只能沿导轨升降的起重机械,如电梯和液压升降机。电梯有载客和载货之分,一般多用于高大分层的建筑中。液压升降机其承载部分是平台,依靠液压缸顶升,使平台沿固定导轨垂直升降运动,主要用于多层仓库内升降作业。

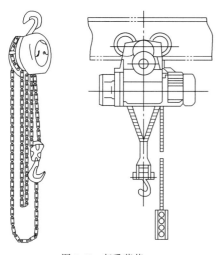
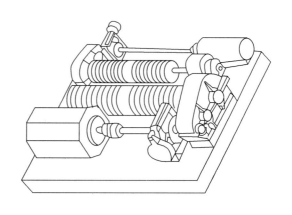

图1-10 起重葫芦
a)手拉葫芦;b)电动葫芦

图1-11 卷扬机

三、起重机械的主要技术参数

起重机械技术参数表征起重机械性能特征,是进行起重机械选型和设计的技术依据。主要技术参数有起重量、起升高度、跨度(桥式类型起重机)、轨距或轮距、幅度(臂架类型起重机)、工作速度、生产率和工作级别等。

1.起重量

起重量是衡量起重机起重能力的参数,是指起重机在安全工作情况下所能提升重物的质量。通常用 G 表示,单位为公斤(kg)或吨(t)。

起重量中有额定起重量和最大起重量之分。额定起重量 G_n 是指起重机在规定幅度条件下允许吊起重物、连同可分吊具(或属具)质量的总和。对于轮式臂架型起重机,其额定起重量是变值,随臂架长度和幅度而变化。最大起重量 G_{max} 是指起重机械正常工作条件下,允许吊起的最大额定起重量。

对于吊运能力较大的起重机械备有两套起升机构,其中起重量较大者称为主起升机构或主钩,较小者称为副起升机构或副钩,副钩的起升速度较快,以提高轻载时的生产率。主副钩的起重量用一个分式表示,如16/3(t),表示主钩起重量为16t,副钩起重量为3t。

有些臂架型起重机,如轮胎起重机、汽车起重机等,还常用起重力矩 M 这个参数衡量起重能力。它是指幅度和相应起吊物品重力的乘积,单位为牛·米(N·m)或千牛·米(kN·m)。在起重力矩一定的前提下,这类起重机械起重量是随幅度变化的,这时最大起重量是指最小幅度时的额定起重量。

起重量是起重机械的主要技术参数。为了适应国民经济各部门的需要以及考虑到起重机械发展的标准化、系列化和通用化,对起重量已制定了国家标准。

2. 起升高度

起升高度是指起重机工作场地地面或运行轨道顶面到取物装置上极限位置(对于吊钩和货叉算它们的支承表面,对于其他吊具,算至它们闭合状态的最低点)之间的垂直距离,用 H 表示,单位为米(m)。

港口码头前沿的起重机械如门座起重机,取物装置需伸入船舱作业,其起升高度应为取物装置上、下极限位置之间的垂直距离。即地面或轨面以上的起升高度和地面或轨面以下的下降深度之和。

3. 跨度

跨度是指桥架型起重机大车运行轨道中心线之间的水平距离,通常用 S 表示,单位为米(m)。

对桥式起重机的跨度已制定了国家标准。

4. 轨距或轮距

轨距或轮距是指对于除铁路起重机外的臂架型起重机和桥架型起重机的起重小车,为轨道中心线或起重机行走轮踏面(或履带)中心线之间的水平距离,通常用 k 表示,单位为米(m)。

门座起重机的轨距,交通运输部制定为 $k=6$m(跨单轨)和 $k=10.5$m(跨双轨)两种。

5. 幅度

幅度是臂架型起重机置于水平场地时,空载吊具垂直中心线至回转中心之间的水平距离(非回转浮式起重机为空载吊具垂直中心线至船首护木的水平距离),通常用 L 表示,单位为米(m)。

幅度是表示起重机不移位时的工作范围。有最大幅度和最小幅度,其名义幅度通常指最大幅度值。

6. 工作速度

起重机械的工作速度包括起升、运行、变幅和回转四个机构的工作速度。起升速度是指起升机构稳定运动状态下,额定载荷的垂直位移速度,用 V_n 表示,单位为米/秒(m/s)或米/分(m/min)。

运行速度是指运行机构稳定运动状态下起重机运行的速度。运行速度又分为大车运行速度,用 V_k 表示;小车运行速度,用 V_t 表示,单位为米/秒(m/s)或米/分(m/min)。

变幅速度是指变幅机构稳定运动状态下,额定载荷在变幅平面内水平位移的平均速度,用 V_t 表示,单位为米/秒(m/s)或米/分(m/min)。

回转速度是指回转机构稳定运动状态下,起重机回转部分的回转角速度,用 ω 表示,单位为转/分(r/min)。

起重机械工作速度选择的合理与否,对起重机械的性能有很大影响。在一定的起重量下,若提高工作速度,就可相应提高起重机械的生产率;但速度的提高也会带来一系列不利因素,如动载荷的增大、驱动功率的提高等。因此,应根据起重机械的工作性质、使用场合、起重量、工作行程等因素来综合考虑。

目前常用起重机械各机构的工作速度范围见表1-1。

常用起重机机构工作速度范围　　　　　　　　　　　表1-1

		起升速度(m/s)		运行速度(m/s)		变幅速度	回转速度
		主起升	副起升	小车	大车	(m/s)	(r/min)
通用吊钩桥式起重机	A_1、A_2	0.016~0.05	0.133~0.166	0.166~0.332	0.5~0.667		
	A_3、A_4	0.033~0.2	0.133~0.332	0.332~0.667	0.667~1.5		
	A_5、A_6	0.133~0.332	0.3~0.332	0.667~0.833	1.167~2		
抓斗桥式起重机		0.667~0.833		0.667~0.833	1.667~2		
通用龙门起重机		0.133~0.332	0.332	0.332~0.833	0.667~1		
抓斗装卸桥		1~1.67		1.67~5.83	0.25~0.667		
集装箱装卸桥		0.416~0.667		1.332~2	0.583~-0.833		
港口门座起重机		0.667~1.333			0.332~0.5	0.667~1.5	1.5~2
汽车、轮胎起重机		0.133~-0.5		12~80(km/h)		0.033~0.25	0.5~1.5

7. 生产率

生产率是指起重机械在规定的工作条件下连续作业时,单位时间内装卸货物的质量,通常用Q_s表示,单位为吨/小时(t/h)。它是表示起重机械装卸能力的综合指标,也是测算装卸作业能力的主要依据。

生产率不仅决定于起重机械本身的性能(起重量、工作速度、工作行程等),还与货物的种类、工作条件、生产组织以及驾驶员的操作熟练程度等多种因素有关。理论上生产率可用式(1-1)计算:

$$Q_s = n \cdot G_p \tag{1-1}$$

式中:n——起重机械每小时工作循环次数;

G_p——有效起升质量(t),当采用吊钩作业时,有效起升质量就是起重量,即$G_p=G$;当采用抓斗或容器作业时,有效起升质量为

$$G_p = V \cdot \gamma \cdot \psi$$

式中:V——抓斗或容器的有效容积(m^3);

γ——散粒物料的堆积密度(t/m^3);

ψ——充填系数。

8. 工作级别

工作级别也称工作类型。它是考虑起重量和时间的利用程度以及工作循环次数的起重机械特性。为了使起重机械具有先进的技术经济指标,保证产品经久耐用、安全可靠,在设计计算和选用起重机械时必须考虑由起重机械的工作忙闲程度和载荷大小所决定的工作级别。

根据我国《起重机设计规范》(GB 3811—83)规定,起重机械的工作级别包括起重机工

作级别、金属结构工作级别和机构工作级别三部分。

（1）起重机工作级别

起重机工作级别按起重机利用等级（整个设计寿命期内总的工作循环次数）$U_0 \sim U_9$ 和载荷状态 $Q_1 \sim Q_4$ 分为 $A_1 \sim A_8$ 个等级，见表1-2。

起重机工作级别（ISO 4301-1:1986/GB 3811—83） 表1-2

载荷状态	名义载荷谱系数 K_p	利用等级									
		U_0	U_1	U_2	U_3	U_4	U_5	U_6	U_7	U_8	U_9
轻级（Q_1）	0.125			A_1	A_2	A_3	A_4	A_5	A_6	A_7	A_8
中级（Q_2）	0.25		A_1	A_2	A_3	A_4	A_5	A_6	A_7	A_8	
重级（Q_3）	0.5	A_1	A_2	A_3	A_4	A_5	A_6	A_7	A_8		
特重级（Q_4）	1.0	A_2	A_3	A_4	A_5	A_6	A_7	A_8			

（2）金属结构工作级别

起重机金属结构工作级别根据结构的应力循环等级和应力状态分为 $A_1 \sim A_8$ 8个等级。

（3）机构工作级别

机构工作级别按机构利用等级（机构在使用期限内，处于运转状态的总小时数）$T_0 \sim T_9$ 和载荷状态 $L_1 \sim L_4$ 分为 $M_1 \sim M_8$ 八个等级，见表1-3。表1-4列出了几种起重机及机构的工作级别，可供参考选用。

机构工作级别（GB 3811—83） 表1-3

载荷状态	名义载荷谱系数 K_m	利用等级									
		T_0	T_1	T_2	T_3	T_4	T_5	T_6	T_7	T_8	T_9
轻级（L_1）	0.125			M_1	M_2	M_3	M_4	M_5	M_6	M_7	M_8
中级（L_2）	0.25		M_1	M_2	M_3	M_4	M_5	M_6	M_7	M_8	
重级（L_3）	0.5	M_1	M_2	M_3	M_4	M_5	M_6	M_7	M_8		
特重级（L_4）	1.0	M_2	M_3	M_4	M_5	M_6	M_7	M_8			

几种起重机及机构的工作级别举例 表1-4

起重机械类型			起重机工作级别	机构工作级别				
				起升机构	变幅机构	回转机构	运行机构	
							小车	大车
桥式起重机	吊钩式	车间及仓库用	$A_3 \sim A_5$	$M_2 \sim M_5$	—	—	$M_3 \sim M_5$	M_3、M_5
		繁重工作车间及仓库用	$A_6 \sim A_7$	$M_5 \sim M_7$	—	—	M_5、M_6	M_6、M_7
	抓斗式	间断装卸用	$A_6 \sim A_7$	$M_6 \sim M_7$	—	—	M_6、M_7	M_6、M_7
		连续装卸用	A_8	$M_7 \sim M_8$	—	—	M_6、M_7	M_6、M_7
门式起重机		一般用途吊钩式	$A_5 \sim A_6$	M_5、M_6	—	—	M_5	M_5
		装卸用抓斗式	$A_7 \sim A_8$	M_7、M_8	—	—	M_7、M_8	M_6、M_7
		装卸集装箱用	$A_6 \sim A_8$	$M_6 \sim M_8$	—	—	$M_6 \sim M_8$	$M_5 \sim M_8$

续上表

起重机械类型		起重机工作级别	机构工作级别				
			起升机构	变幅机构	回转机构	运行机构	
						小车	大车
装卸桥	港口装卸用抓斗式	A_8	M_7、M_8	M_3	—	M_7、M_8	M_6、M_7
	港口装卸集装箱用	$A_6 \sim A_8$	$M_5 \sim M_7$	M_3	—	$M_5 \sim M_7$	$M_5 \sim M_7$
门座起重机	装卸用吊钩式	$A_6 \sim A_7$	M_5	M_5	M_5	M_3	
	装卸用抓斗式	$A_7 \sim A_8$	M_7、M_8	M_5	M_3、M_5	M_4	
汽车(或轮胎)起重机、履带起重机、铁路起重机	安装及装卸用吊钩式	$A_1 \sim A_4$	M_3、M_4	M_4	M_4	$M_2 \sim M_4$	
	装卸用抓斗式	$A_4 \sim A_6$	$M_5 \sim M_7$	M_4、M_5	M_5、M_6	M_4、M_5	
浮式起重机	装卸用吊钩式	$A_5 \sim A_6$	M_5、M_6	M_5、M_6	M_5、M_6	—	—
	装卸用抓斗式	$A_6 \sim A_7$	M_6、M_7	$M_6 \sim M_8$	$M_5 \sim M_7$	—	—

我国原来使用的工作类型是根据机构的工作忙闲程度和载荷率分为轻级、中级、重级、特重级四级。整个起重机的工作类型和起重机金属结构的工作类型均按起重机的起升机构的工作类型确定。为了便于过渡,在新的由《起重机设计规范》规定的工作级别和旧的原来使用的工作类型之间,可找到以下的对应关系:在起重机和起重机金属结构的工作级别中,$A_1 \sim A_4$相当于工作类型中的轻级;$A_5 \sim A_6$相当于中级;A_7相当于重级;A_8相当于特重级。

第二节 起重机主要零部件

一、钢丝绳

钢丝绳通常是由绳芯及直径为 0.5~20mm 的优质冷拔钢丝按一定的方法捻制而成的。绳芯可以使钢丝绳具有较高的挠性和弹性,而且可以较长时间地储存油脂,当钢丝绳受载时,挤出油脂润滑钢丝。绳芯有纤维织物芯、石棉芯和金属芯等。一般钢丝绳都采用纤维织物芯,但其不能承受横向压力;当钢丝绳在卷筒上作多层卷绕时,宜采用金属芯;石棉芯钢丝绳多用于高温场合。

钢丝绳是起重机械应用最广泛的挠性构件。其特点是卷绕性好,易于卷绕和贮存;承载能力大,耐冲击;传动平稳无噪声;无突然断裂现象,工作安全可靠。

1. 钢丝绳的种类和应用

按捻绕次数,钢丝绳分为单绕和双绕两种,起重机械上所用的钢丝绳通常由钢丝捻绕成股,然后由股围着绳芯捻绕成绳的双绕绳。

双绕绳按绳与股捻制方向的异同可分为顺绕绳和交绕绳。同时,绳股在钢丝绳中的绕向还有左、右旋之分,如图1-12所示。

1)顺绕绳

顺绕绳其丝绕成股与股绕成绳的旋向相同,捻制后外表面的钢丝与绳的轴线几乎垂直,如图1-12a)、b)所示。这种钢丝绳挠性好,与滑轮槽接触时为线接触,接触应力小,摩擦系数较大,不易打滑,使用寿命较长。但由于容易松散和有强烈的扭转趋势,只能用于经常处于张紧的场合,如臂架、牵引小车的牵引绳等,不宜用于起升绳。另外,在选用顺绕绳时要注意在卷筒上的卷向,如绳为左旋时,应右向卷入卷筒,反之亦然。

图1-12 钢丝绳绕向
a)左旋顺绕绳;b)右旋顺绕绳;c)左旋交绕绳;d)右旋交绕绳

2)交绕绳

交绕绳其丝绕成股与股绕成绳的旋向相反,捻制后外表面的钢丝与绳的轴线几乎平行,如图1-12c)、d)所示。交绕绳虽挠性比顺绕绳差些,易磨损,使用寿命较短,但由于没有扭转和松散等缺陷,故广泛用于起重机械上。

按其绳股内各层钢丝直径是否相等可分为普通型和复合型;这种分类又可按钢丝绳绳股内相邻层钢丝的接触状态,称为点接触、线接触和面接触钢丝绳。

(1)普通型

普通型钢丝绳其股内各层钢丝直径相等,如图1-13a)所示。此时,绳股中内外相邻两层的钢丝捻距不同,相互交叉,钢丝间互相断续接触,形成点接触,故又可称为点接触钢丝绳。普通型钢丝绳,钢丝的接触比压大,磨损快,寿命短。但由于制造成本低,柔性较好,曾在起重机上被广泛应用,现多被复合型钢丝绳所替代。

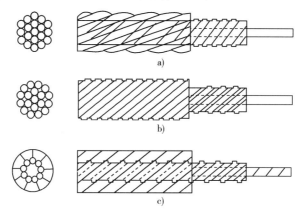

图1-13 绳股钢丝接触情况
a)点接触;b)线接触;c)面接触

(2)复合型

复合型钢丝绳其股内钢丝粗细不同,如图1-13b)所示。各层钢丝的捻距相同,相邻层钢丝中心线互相平行,钢丝间沿整个长度接触,形成线接触,又可称为线接触钢丝绳。线接触应力较小,挠性好,耐磨,使用寿命较普通型钢丝绳可提高1.5~2倍。

复合型钢丝绳有三种形式:外粗型(X型)、粗细型(W型)、填充型(T型)。外粗型钢丝绳如图1-14b)所示,内外两层的钢丝数相同,丝径不同,外层丝径粗,内层丝径细,耐磨性好,但僵性较大。适用于多层卷绕或磨损较严重的场合。粗细型钢丝绳如图1-14c)所示,内层钢丝直径相同,外层钢丝粗细相间,其挠性好,适用于钢丝绳弯曲次数较多的场合,如倍率较大的起升机构卷绕系统。填充型钢丝绳如图1-14d)所示,外层丝数为内层丝数的2倍,丝层之间的空隙为细丝所充填。这种钢丝绳的金属充满率高,破断拉力大。

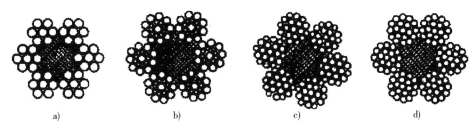

图1-14 钢丝绳结构截面
a)点接触;b)外粗型;c)粗细型;d)填充型

面接触钢丝绳股内钢丝形状特殊,呈面接触。

按照钢丝表面情况分光面和镀锌钢丝绳。室内或一般作业大多使用光面钢丝绳,对于露天作业使用的钢丝绳,因为潮湿甚至还要浸水,所以大多用镀锌的钢丝绕制,以防锈蚀。

近年来,在起升高度较大的起重机械上有时采用多股不旋转钢丝绳。该钢丝绳由18股顺绕绳组成,内层有6股,外层有12股,内外层的绕向相反,受力后两层股产生的扭转趋势相反,互相抵消。常用型号有18×7,18×19。

2.钢丝绳的选用

钢丝绳的选择包括钢丝绳结构形式的选择和钢丝绳直径的确定。钢丝绳在工作时其受力状态十分复杂,选用钢丝绳时,首先根据钢丝绳的使用场合选择其型号,然后根据钢丝绳工作时所受的最大静拉力确定钢丝绳的直径。

(1)《起重机械设计规范》中推荐,钢丝绳最小直径由钢丝绳最大工作静拉力确定:

$$d = c\sqrt{F_{\max}} \tag{1-2}$$

式中:$F_{\max}$——钢丝绳最大工作静拉力(N);
　　　d——钢丝绳最小直径(mm);
　　　c——选择系数。

选择系数c值与钢丝绳充满系数w、折减系数k有关。表1-5中列出了钢丝绳充满系数$w=0.46$、折减系数$k=0.82$时的c值。

(2)根据钢丝绳所处机构的工作级别的安全系数选用钢丝绳的直径。钢丝绳破断拉力$F_{绳}$应满足下列条件:

$$F_{绳} \geq n \cdot F_{\max} \tag{1-3}$$

式中:$F_{绳}$——钢丝绳最大工作静拉力(N);
　　　n——根据机构的重要程度、工作级别及载荷情况而制定的钢丝绳的安全系数,见表1-5。

选择系数 c、安全系数 n 及系数 h 表1-5

机构工作级别	选择系数 c 钢丝工程抗拉强度 σ_b(MPa)			安全系数 n	卷筒 h_1	滑轮 h_2	均衡滑轮
	1550	1700	1850				
$M_1 \sim M_3$	0.093	0.089	0.085	4	14	16	12.5
M_4	0.099	0.095	0.091	4.5	16	18	14
M_5	0.104	0.1	0.096	5	18	20	14
M_6	0.114	0.109	0.106	6	20	22.4	16
M_7	0.123	0.119	0.113	7	22.4	25	16
M_8	0.14	0.134	0.128	8	25	28	18

3.钢丝绳的标注

对所选用的钢丝绳应按照 GB 1102—74 的规定进行标注。

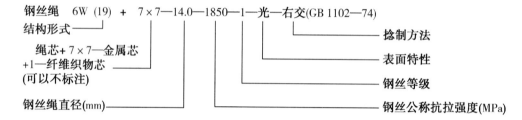

4.钢丝绳的报废

钢丝绳在长期使用中,外层钢丝由于反复弯曲、磨损而逐渐断裂。随着断丝数增多,钢丝的断裂会加快,当断丝达到一定数量后,再继续使用,有整绳断裂的可能。为了防止事故发生,《起重机械用钢丝绳检验和报废实用规范》(GB 5972—86)中规定,钢丝绳出现下列情况时应予报废:

(1)钢丝绳断丝数达到表1-6规定值时(吊运熔化或赤热金属、酸溶液、易燃物或有毒物品时,断丝数应相应减少一半);

钢丝绳必须报废时的断丝数 表1-6

外层绳股承载钢丝数 n	钢丝绳结构的典型例子（GB 1102—74）	钢丝绳必须报废时与疲劳有关的可见断丝数							
		机构工作级别							
		A_1、A_2				A_3、A_4、A_5、A_6、A_7、A_8			
		交捻		顺捻		交捻		顺捻	
		长度范围							
		6d	30d	6d	30d	6d	30d	6d	30d
76~100	18×7(12)	4	8	2	4	8	15	4	8
101~120	6×19、7×19、6×(19)、6W(19)、34×7(12)	5	10	2	5	10	19	5	10
121~140	6×24、6×(24)、6W(24)、8×19、8×(19)、8W(19)	6	13	3	6	13	26	6d	13
161~180	6×30	7	14	4	7	14	29	7	14
181~200	6×(31)、8×(25)	8	16	4	8	16	32	8	16

续上表

外层绳股承载钢丝数 n	钢丝绳结构的典型例子（GB 1102—74）	钢丝绳必须报废时与疲劳有关的可见断丝数							
		机构工作级别							
		A_1、A_2				A_3、A_4、A_5、A_6、A_7、A_8			
		交捻		顺捻		交捻		顺捻	
		长度范围							
		$6d$	$30d$	$6d$	$30d$	$6d$	$30d$	$6d$	$30d$
201~220	6W(35)、6W(36)、6×W(36)	8	18	4	9	18	38	9	18
221~240	6×37	10	19	5	10	19	38	10	19
241~260		10	21	5	10	21	42	10	21
261~280		11	22	6	11	22	45	11	22
281~300		12	24	6	12	24	48	12	24
>300	6×61	$0.04n$	$0.084n$	$0.02n$	$0.04n$	$0.08n$	$0.16n$	$0.04n$	$0.08n$

注：表中 d 为钢丝绳直径。

（2）出现整根绳股的断裂时；

（3）当外层钢丝磨损达到其直径的 40%，钢丝绳直径相对于公称直径减小 7% 或更多（即使未发现断丝）时；

（4）钢丝绳外部或内部有较严重腐蚀时；

（5）钢丝绳有较严重腐蚀时。

5. 使用钢丝绳应注意的问题

由于钢丝绳在工作时受力情况非常复杂，为了提高钢丝绳的使用寿命，在使用钢丝绳时应注意以下几个问题：

（1）钢丝绳的寿命与配用的卷筒和滑轮的直径大小有很大关系，选用较大的卷筒和滑轮直径，则可以大大延长钢丝绳的寿命。

（2）尽量减少钢丝绳的弯曲次数，避免反向弯曲，因为反向弯曲的破坏作用是同向弯曲的 2 倍。

（3）不允许钢丝绳扭转打结，不得使用破损的滑轮。

（4）加强钢丝绳的日常维护保养，定期对钢丝绳加油润滑，防止钢丝绳生锈，避免钢丝间或钢丝绳与滑轮表面迅速磨损。

（5）切断钢丝绳前，要先把切断处钢丝绳两侧用钢丝扎紧，以防止钢丝松散。

（6）填充钢丝不能视作承载钢丝，须从检验数中扣除；多层股钢丝绳仅考虑能见的外层股；带钢芯的钢丝绳，其绳芯视作内部绳股时不予考虑。

（7）吊运熔化或赤热金属、酸溶液、易燃物或有毒物品时，表 1-6 中断丝数应相应减少一半。

二、滑轮和滑轮组

1. 滑轮和滑轮组的种类

（1）滑轮

滑轮是可以支撑钢丝绳、改变钢丝绳走向、平衡钢丝绳分支拉力或者组成滑轮组降低钢丝绳拉力来达到省力的目的的轮状物。有铸造、焊接、尼龙、双幅板压制等多种型式。

根据滑轮轴线是否运动,滑轮一般可分为动滑轮和定滑轮两种。动滑轮一般起省力或增速作用;定滑轮则用以改变绳索作用力和运动方向。仅用于改变绳索运动方向的滑轮称为导向滑轮;利用滑轮的转动来调整钢丝绳两边长度和拉力的滑轮称为均衡滑轮。

(2)滑轮组

钢丝绳卷绕系统中,由绕有钢丝绳的定滑轮与动滑轮组成的系统称为滑轮组。按其功用,滑轮组分为"省力滑轮组"和"增速滑轮组"。按照驱动分支数分为单联滑轮组和双联滑轮组。

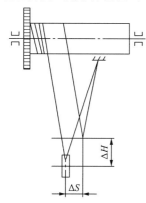

图 1-15 无导向滑轮的单联滑轮组

图 1-15 所示的滑轮组仅有一根钢丝绳引入卷筒,最后引入卷筒的钢丝绳称为驱动分支,它同时又是承载分支。仅有一根驱动分支的滑轮组称为单联滑轮组。单联滑轮组的钢丝绳在卷筒上绕入或放出时,沿卷筒作轴向移动,使卷筒支座受载不均匀。如无导向轮时,则货物在上升或下降的同时还产生水平位移。因此,单联滑轮组常用在带导向轮的臂架型起重机上。

双联滑轮组有两根驱动分支,即由两个单联滑轮组对称组合而成,它在工作时无货物水平位移现象。在双联滑轮组中装有均衡滑轮(或均衡杠杆),当两边钢丝绳长度和拉力不相等时,能自行调整。图 1-16 中 a)、b)、c)是桥架型起重机的双联滑轮组;d)、e)、f)是臂架型起重机的双联滑轮组。

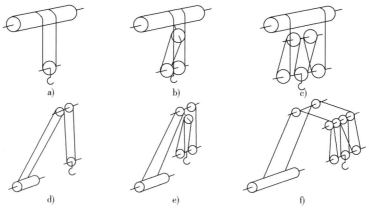

图 1-16 双联滑轮组

a)、b)、c)桥架型起重上的双联滑轮组;d)、e)、f)臂架型起重机上的双联滑轮组

2.滑轮的选用

滑轮直径应根据钢丝绳的直径来确定,即满足式(1-4)。滑轮槽的尺寸应保证钢丝绳顺利卷绕,并且使接触面积尽可能大,防止钢丝绳与滑轮槽缘的摩擦或跳槽。

$$D_0 \geq h \cdot d \tag{1-4}$$

式中:D_0——按钢丝绳中心计算的卷筒或滑轮的卷绕直径(mm);

h——与机构工作级别和钢丝绳结构有关的系数,见表 1-5;

d——钢丝绳直径(mm)。

3.滑轮组倍率

图1-17所示为省力滑轮组卷绕系统展开图。钢丝绳经过滑轮组的卷绕,质量为 G 的货物悬挂在钢丝绳的 m 根分支上,若不计钢丝绳的僵性和滑轮的阻力,则作用于钢丝绳每一根承载分支上的张力均相等,其值 F 为:

$$F = G \cdot g/m = P_G/m \qquad (1-5)$$

式中:g——重力加速度(m^2/s);
P_G——起升载荷(kg)。

此时,货物如需以 V_n 的速度升降,则钢丝绳引入卷筒时的卷绕速度 $V_卷$ 应为:

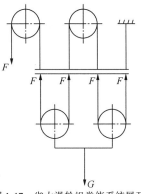

图1-17 省力滑轮组卷绕系统展开图

$$V_卷 = m \cdot V_n \qquad (1-6)$$
$$m = V_卷/V_n = P_G/F \qquad (1-7)$$

从式(1-5)可见,m 为滑轮组的传动比,即为驱动钢丝绳的速度与货物升降速度之比,通常称为滑轮组的倍率。

双联滑轮组驱动分支是单联滑轮组的2倍,其承载分支也是单联滑轮组的2倍。将双联滑轮组分成两个单联滑轮组便可看出,双联滑轮组的倍率为总承载分支数的一半。因此,倍率的计算公式为:承载分支数与驱动分支数之比,即单联滑轮组倍率为承载分支数,双联滑组倍率为承载分支数之半。

滑轮组倍率对起重机械起升机构的总体尺寸有很大影响。倍率大可使钢丝绳拉力减小,从而使钢丝绳、卷筒和滑轮的直径减小,并且可减小传动系统的扭矩和速比。但是,这样又导致滑轮组本身笨重复杂,使用效率降低,钢丝绳磨损加剧。因此,在一般情况下,大起重量选用较大的倍率,以免采用过粗的钢丝绳;双联滑轮组选用较小的倍率,因它的分支数和滑轮数较多;起升高度大时,宜选较小的倍率,防止卷筒过长或避免采用多层卷绕。

4.滑轮组的效率

在分析倍率与钢丝绳拉力的关系时,不计其钢丝绳在滑轮卷绕中的阻力,因而每根承载分支所受拉力(即承担的载荷)相等。但事实上,在滑轮转动时,除了克服轴与轴承之间的摩擦阻力外,还要克服钢丝绳的僵性阻力。由于上述阻力存在,绕出分支的拉力比绕入分支的拉力大。此时,滑轮的效率为输出功率与输入功率之比。当滑轮采用滚动轴承时 $\eta = 0.98$;当采用滑动轴承时,$\eta = 0.95$。

滑轮经组合成滑轮组后,整个滑轮组的效率并不能依据滑轮的数目简单地将各个滑轮的效率相乘。滑轮组的效率除与轴承形式有关外,还与滑轮组的倍率、滑轮直径、滑轮的润滑情况等有关,具体数据可查表1-7。

滑轮组效率 η 值　　　　表1-7

轴承形式	η	倍率 m						
		2	3	4	5	6	8	10
滑动轴承	0.95	0.98	0.95	0.93	0.90	0.88	0.84	0.80
滚动轴承	0.98	0.99	0.98	0.98	0.97	0.96	0.95	0.92

三、卷筒

卷筒是用来卷绕钢丝绳并传递动力的构件。卷筒一般由铸铁或铸钢制成圆柱形,大型卷筒也有用钢板卷成筒形再焊接而成的。

1. 卷筒的种类及应用

卷筒按表面情况可分为光面卷筒和有槽卷筒;按卷筒上驱动分支数分为单联卷筒和双联卷筒。

光面卷筒一般用于多层卷绕。多层卷绕钢丝绳可以紧密排列,主要用于起升高度特别大、机构要求紧凑的场合,如汽车起重机等。多层卷绕层数一般不超过三层,为使钢丝绳排列整齐,常采用排绳器等附属装置。

有槽卷筒是在卷筒表面车有螺旋导向槽,以防止相邻钢丝绳互相摩擦,并增加钢丝绳与卷筒壁的接触面积。因此,大大改善了钢丝绳的工作条件,提高了钢丝绳的使用寿命。

螺旋导向槽的方向有左旋和右旋。一般左旋绳槽配用右旋钢丝绳,反之亦然。绳槽又分标准槽和深槽两种。一般多采用标准槽,由于其节距较浅,绳槽小,在卷绕相同长度钢丝绳时,标准槽的卷筒长度比深槽卷筒短,这样可使机构紧凑。但当有脱槽危险或当钢丝绳从卷筒上引出时,为避免由于钢丝绳的松弛而扰乱绳圈的排列,则采用深槽。如果要求机构紧凑,仍宜采用标准槽,可以采用压绳器来防止钢丝绳脱槽。

卷筒的直径由钢丝绳直径确定,即满足式(1-4),卷筒的长度则由起升高度来确定。卷筒是受力部件,应根据受力情况对其进行强度及稳定性计算。

2. 钢丝绳在卷筒上的固定方法

在卷筒上固定钢丝绳,要求安全可靠、拆装方便。常用的固定方法有以下四种:

(1) 螺钉压板固定法

图1-18a)所示为螺钉压板固定法。它是采用压板、螺钉在卷筒外部把钢丝绳固定。这种方法简单牢固,检查装拆方便。但需要增加卷筒长度,并且不能用于多层卷绕。

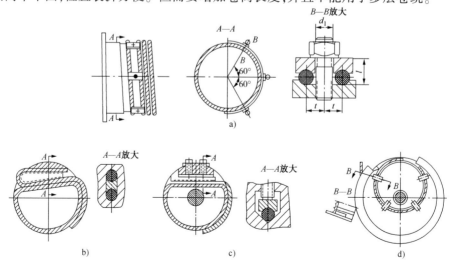

图1-18 钢丝绳在卷筒上的固定方法

a) 螺钉压板固定法; b) 楔块固定法; c) 长板条固定法; d) 侧板上压板固定法

(2)楔块固定法

图1-18b)所示为楔块固定法。它是把钢丝绳端通过卷筒表面孔道穿入卷筒内部,然后用楔块将绳固定。楔块斜度为1:4~1:5。这种方法结构紧凑,适用于多层卷绕,但卷筒构造复杂。

(3)长板条固定法

图1-18c)所示为长板条固定法。它是把钢丝绳端穿入卷筒内部特制的槽中,用螺钉及板条压紧,利用绳索与板条及卷筒间的摩擦力来平衡钢丝绳的拉力。这种方法适用于多层卷绕,但因卷筒构造复杂故应用较少。

(4)侧板上压板固定法

图1-18d)所示为压板在卷筒侧板上固定法。它是将钢丝绳头引出到卷筒侧板外,用螺钉压板将绳头固定。这种方法适用于多层卷绕,也可以用于单层卷绕。

四、取物装置

取物装置是起重机械起升机构中用来攫取货物的装置。由于起重机械装卸货物的品种繁多,有成件货、散粒货和液体货等,它们的物理性能和几何形状以及装卸要求各不相同。为了适应各类货物的装卸作业,常用的取物装置有吊钩、吊环、扎具、夹钳、电磁盘、真空吸盘、抓斗和盛桶等。此外,还有集装箱专用吊具和其他专用工具。本节主要介绍吊钩装置和抓斗两种取物装置。

1.吊钩和吊钩装置

吊钩是起重机械中使用最广泛的取物装置。吊钩的外形如图1-19a)、b)所示。吊钩的弯曲部分为钩身,垂直部分为钩柱,钩柱上端车有螺纹,用螺母安装在吊钩装置的横梁上。吊钩有单钩和双钩。单钩制造、使用方便;双钩受力对称,在起重量相同的情况下双钩比单钩的重量小,但制造困难。一般起重机械上多采用单钩,当起重量较大时,为减小吊具重量则采用双钩。

吊钩装置是由吊钩、滑轮、吊钩横梁、轴承和拉板等零件所组成。根据结构特点,吊钩装置有短钩型吊钩装置和长钩型吊钩装置。

短钩型吊钩装置如图1-19c)所示,采用短吊钩并支承在吊钩横梁上,滑轮支承在单独的滑轮轴上。这种吊钩装置整体高度尺寸大,但横向尺寸小,对减小钢丝绳偏角有利。其滑轮数可为单数,也可为双数,故应用较广泛。

长钩型吊钩装置如图1-19d)所示,采用长吊钩,吊钩、滑轮均支承在同一根轴上。整体高度尺寸小,但横向尺寸较大,滑轮需对称布置。大多用于起升滑轮组倍率为偶数时,且起重量不大、起升高度受限制的场合。

2.抓斗

抓斗是一种能自动装卸货物的取物装置。它的抓取与卸料动作由起重机驾驶员操纵,不需要辅助人员,避免了繁重的体力劳动,节省了作业时间,大大提高了装卸生产率。目前,在散货装卸作业中得到广泛应用。

1)抓斗的种类

根据颚板数目抓斗可分为双颚抓斗和多颚抓斗。多颚抓斗又称荷花抓斗,其颚板数一般为6块,颚板切口呈尖爪状,使抓斗容易插入货物间的缝隙而深入料堆中。主要用于装卸大块矿石及废钢铁。

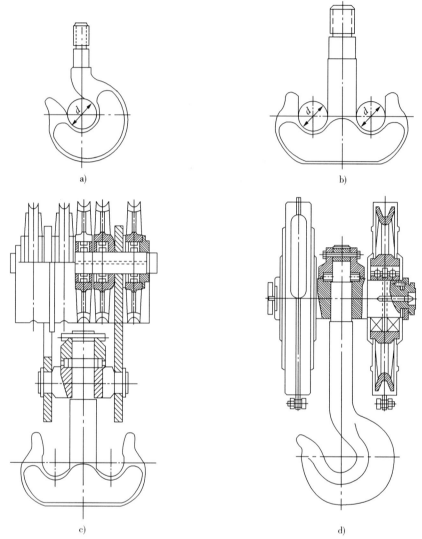

图 1-19 吊钩和吊钩装置

a)单钩;b)双钩;c)短钩型吊钩装置;d)长钩型吊钩装置

双颚抓斗根据物料的容重可分为轻型、中型、重型和特重型四种。这四种抓斗构造上没有差别,但在容积相同的情况下,抓斗的自重则有较大的差异。

根据操作特点抓斗可分为绳索式抓斗和和自带动力抓斗,绳索式抓斗又分为单绳抓斗、双绳抓斗、四绳抓斗。

单绳抓斗只有一根钢丝绳来实现抓斗的升降动作,抓斗的开闭则需要启闭机构配合来完成。其结构、操作较复杂,生产率低。但可用于只有一套起升机构的起重机上。双绳抓斗有支持和开闭两根钢丝绳,由两套独立的起升机构分别驱动,通过这两根钢丝绳的单独或协同工作来实现抓斗的开闭和升降动作。双绳抓斗能在任意高度卸料,具有较高的生产率,因此被广泛采用。双绳抓斗若两套起升机构采用双联卷筒,则支持绳和开闭绳各为两根,称为四绳抓斗。由于四绳抓斗的开闭绳和支持绳成对布置,故作业稳定性好,不易打转。四绳抓斗构造特点与工作原理与双绳抓斗类似,下面不做详细介绍。

自带动力式抓斗常采用马达抓斗。马达抓斗是依靠装在其头部的开闭机构来实现抓斗的开闭动作。所以,马达抓斗只需要一套起升机构来完成抓斗的升降运动。

2)抓斗的结构特点和工作原理

(1)双绳抓斗

双绳抓斗发展很快,除了常用的长撑杆抓斗外,还有剪式、耙集式和钳式抓斗等。

①长撑杆抓斗

长撑杆抓斗如图 1-20 所示,它是抓斗的基本形式,由颚板 6、上承梁 3、下承梁 5、撑杆 4、支持绳 1、开闭绳 2 和开闭滑轮组等组成。

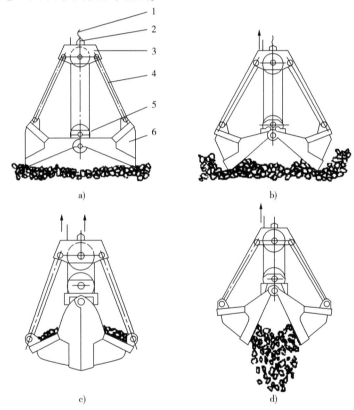

图 1-20 长撑杆抓斗

1-支持绳;2-开闭绳;3-上承梁;4-撑杆;5-下横梁;6-颚板

开闭滑轮组的上、下滑轮分别安装在上、下承梁上。长撑杆抓斗对各类散料具有良好的适应性,且重心低,因而获得广泛的应用。但它的颚板在抓料闭合过程中,闭合力矩渐趋减小,因而用长撑杆抓斗抓取大块料时,填充率明显不足。

②耙集式抓斗

耙集式抓斗如图 1-21 所示,由颚板 1、支持绳组 2、上承梁 3、下承梁 5、撑杆 6 和开闭滑轮组 4 组成。当支持绳拉紧、开闭绳放松时,撑杆撑开颚板,使抓斗打开。耙集式抓斗的张

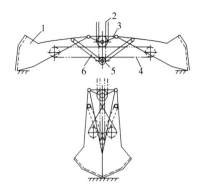

图 1-21 耙集式抓斗
1-颚板;2-支持绳组;3-上承梁;4-开闭滑轮组;5-下承梁;6-撑杆

开度大,颚板在闭合过程中其刃口轨迹近似为水平直线,有良好的耙集性能,适宜于分层抓取散粒物料,以及清舱底作业等。它的不足之处是:在闭合状态时,重心较高,容易倾倒。此外,颚板与刃口之间的距离较大,抓斗的切入性能差。

③剪式抓斗

剪式抓斗如图 1-22 所示,为开闭绳直接绕入型,是按剪刀原理设计的叉铰结构,由平衡架(均衡梁)5、剪臂 3、颚板 4、中心铰轴 2 和滑轮组 1 等组成。

剪式抓斗抓取能力大,特别适用于抓取大容重的矿石。由于选用了较小的开闭滑轮组倍率,故开闭绳行程短,缩短了抓斗的闭合时间,提高了装卸效率。剪式抓斗在最大张开度下的覆盖面积大,具有耙集性能,且抓取深度均匀。剪式抓斗在悬空状态下颚板的开闭,其刃口几乎在一个水平面上移动,可以贴近料堆开闭,减少卸料时粉尘飞扬。

剪式抓斗的最大特点是:抓斗闭合时挖掘力矩逐渐增大,闭合终了时达到最大值,保证抓斗有较高的填充率。但由于它初始抓取能力较低,不利于抓取较大块度散粒物料。

④钳式抓斗

钳式抓斗如图 1-23 所示,它是一种新研制的抓斗,由一字形横梁 1、内斗臂 3、外斗臂 4、颚板 6、中心铰轴 2 和增力滑轮组 5 等组成。

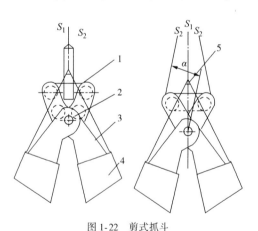

图 1-22 剪式抓斗
1-滑轮组;2-中心铰轴;3-剪臂;4-颚板;5-平衡架

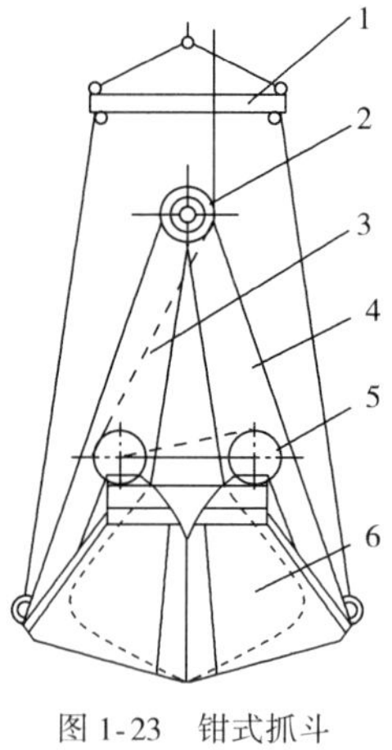

图 1-23 钳式抓斗
1-横梁;2-中心铰轴;3-内斗臂;4-外斗臂;5-增力滑轮组;6-颚板

钳式抓斗具有耙集性能,结构较耙集式抓斗简单,抓取能力大。从抓斗闭合初期到终了时闭合力都较大,因而抓斗的填充率很高。与长撑杆抓斗进行对比试验表明,其装卸效率高 44.7%,而且重量小,构造简单,重心低。

双绳抓斗的工作原理如图 1-20 所示。抓斗以张开状态下降到料堆上(图 1-20a),启动开闭卷筒,使开闭绳上升,此时,支持卷筒停止不动。抓斗逐渐闭合,抓斗颚板在抓斗自重作用下插入料堆,抓取货物(图 1-20b)。待抓斗完全闭合后,支持卷筒和开闭卷筒同速开动,将满载的抓斗提升到一定的高度(图 1-20c)。再将抓斗运移到卸料位置后,支持卷筒停止不动,反向启动开闭卷筒,使开闭绳下降,抓斗颚板在其自重以及货物重力作用下张开卸料(图 1-20d)。

依次经过上述过程,抓斗就完成一个工作循环。显然,双绳抓斗的工作情况取决于支持绳和开闭绳之间的相对运动速度。当两绳运动速度相同时,抓斗保持一定的开闭程度上升或下降;当两绳运动速度不同时,抓斗就张开或闭合,其动作过程见表 1-8。

双绳抓斗工作情况　　　　表 1-8

抓斗状态	张斗下降	抓取闭合	重斗上升	张开卸料
支持绳运动情况	下降(同步)	停(放松)	上升(同步)	停(张紧)
开闭绳运动情况	下降(同步)	上升(收紧)	上升(同步)	下降(放松)

(2) 单绳抓斗

单绳抓斗的结构与双绳抓斗相似,主要由头部、撑杆、颚板、下横梁等组成。但因为单绳抓斗只有一根钢丝绳,所以需要通过特殊的启闭机构,使一根钢丝绳轮流起支持绳和开闭绳的作用。

图 1-24 所示为 15t 单绳多颚抓斗。该抓斗的启闭机构采用滑块式,由重锤 7、牵引钢丝绳 8、偏心板 9、滑块 2 和扭力弹簧 3 组成。起升钢丝绳 10 绳端固定在滑块 2 上,升降钢丝绳可使滑块沿导轨 11 上下移动。

滑块式单绳抓斗的工作原理是:抓斗以张开状态放入料堆,此时,滑块 2 与头部 1 接触,下横梁 4 与颚板 6 相对距离较短,牵引重锤的钢丝绳 8 处于松弛状态。下降钢丝绳 10 使滑块 2 沿导轨 11 下滑,滑过设在下横梁上的偏心板 9 的斜面,偏心板在偏心力矩和扭力弹簧的双重作用下,始终处于图 1-25a)所示位置。这时提升钢丝绳滑块沿导轨上升时,正好被偏心板的凸缘钩住。由于滑块与偏心板吻合,使滑块 4 与下横梁连为一体。继续提升钢丝绳,滑块带动下横梁一起上升,抓斗颚板逐渐闭合抓取物料,此时,钢丝绳为开闭绳。待抓斗完全抓取闭合后,满载抓斗被提升到一定高度,此时,钢丝绳为支持绳。当将抓斗运移到卸料地点后,下降钢丝绳使抓斗落到料堆上。由于抓斗在逐渐闭合的过程中,下横梁与颚板的相对距离增加,使牵引重锤的钢丝绳被张紧,此时,滑块上

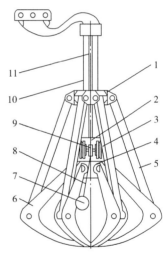

图 1-24　15t 单绳多颚抓斗
1-头部;2-滑块;3-扭力弹簧;4-下横梁;5-撑杆;6-颚板;7-重锤;8-牵引钢丝绳;9-偏心板;10-钢丝绳;11-导轨

的挂钩与偏心板的凸缘吻合,两者的正压力远大于重锤的拉力。继续下降钢丝绳使滑块脱离偏心板,这时重锤把偏心板拉起,使偏心板绕铰点顺时针(逆时针)转一角度,如图 1-25b)所示。然后再提升钢丝绳使滑块沿导轨上升,直至与头部相遇。抓斗在自重和物料重力作用下张开卸料,此时,钢丝绳为开闭绳。待物料全部卸完后,抓又以张开状态进行下一个工作循环。

近年来,在单绳抓斗中采用了许多新型的启闭机构,如撅轮转轮式、戟叉式、翻板式等。

对启闭机构的要求是：结构简单、操作方便、工作可靠。由于不管采用哪种启闭机构，单绳抓斗必须降到物料堆之后才能卸料，这使抓斗的卸料时间延长，生产率降低。因此，单绳抓斗用于装卸量不大或者无法采用其他类型抓斗的场合。

（3）马达抓斗

图 1-26 所示为把电动葫芦安装在抓斗头部作为该抓斗的开闭机构的马达抓斗。它可以悬挂在任何一种吊钩起重机上作业，只要起重机上安装一个与吊钩卷筒保持同步的电缆卷筒就可作业。

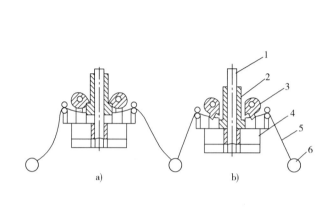
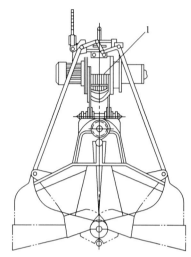

图 1-25　滑块式启闭机构
1-导轨；2-滑块；3-偏心板；4-下横梁；5-牵引钢丝绳；6-重锤

图 1-26　马达抓斗
1-电动葫芦

在双绳抓斗的作业过程中，开闭绳的拉力是从开闭卷筒传入的一种外力。由于在抓取物料向上提时开闭绳拉力不断增大，从而使抓斗向下插入物料的作用力不断减小。而马达抓斗的开闭机构装在抓斗头部，在抓取过程中，不会减小抓斗插入物料的作用力，反而会随着抓斗装满程度不断增大而增大。因此，与绳索抓斗比较，马达抓斗有较好的抓取能力。但马达抓斗自重大，重心高，作业时易翻倒；电动机容易过载，必须有可靠的过载保护装置。另外，还需要装设供给开闭机构的动力装置，如电缆、电缆卷筒或压缩气管等。

马达抓斗按开闭机构的形式可分为机械传动、液压传动和气力传动三种。液压抓斗的颚板开闭是由液压油缸来实现的。随着液压技术的发展，液压抓斗将会得到更为广泛的应用。

3）影响抓斗抓取能力的因素

抓斗的抓取能力大小主要取决于抓斗的下沉力和物料垂直方向的阻力，抓斗的抓取力矩和物料阻力矩之间的关系。影响抓斗抓取能力的因素很多，主要有以下几个方面：

（1）抓斗自重及其分配

绳索抓斗与起重机之间没有刚性联系，抓斗之所以能插入料堆抓取物料是因为抓斗的自重，抓斗的自重是抓取力的来源。因此，要保证抓斗一定的抓取量，抓斗必须有足够的自重。

要提高抓斗的抓取性能，使之既能减小抓斗自重又能提高抓取量，这就要求抓斗自重在各部分能得到合理分配。理论分析与试验研究表明，抓斗各部分的重量对抓取能力的影响是不同的。增大头部与撑杆的重量分配比例，对提高抓取量最有效；颚板次之；下横梁的重量效果最低。增大颚板与撑杆铰接点部位的重量分配比例,对提高相对抓取能力也有显著效果。下横梁的重量分配过多虽然对提高抓取量收效甚微,但下横梁过轻,有可能引起空抓斗不能顺利张开。

(2)滑轮组的倍率

在开闭绳张力一定的条件下,增加开闭滑轮组的倍率,可以增大开闭绳通过滑轮组作用在头部、下横梁上的作用力,于是提高了抓取力矩;或者在产生同样抓取力矩的情况下,随着开闭滑轮组倍率的增大,可以相对地减小开闭绳的张力,从而增加抓斗的下沉力。这样都使抓斗增加挖掘深度,增加抓取量。

对于同样的抓取量,如果增加了滑轮组倍率,就可减小抓斗的自重。但增加滑轮组的倍率,会使滑轮数增多,抓斗结构复杂,重量增加,抓斗闭合时间及开闭绳行程加长,同时也使开闭绳磨损加快。因此,在选择滑轮组倍率时应作综合考虑。滑轮组倍率一般可取为3~6,对重型抓斗取大值。

(3)抓斗最大张开度

图1-27所示为张开度对抓取量的影响,从图中所列表可见,在一定的张开度范围内增大抓斗的张开度,可以增大颚板切割刃所包围物料的面积,多抓取货物。但张开度过大时,颚板中心铰点与水平切割刃的距离增大,阻力矩过分增大。为克服过大的阻力矩,开闭绳张力增大,使抓斗下沉力减小,挖掘深度减小。尤其在抓斗闭合的后阶段,由于需要压缩和移动的物料量增多,物料产生的阻力矩增大,使开闭绳的张力急剧增加,下沉力减到极小,甚至为零,整个抓斗实际上被提起,颚板在物料表面上闭合,这样,不仅不能将已把集到两颚板间的物料全部抓取到颚板里,反而"吐出"了原先已经把集到的物料,抓取量反而减小了。

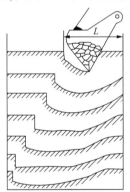

L(mm)	G_g(kg)
570	18
670	19
770	20.5
870	22
970	21
1070	20.3
1115	19

图1-27 张开度对抓取量的影响

(4)颚板宽度

当抓斗自重一定时,减小颚板宽度,可以增加作用在颚板刃口单位长度上的压力,使抓斗容易插入料堆,并有较大的初始插入深度,可增加抓取量。

一般使抓斗宽度对其最大张开度之比值为0.42~0.75,多数为0.45~0.55,对松散物料取大值,坚实物料取小值。

(5)颚板几何形状

颚板几何形状要与物料的物理机械性能相适应。实践表明,小块粒、内摩擦系数小的松散物料宜采用圆弧形颚板;大中块度、内摩擦系数较大的物料,为了减小物料在抓取过程中与颚板底板的摩擦及内部运动,减小抓取阻力,应该采用底面平直的颚板。

颚板底背角对抓取性能也有较大影响,底背角太小,颚板底部擦着物料,阻碍抓斗向深处插入;底背角太大,物料在斗内"爬陡坡",增加闭合阻力。通常底背角 $\alpha = 10° \sim 15°$,对于干燥物料取小值,潮湿物料取大值。

(6)物料性质

物料的容重、块度与内摩擦系数对抓斗的抓取量有决定性影响。容重大、块度大及内摩擦系数大的物料阻碍抓斗刃口向深处挖掘,并且在抓斗闭合时产生很大阻力,使开闭绳张力增大,抓斗下沉力减小,抓取深度减小,抓取量减小。因此,抓取这种物料,应采用重型抓斗,选用较大的滑轮组倍率。对于松散、易抓取的物料,则采用重量较小、滑轮组倍率较小的抓斗;对于大块物料或坚实物料,甚至采用带齿抓斗或多颚板抓斗来提高抓取能力。

(7)操作方法

抓取坚实物料或大块物料时,增加抓斗投掷到料堆的速度,可以增加颚板刃口开始插入料堆的深度,当抓斗具有足够闭合力时,能够增加抓取量。但对一般松散物料,抓取时抓斗很易插入,采用增大投掷速度来增加颚板初始插入深度是没有必要的。较大的投掷速度会对抓斗各构件的强度和刚度起不利的影响,引起抓斗过早的损坏。

抓取物料时,将开启的抓斗落到货尖上,有计划地抓取货尖,并在抓取过程中注意形成新货尖,这样由于抓斗受到的外壁阻力小,可以增加抓取量。

从以上分析可知,抓取性能的好坏,主要取决于抓斗本身结构参数的合理性和抓取物料的物理性质。而且,两者要很好地匹配才能起到较好的效果。

五、制动装置

制动装置是保证起重机安全、可靠工作的一个重要组成部分,是实现起重机械间歇动作的必备装置。制动器是依靠分别安装在固定机架与机构传动轴上的摩擦件之间的摩擦力来实现的。它的主要作用是:使处于运动状态的机构减速直到停止;阻止已停止的机构在外力作用下发生运动;控制运动速度,如轮胎起重机的起升机构是利用制动器来控制货物的下降速度。起重机械的四大机构一般都应安装制动器,只有对运动速度低、运行阻力较大的室内起重机,其运行机构可以不安装制动器。

制动器按工作状态的不同可分为常闭式和常开式两种。常闭式制动器,当机构停止工作时,制动器自动处于抱闸制动状态;机构需要工作时,由松闸装置将制动器松开。常开式制动器经常处于松闸状态,要制动时,需施加上闸力产生制动力矩使制动器抱闸制动。

流动式起重机运行机构的制动器就是采用常开式的,即驾驶员对其不加操纵时,制动器始终处于松闸状态,只有在需要制动时,由驾驶员通过杠杆、气压(或液压)等传动装置,将摩擦副结合并压紧,以产生制动力矩,实现制动。制动力矩的大小,可根据需要由驾驶员加以控制,故制动可以做到随意、平稳。另外,采用重力下降的起升机构,为控制货物下降速度所采用的制动器,也是常开式可操纵的制动器。

制动器按其构造特点可以分为块式、带式和盘式三种。

1.块式制动器

块式制动器是利用制动瓦块压紧制动轮产生制动力矩的装置。它的构造简单,成对瓦块压力相互平衡,制动轮轴不受弯曲载荷作用,在起重机上广泛应用。

图 1-28 所示为块式制动器结构组成及工作原理。制动瓦块 9 在主弹簧 3 的作用下,始终有压紧制动轮 8 的趋势。当机构不运转(断电)时,制动器无其他外力作用,制动瓦块在主弹簧张力作用下压紧制动轮,制动器处于"上闸"状态,见图 1-28a)。该制动器电磁铁即为松闸器,它与机构的电动机实行电气联锁。当机构开始起动时,电磁线圈 7 与电动机同时通电,吸动衔铁臂 6 绕铰点 A 作顺时针转动,推动顶杆 5 向左移动,使主弹簧 3 进一步压缩;制动臂 10 在副弹簧 2 的作用下撑开,因而制动瓦块 9 与制动轮 8 分离,制动器"松闸",见图 1-28b)。为保证左右制动瓦块与制动轮大小适宜并有均等的间隙,可通过限位螺钉 11 调整。制动力矩的大小取决于主弹簧的弹力,可通过螺母 1、4 进行调节。

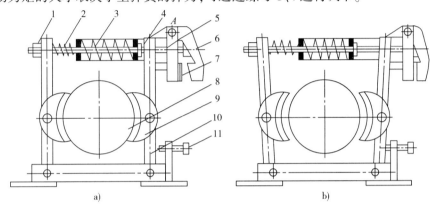

图 1-28 块式制动器结构及工作原理
a)上闸状态;b)松闸状态

1、4-调整螺母;2-副弹簧;3-主弹簧;5-顶杆;6-衔铁臂;7-电磁线圈;8-制动轮;9-制动瓦块;10-制动臂;11-限位螺钉

2. 带式制动器

带式制动器是依靠制动轮与包在外表上的制动钢带之间的摩擦产生制动力矩的装置。它与块式制动器比较,由于构造简单,尺寸紧凑,其包角较大,一般在 270°左右,有时甚至可达 300°以上,故在相同制动轮直径条件下有较大的制动力矩。但对制动轮轴产生很大的径向载荷,制动带压力分布不均匀,使衬垫磨损不均匀;散热性不好。因此,带式制动器主要用于结构要求紧凑的流动式起重机中,常用来制动低速轴,如卷筒轴等。

带式制动器根据制动带两端的固结点相对于制动杠杆轴线(铰点)的位置不同,分为简单式、综合式、差动式和双带式四种,如图 1-29 所示。

(1)简单带式制动器($b=0$)

如图 1-29a)所示,制动带一端固定在机架上,另一端绕过制动轮后固定在制动杠杆上。制动时,制动带的一端不动,另一端收紧。

(2)综合带式制动器($a=b,a>b$)

如图 1-29b)所示,制动带的两端固定在制动杠杆的同侧,制动时,制动带两端都收紧,两端的张力对铰点形成的力矩方向相同。

(3)差动带式制动器($b<0$)

如图 1-29c)所示,制动带的两端固定在制动杠杆的两侧,制动时,制动带一端放松而另一端收紧,两端的张力对铰点的力矩方向相反。

（4）双带式制动器

如图1-29d)所示，双带式制动器由两个对称的简单带式制动器组成。

在起重机上采用何种形式的带式制动器，应根据具体情况而定。一般对于回转、运行机构，要求两个方向具有相同的制动力矩，则采用 $a=b$ 的综合式带式制动器；起升、变幅机构下降方向的制动力矩较大，则采用 $a>b$ 的综合式或 $b=0$ 的简单式带式制动器。差动式也可用于起升机构，但一般较少采用。

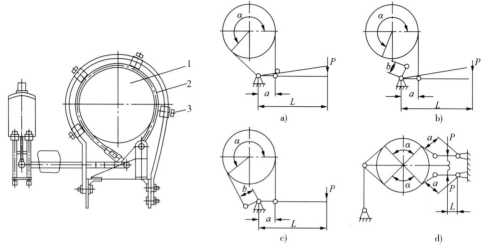

图1-29 带式制动器

a)简单式；b)综合式；c)差动式；d)双带式

1-制动轮；2-制动带；3-调整螺钉

3.盘式制动器

盘式制动器是由轴向压力将与外壳相连的一组摩擦片（固定摩擦片）与机构传动轴相连的另一组摩擦片（转动摩擦片）压紧产生摩擦力矩的装置。盘式制动器主要用于机构径向尺寸较紧凑的场合，如电动葫芦的起升机构采用盘式制动器。

第三节　桥式类型起重机

一、桥式起重机

桥式起重机又称桥吊、行车，如图1-30所示。桥式起重机是桥架支承在建筑物两边高架轨道上并能沿轨道行走的一种桥式类型移动式起重机。其在桥架上设有可沿桥架上的轨道行走的起重小车（或电动葫芦）。它是依靠桥架沿厂房轨道的纵向移动、起重小车的横向移动以及吊钩装置的升降运动来进行工作的。它具有构造简单、操作灵活、维修方便和不占用地面作业面积等特点，常用于仓库的装卸作业和车间的起重作业。

桥式起重机一般由桥架、起重小车、大车运行机构、驾驶室（包括操纵机构和电气设备）等四大部分组成。桥式起重机的机构部分有起升、小车运行和大车运行三个机构，各机构有单独的电动机进行驱动。

1.桥架

桥架是桥式起重机的基本骨架，由主梁、端梁、走台和栏杆等组成。在主梁的上盖板上铺设轨道,供起重小车行走,与主梁连接的侧走台上安装起重机的大车运行机构,另一侧走台安装小车供电的滑线。走台的外侧设有栏杆,以保障检修人员的安全。

主梁与端梁为刚性连接,两根端梁中部是用螺栓连接起来的可拆件。这样,整个桥架可以拆成两半进行运输和安装。在端梁的两端装有弹簧缓冲器,用来缓冲两台起重机可能发生的碰撞或减轻起重机行驶到极限位置时的冲击。

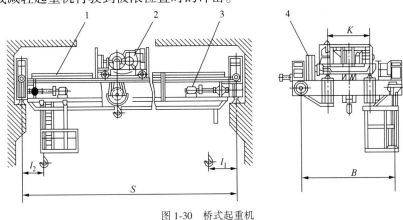

图 1-30　桥式起重机
1-桥架;2-起重小车;3-大车运行机构;4-电气设备

2.大车运行机构

桥式起重机的大车运行机构是驱使起重机车轮转动,并使车轮沿建筑物高架上铺设的轨道作水平方向运动。大车运行机构主要由运行驱动装置和运行支承装置两大部分组成。

(1)运行驱动装置

运行驱动装置由电动机、制动器、减速器、传动轴、联轴器等部件组成。

大车运行机构的驱动方式有集中驱动和分别驱动两种。由一套驱动装置通过传动轴来驱使桥架两边车轮转动的驱动方式称为集中驱动;由两套驱动装置分别驱动桥架两边车轮转动的称为分别驱动。目前,桥式起重机大车运行机构广泛采用分别驱动,只有起重量很小的桥式起重机上仍采用集中驱动。图1-31所示为分别驱动形式,两套对称独立的驱动装置分别安装在走台两端,由两台规格相同的电动机通过齿轮联轴器、圆柱齿轮减速器驱使主动车轮运行。在电动机轴上安装有交流电磁铁块式制动器。

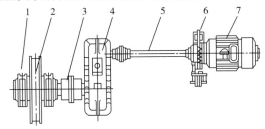

图 1-31　分别驱动形式
1-角型轴承座;2-车轮;3-齿轮联轴器;4-减速器;5-浮动轴;6-制动器;7-电动机

图1-32所示为集中驱动的几种形式。图1-32a)为低速轴集中驱动,它是由一台电动机通过减速器低速轴驱动大车两边的两个主动轮转动。这种驱动方式的优点是传动轴转速低,因而安全。但由于传动转矩大,使轴、轴承和联轴器等外形尺寸增大,整个机构重量增

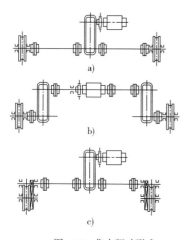

图 1-32 集中驱动形式
a) 低速轴集中驱动; b) 高速轴集中驱动;
c) 中速轴集中驱动

加。一般用于 5～10t 小起重量、小跨度的桥式起重机上。图 1-32b) 为高速轴集中驱动,它是由一台电动机通过传动轴带动两侧两台减速器驱使两边车轮转动的。其优点是:传动转矩小,使传动轴及其他零件尺寸小、重量小,但加工装配精度要求高。图 1-32c) 为中速轴集中驱动,它是由一台电动机通过减速器低速轴带动两边两根传动轴,通过开式齿轮带动两边驱动轮转动。

(2) 运行支承装置

运行支承装置由轨道和车轮组组成。

桥式起重机大车运行轨道一般采用方钢或 P 型铁路钢轨。起重机通常有四个行走车轮,安装在两根端梁的两端,其中两个是主动车轮,两个是从动车轮。车轮通常采用双轮缘圆柱形踏面,以防止运行时脱轨。主动车轮和从动车轮都支承在角型轴承箱中形成一个车轮组合件,便于装拆和维修。

3. 起重小车

桥式起重机的起重小车包括小车架、小车运行机构和起升机构。

1) 小车架

小车架由钢板焊接而成,上面安装有起升和小车运行机构。在小车架上安装有栏杆、缓冲器和行程限位开关等安全保护装置。当小车运行到桥架主梁两端的极限位置时,行程限位开关的撞尺使于桥架上的行程开关动作,切断电源,并以缓冲器撞击桥架主梁顶端的挡桩,以吸收小车运行动能,使小车停止运行,从而起到安全保护作用。

2) 小车运行机构

小车运行机构是用来驱使起重小车沿主梁上的轨道运行的。通常小车的四个车轮都是驱动轮,由两套驱动装置分别驱动,每套驱动装置都是由电动机通过立式减速器、减速器低速轴以集中驱动的方式驱使两边两个车轮转动。起重量较小的小车运行机构也有采用一套驱动装置的,此时两个主动车轮,两个从动车轮。

小车的四个车轮通过角型轴承箱安装在小车架的两端。为了减少小车运行中的啃轨现象,小车车轮一般采用单轮缘,并将有轮缘的一侧置于小车轨道外侧。

3) 起升机构

起升机构是用来升降货物并能把货物停放在空中某一高度位置的工作机构。图 1-33 所示为桥式起重机起升机构传动图。它是由驱动装置(电动机)、传动装置(减速器、联轴器、传动轴)、制动装置(制动器)、卷绕系统(卷筒、滑轮组、钢丝绳)、取物装置(吊钩装置)和安全保护装置(起升高度限位器、起重量限制器)等组成。

电动机通过联轴器与减速器高速轴相连,减速器低速输出轴上装着卷筒,通过钢丝绳和滑轮组与吊钩装置相连。机构工作时,卷筒将钢丝绳卷入或放出,通过滑轮组系统,使吊钩上的货物上升或下降;机构停止工作时,制动器使吊钩装置及货物悬挂在空中。吊钩装置的起升或下降是通过改变电动机的转向来实现的。制动器通常采用常闭式块式制动器,并安装在减速器高速轴一边。这样所需要的制动力矩小,安全可靠。

桥式起重机的起升机构常设有主副两套机构,主起升机构起重量大,起升速度慢;副起升机构起重量小,起升速度快。主副起升机构不能同时工作。起升机构的卷绕系统通常采用双联滑轮组配以双联卷筒。其滑轮组中的动滑轮与取物装置的吊钩组成吊钩装置,而定滑轮则安装在起重小车架上。图1-16a)、b)、c)为三种不同倍率时的起升卷绕系统。

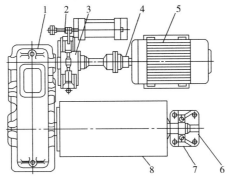

图1-33 桥式起重机起升机构传动图
1-减速器;2-制动器;3-带制动轮的联轴器;4-齿轮联轴器;5-电动机;6-起升高度限位器;7-轴承座;8-卷筒

为了保证起升机构正常安全工作,常常设有起升高度限制器和起重量限制器。

(1)起升高度限制器

起升高度限制器是用来限制取物装置最高位置的安全保护装置。它有重锤式和螺杆式两种。桥式起重机起升机构大多采用螺杆式。

图1-34所示为螺杆式起升高度限制器。它由螺杆2、移动螺母4、固定导杆3、螺栓5、限位开关6与壳体1等组成。方头螺杆2套在卷筒轴端的方孔内。当卷筒旋转时,螺杆随着转动,与螺杆啮合的螺母4,由于固定导杆3的导向作用,沿螺杆轴向移动。当取物装置上到极限位置时,螺栓5与限位开关6接触,切断电源,达到控制起升高度的目的。如需要改变起升高度,只要调整螺母至限位开关的距离即可。这种限位器准确可靠,重量小,在起升机构中广泛应用。

(2)起重量限制器

图1-35所示为弹簧压杆式起重量限制器。它是利用限制钢丝绳张力的方法来限制起重机的起重量。限制器直接安装在均衡滑轮上或钢丝绳尾端,当起升载荷超过允许值时,能及时切断电源或发出警报,使起升机构停止工作,从而达到限制起升货物重量的目的。

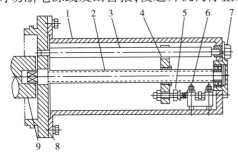

图1-34 螺杆式起升高度限制器
1-外壳;2-方头螺杆;3-固定导杆;4-螺母;5-螺栓;6-限位开关;7-螺帽;8-卷筒端盖;9-卷筒轴

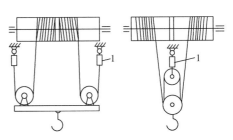

图1-35 弹簧压杆式起重量限制器
1-起重量限制器

4.驾驶室

驾驶室是起重机操作者工作的地方,又称操纵室。在驾驶室里有大、小车运行机构,起升机构的操纵设备及有关电气设备,如控制器、控制屏和照明、电铃及紧急开关等。

驾驶室固定在主梁下方的一端,也有随小车一起移动的。在驾驶室上方有通向桥架走台的舱口。为了保证安全,只有把舱门关好,起重机才能开动工作,这样可以避免人身伤亡事故的发生。

二、龙门起重机和装卸桥

龙门起重机和装卸桥都是由桥架通过两侧支腿支承在地面轨道或地基上的桥架型移动式起重机。在支腿的一端或两端的外侧,桥架主梁可以做成外伸悬臂的形式,以扩大起重机的作业范围。在支腿上装有起重机的大车运行机构,使整个起重机可以沿地面上的轨道纵向运行。在桥架主梁上有起重小车,可沿主梁上的轨道横向运行。所以,门式起重机和装卸桥都由桥架(主梁)、支腿、起重小车、大车运行机构等组成。

龙门起重机和装卸桥两者之间并没有严格的区别,习惯上把起重小车运行速度较高、跨度较大,同时具有刚件和柔性支腿的门式起重机称为装卸桥。

龙门起重机和装卸桥主要用于堆场作业,也可以用于码头前沿的船舶装卸作业。用于码头前沿作业的装卸桥,靠海侧的悬臂常制作成可俯仰的,当船舶靠、离岸或装卸过程中移动舱位时悬臂仰起,不使悬臂碰撞船舶的上层建筑,如图 1-36 所示。MQ10 型装卸桥其结构组成基本上与岸边集装箱装卸桥相似,所不同的是,MQ10 装卸桥的取物装置是抓斗,主要用于港口散货的装卸;而岸边集装箱装卸桥的取物装置是集装箱吊具,主要用于港口集装箱的装卸。

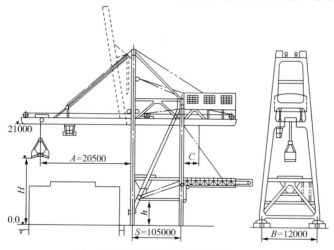

图 1-36 MQ10 型装卸桥(尺寸单位:mm)

1.龙门起重机的结构类型

龙门起重机,简称龙门吊。两边支腿与桥架刚性连接,跨度一般在 35m 以内。按主梁结构形式可分为单梁和双梁门式起重机。单梁龙门起重机的起重小车若采用电动葫芦,可采用单根工字钢作为电动葫芦的轨道和承载梁;若采用专制小车,则称单梁小车式龙门起重机。图 1-37c)、d)所示为 L 形和 C 形支腿式。

双梁龙门起重机种类也很多，有无悬臂、单悬臂、双悬臂和可伸缩悬臂的龙门起重机；有箱形双梁和桁架结构的双梁龙门起重机。目前，箱形结构的形式居多。这是因为桁架结构其重量虽比箱形结构要小一些，但制造费工费时，只能采用手工焊，而且型钢品种多，备料困难，维修、保养也不如箱形结构容易。从龙门起重机的发展趋势来看，箱形单梁双悬臂龙门起重机应用越来越广泛。因为采用单主梁除了省去一根主梁，减小了整机的自重外，主要是单主梁配以支腿的不同结构形式，使起重小车经过支腿时，具有较大的工作空间，从而适合运用抓斗和长大件货的吊运作业。

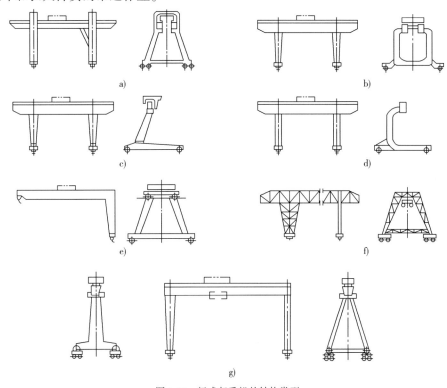

图 1-37 门式起重机的结构类型

a) 双梁箱形式；b) 双梁箱形 U 形支腿式；c) 单梁箱 L 形支腿式；d) 单梁箱 C 形支腿式；e) 双梁箱形半门式起重机；f) 桁架式；g) 单梁箱形造船门式起重机

2. 龙门起重机的起重小车

龙门起重机的起重小车，由小车架以及安装在小车架上的起升机构和小车运行机构组成。当起重量大于 15t 时，通常除了主起升机构（主钩）以外，还设置副起升机构（副钩）。在构造上主、副起升机构是相同的。

按主梁的形式起重小车可分为双主梁起重小车和单主梁起重小车两种。双主梁起重小车一般采用同吨位的桥式起重机的起重小车结构形式。单主梁起重小车按支承点数可分为两支点和三支点支承的单主梁起重小车。L 形单主梁龙门起重机的起重小车大多采用垂直反滚轮式（两支点支承），如图 1-38a) 所示。C 形单主梁龙门起重机的起重小车采用水平反滚轮式（三支点支承），如图 1-38b) 所示。

单主梁龙门起重机的起重小车中的垂直轮是用来承受小车和货物产生的垂直载荷，一般为前、后两轮,其中一个为驱动轮,另一个为从动轮。垂直轮可以采用双轮缘的,也可以采用无轮缘的,后者必须在垂直轮处安装水平导向轮,与轨道两侧面接触以起导向作用。采用无轮缘的垂直轮加水平导向轮的结构,可减少轮缘的磨损,从而提高车轮的使用寿命,但小车构造比较复杂。反滚轮的作用是用来承受小车重心偏心和由货重引起的倾覆力矩。为使单主梁小车使用安全可靠,在垂直车轮旁边设有安全钩,钩住轨道,以防止起重小车向两个方向倾翻。

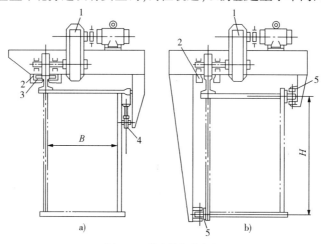

图 1-38 单主梁起重小车
a)垂直反滚轮式单主梁小车;b)水平反滚轮式单主梁小车
1-立式减速器;2-安全钩;3-水平轮;4-垂直反滚轮;5-水平反滚轮

起重小车有自行式和钢丝绳牵引式两种。自行式起重小车的结构组成和驱动形式与桥式起重机起重小车相同。其传动效率高,零部件通用化程度高,但小车自重较大。靠钢丝绳牵引的小车没有驱动轮打滑问题,故可采用较高的起动加速度。起升、小车运行机构的驱动装置设在桥架主梁上。小车自重小,爬坡性能好,可大大减小起重机的自重。但它传动效率低,钢丝绳磨损快。

起重小车上的机构布置要紧凑。当起吊货物(如有主、副钩的起升机构,应以主钩吊货来考虑)时,应力求使小车车轮的轮压分布均匀。同时小车上应留有足够的空间供维护检修之用。在露天工作的龙门起重机的小车应设有防雨篷,同时又可确保工作人员的安全。

3.龙门起重机的大车运行机构

龙门起重机的大车运行机构是属于工作性有轨运行机构,与其他机构配合作业来运移货物的。该结构的特点是承载能力大,结构紧凑,运行阻力小,但作业范围受到轨道的限制。该起重机的运行机构由运行驱动装置和运行支承装置所组成。

龙门起重机的大车运行驱动装置通常采用分别驱动,即两边支腿下面分别由两套独立的电动机通过减速传动装置带动主动车轮沿轨道运行。由于减速器结构的不同,驱动装置有采用立式减速器的。该驱动形式是由电动机通过标准立式减速器用联轴器将减速器的低速轴与车轮轴相连接传递动力的。其结构紧凑,使用寿命长,应用最为广泛;也有采用卧式减速器和蜗轮蜗杆减速器驱动形式的。电动机通过蜗轮蜗杆减速器、末级开式齿轮传动减速后,带动主动车轮转动。末级开式齿轮传动的大齿轮固定在车轮上,这样车轮轴不传递转矩,如图1-39所示。对于中、小起重量的龙门起重机,有时用链传动来代替末级开式齿轮传动。龙门起重机的大车运行支承装置由钢轨、车轮及均衡车架组成。

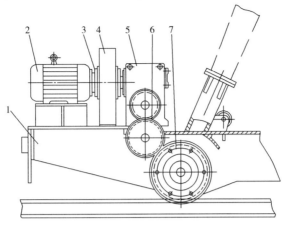

图 1-39 采用蜗轮蜗杆-开式齿轮传动的大车运行驱动装置
1-门架下横梁；2-电动机；3-联轴器；4-制动器；5-蜗轮蜗杆减速器；6-开式齿轮；7-带开式齿轮的车轮

龙门起重机运行车轮在枕木支承的轨道上运行时，其许用轮压为 $100\sim120\mathrm{kN}$，在混凝土和钢结构支承的轨道上运行的许用轮压为 $600\mathrm{kN}$。当轮压过大时，往往用增加车轮数目的方法来降低车轮的轮压，为使每个车轮的轮压均匀，在结构上采用均衡车架的形式。常用的均衡车架有两轮、三轮和四轮等几种，如图 1-40 所示。

图 1-40a) 所示为两轮均衡车架，它由支承架、销轴和均衡梁组成。支承架用螺栓与起重机的支腿连接，均衡梁与支承架以销轴连接，使均衡梁可以绕销轴摆动，且销轴中心与两轮轴中心的水平距离相等，以保证两轮轮压相等。

图 1-40b) 所示为三轮均衡车架，它有两层均衡梁，第 I 层与两轮均衡车架相同，第 II 层的右端与第 I 层用销轴铰接，左端与第三个车轮连接，然后用销轴与支承架 1 铰接。为使三个车轮轮压相等，须使水平距离 $OB=2OA$。均衡车架实际上就是一个杠杆系统，利用杠杆原理可以制作四轮均衡车架，如图 1-40c) 所示。对于更多车轮的均衡车架可以依次类推。

对于车轮数特别多的巨型起重机，为缩短车轮的排列长度，往往采用双轨，将车轮支承在两条轨道上，用双轨均衡车架来保证其轮压均匀。双轨均衡车架如图 1-41 所示。这时均衡车架中有四个车轮，连接处的销轴改为球铰，允许车架纵横两个方向摆动，其工作原理与单轨均衡车架相同。

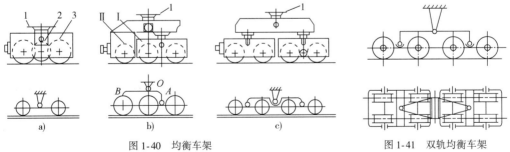

图 1-40 均衡车架 图 1-41 双轨均衡车架
a) 两轮均衡车架；b) 三轮均衡车架；c) 四轮均衡车架
1-支承架；2-销轴；3-均衡梁

4.装卸桥的结构特点

装卸桥是一种小车运行速度较高、整机跨度较大、专用于装卸散货的桥式类型移动式起重机。因为其跨度大,主梁长度大,所以安装误差和温度变化引起的支腿间距变化较大。为了补偿这些变化,不致使主梁和支腿承受很大的附加应力,装卸桥的两边支腿通常做成一边与桥架刚性连接,一边与桥架铰接,故有刚性支腿和柔性支腿之分。柔性支腿与桥架采用铰接的形式,在构造上比较复杂,在很多情况下,把两边支腿做成具有不同的刚度。此时,刚性较小的称为柔性支腿,如图1-37f)、g)所示。

装卸桥大车运行的两边支腿均采用分别驱动形式,有可能出现两边运行不同步,使起重机发生偏斜(一边轨道上的支腿超前或落后于另一边轨道上的支腿的情况)。对于桥式起重机和跨度不大的龙门起重机,由于桥架(龙门起重机包括两条刚性支腿)的刚性较大,故当起重机发生偏斜后,由车轮轮缘强制使两侧同步运行。对于跨度较大的装卸桥,由于金属结构刚性不足而无法保证同步,如果没有安全保护装置加以限制跑偏,甚至会发生整机趴下的严重机损事故。为此,通常跨度在35m以上的装卸桥(无铰接柔性支腿)都应装设偏斜指示器或偏斜限制器。当超过偏斜容许范围时,或切断大车运行机构的电源,使之停车进行纠偏调整,或发出警报。此外,也可通过电气联系的办法使两侧车轮保证同步运行,但结构比较复杂。

第四节 轮胎起重机

一、轮胎起重机的特点

轮胎起重机是装在专用的轮胎底盘上的全回转臂架型流动式起重机。它有起升、运行、变幅和回转四个工作机构,分别完成货物的升降和水平运移等动作。各个机构不仅能独立操作,而且几个机构可联合动作(起升、变幅),提高了生产率。其起升机构大多采用重力下降形式,装卸速度快,特别是使用抓斗装卸散货,速度更快。它符合装卸作业要求,被广泛用于散杂货码头及堆场的装卸作业。

轮胎起重机总体结构如图1-42所示。整机主要由直臂架、人字架、机篷、转台、车架底盘、支腿、四大机构和动力装置等组成。

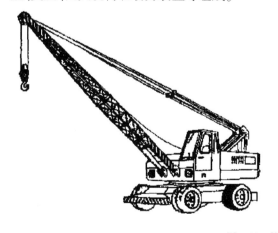

图1-42 轮胎起重机

臂架采用桁架结构,一般分为四节,各节之间用销轴连接,可根据需要进行拆装变换臂架长度。在最后一节臂架上安装有保险撑杆支撑于人字架上,防止在小幅度作业时,因突然卸载而使臂架回跳发生后翻事故。在臂架侧面还装有幅度指示器可使驾驶员直接看到臂架的工作幅度以及相应幅度下的允许起重量。

在流动式起重机中,轮胎起重机占有较大的比重(约占30%~40%),这是因为它是一种行动灵活、适用面广、性能良好的流动式臂架型起重机。但是,轮胎起重机的传动系统较为复杂,如果管理使用不当,容易发生事故。因此,使用轮胎起重机,首先要根据装卸货物的重量,所需提升的高度和幅度,选用符合要求的机型;其次还要根据装卸现场的条件,如道路宽度、码头结构等来考虑轮胎起重机的外形尺寸、最小回转半径、轮压等性能参数。

二、轮胎起重机与汽车起重机的区别

轮胎起重机和汽车起重机都是流动式起重机,从外观上看来较为相似。然而,从其结构和使用场合来看有很大的差别,详见表1-9。从表中可见,轮胎起重机和汽车起重机各有自己的优缺点和特定的使用场合。轮胎起重机在装卸作业中较能发挥自己的长处。

轮胎起重机与汽车起重机的主要区别　　　　　　表1-9

序号	项　目	汽车起重机	轮胎起重机
1	适用的工作条件	可经常移动于较长距离的工作场地之间,起重、行驶并重	工作场地较固定,在公路上移动较少;以起重为主,兼顾行驶
2	行驶速度	40km/h以上,最高可达70km/h	一般不超过30km/h
3	吊重行走	不能或很少可能	可方便地吊一定负荷行驶
4	发动机	用两台发动机分别驱动起重和行驶,行驶用的发动机功率较大	只有一台发动机,功率较小,以满足起重机作业为主
5	驾驶室	除个别小型的以外,绝大多数采用两个驾驶室,分别用于起重、行驶	只有一个驾驶室
6	底盘	采用通用汽车底盘和特种载重汽车底盘	采用专用底盘
7	长距离运输	一般可直接与汽车编队行驶,即使大型的,在拆去某些部件后仍能编队行驶	不能与汽车编队行驶
8	转向、回转半径	较大	较小
9	底盘与桥架的连接	采用弹簧悬挂	无弹簧悬挂,前桥与底盘铰接,后桥与底盘刚性连接

三、轮胎起重机的驱动形式

轮胎起重机的驱动形式主要有内燃机驱动和电力驱动两种。

1. 内燃机驱动

因为内燃机驱动具有独立的动力装置,适用于流动式起重机。所以,在轮胎起重机上广泛应用。根据动力向各工作机构传动形式的不同,主要有内燃机—机械驱动传动、内燃机—电力驱动传动和内燃机—液压驱动传动三种。

（1）内燃机—机械驱动传动

HG-72 型 16t 轮胎起重机采用这种驱动传动形式，如图 1-43 所示。整个起重机是以一台 4135AC-1 型车用柴油机为动力，通过液力偶合器和动力分配箱进行集中驱动。轮胎起重机的起升、运行、变幅和回转机构的动力由动力分配箱的相应输出轴输出。各机构的运转、制动和改变运动方向都要靠操纵离合器、换向器和制动器来实现。为了简化操纵系统和减小驾驶员的劳动强度，该起重机还采用气力操纵系统，把四个机构的操作集中到两个手柄和几个制动踏板上。

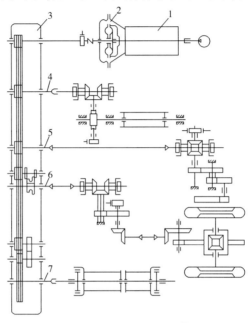

图 1-43　HG-72 型轮胎起重机驱动传动原理图

1-4135-1 型柴油机；2-液力偶合器；3-动力分配箱；4-变速机构输出轴；5-回转机构输出轴；6-运行机构输出轴；7-起升机构输出轴

内燃机—机械传动，由于内燃机本身的机械特性所致，所有的机构只有一台内燃机通过机械传动形式传递动力，必然使传动系统繁杂，布置困难。特别是具有以下一些缺点：内燃机承载能力差，超负荷时容易熄灭，因此，在选择内燃机时需留有较大的功率储备，以适应超载的需要；内燃机不能带载起动，因此，在动力装置和传动装置之间需增设离合器；内燃机不能逆转，为了使机构运动换向，需在传动装置中增设换向装置；操纵性能差，不能实现无级调速。这种驱动传动形式将逐渐被淘汰。

（2）内燃机—电力驱动传动

内燃机—电力驱动传动是以柴油机作为原始发动机，驱动发电机（作为能量转换设备），发电机发出直流或交流电再供给各机构的电动机（作为再生发动机）驱使各机构动作的。柴油机原有的转速变化范围不大、转矩几乎保持不变、不能逆转、不能带载起动等缺点，在内燃机—电力驱动中得以克服，而总的驱动特点具有电力驱动的全部优点，并且由于柴油机作为原始发动机，从而使起重机具有自身的独立能量来源，可不受外部电源的约束。因此，内燃机—电力驱动传动在各类流动式起重机中得到广泛的应用。

图 1-44 所示为 QL16B 型轮胎起重机驱动传动原理图。它是由一台 4135AK-2 型柴油

机带动 ZQF-45 型直流发电机发电,把电能分配给各工作机构的直流电动机的。各机构具有独立的传动和制动装置。

（3）内燃机—液压驱动传动

以内燃机为原动机带动高压油泵,使油液获得高压,将高压油输入各机构的液压马达或工作油缸,驱动各机构动作。液压传动的主要特点是:没有机械传动零件,重量小,结构紧凑;可实现无级调速,操纵方便,换向简便;传动平稳,可防止过载;利用换向阀的中间闭锁位置可将机构停止在任何位置,从而省去了制动装置。缺点是液压元件加工精度要求高,成本大,检修维护要求高。随着液压技术的不断提高,制造业水准的不断进步,该驱动传动形式将得到越来越广泛的应用。

2.电力驱动

电力驱动是利用交流电源,通过电动机和传动装置将动力传递给各工作机构的驱动形式。DQL16 型轮胎起重机就是采用这种驱动形式的。电力驱动比较适

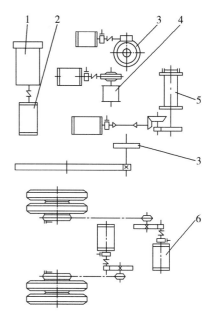

图 1-44　QL16B 型轮胎起重机起升机构
驱动传动原理图

1-柴油机；2-发电机；3-回转机构；4-变幅机构；
5-起升机构；6-运行机构

合起重机的工作特性和要求;短期运载能力大;能带载起动;可正、反转;调速容易;各机构可采用分别驱动,构造简单,操纵维修方便;对环境无污染,噪声小。但是,电力驱动需要外接电源,使起重机作业范围和场所受到了限制。因此,采用电力驱动的轮胎起重机适宜于港口码头、货场等操作频繁,但不需要经常移动场所的条件下进行作业。

四、轮胎起重机的起升机构

1.起升机构的特点

轮胎起重机为适应港区作业装卸速度快、效率高的要求,不论采用哪种驱动形式,大多采用货物重力下降形式,而且要求吊钩和抓斗两用。因此,一般起升机构都有两个卷筒,卷筒空套在卷筒轴上,卷筒和轴可以各自独立转动。两卷筒的转动或停止是依靠操纵内涨式离合器和带式制动器来实现的。

2.结构组成与工作原理

图 1-45 所示为 Q161 型轮胎起重机起升机构传动简图。起升机构的动力是由直流电动机 1 通过浮动轴 2、减速器 3 传给开式齿轮 4,开式齿轮 4 与卷筒轴相连,卷筒轴上装有主、副卷筒 6,卷筒的一端有摩擦凸缘,在摩擦凸缘的内、外面分别安装着内涨式离合器 7 和带式制动器 5。通过内涨式离合器,卷筒轴可带动卷筒一起转动。

起升电动机只作单方向转动,因此,卷筒轴只作起升方向的旋转。起升货物时,操纵内涨式离合器使卷筒轴带动卷筒转动,收绕钢丝绳,使货物上升,这时带式制动器呈松闸状态。当需要停止起升时,松开内涨式离合器,同时操纵带式制动器闭合制动,使卷筒停止转动。当货物下降时,只要松开带式制动器,依靠货物的重力自由下落,其下降的速度通过操纵带

式制动器的抱松紧程度来控制。

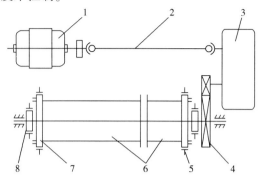

图1-45　Q161型轮胎起重机起升机构传动图
1-电动机;2-浮动轴;3-减速器;4-开式齿轮;5-带式制动器;6-主、副卷筒;7-内涨式离合器;8-操纵离合器的小制动器

3.安全保护装置

轮胎起重机起升机构的安全保护装置有起重量限制器和起升高度限位器。

轮胎起重机的起重量是随着臂架幅度位置的变化而变化的。它采用的起重量限制器为幅度指示器,幅度指示器上刻有臂架倾角、幅度值和起重量值,如图1-46所示。幅度指示器安装在臂架下铰点近驾驶室处。当臂架俯仰时,指示器上的指针便在刻度盘上指出每一幅度位置所允许的起重量,驾驶员可随时观察,以避免起重机超载。

轮胎起重机的起升高度限位器采用重锤式的,如图1-47所示。该限位器安装在臂架端头。重锤的重量使限位开关的触头处于闭合状态,重锤与吊具的钢丝绳用套环连接。当吊具上升到极限位置时,固定在吊具上的顶杆顶起限位开关的重锤,开关转柄在平衡重的作用下转动,常闭触头断开,切断电源,机构停止起升。

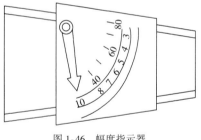

图1-46　幅度指示器

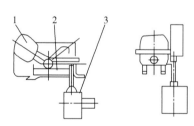

图1-47　重锤式起升高度限位器
1-平衡器;2-开关转柄;3-重锤

五、轮胎起重机的运行机构

轮胎起重机的运行机构是一种无轨运行机构。它可在平坦路面上作任意方向的运行,具有较好的灵活性,但其结构较为复杂。轮胎起重机的运行机构由运行支承装置和运行驱动装置所组成。

1.运行支承装置

运行支承装置由车轮、前桥、后桥、车架等所组成,用来支承整个起重机的重量,并使机身和车轮联系在一起。

轮胎起重机的车架为特种底盘车架,车架上装有作为起重机回转部分基础的支承圆盘、大齿圈和中心回转接头。

轮胎起重机一般采用四点支承,车轮轮毂上面装有充气橡胶轮胎。前轮为转向轮,后轮为驱动轮。装有转向车轮的前桥称为转向桥,装有驱动车轮的后桥称为驱动桥。为了保证起重机在高低不平的路面上运行时,所有车轮同时着地,车架与前桥(转向桥)采用铰接,如图1-48所示。车架与后桥(驱动桥)则采用刚性连接。起重量较大的轮胎起重机,其驱动桥有两根驱动轴,为保证所有驱动轮同时着地,将两根轴线上同一侧的驱动轮安置在刚性的均衡梁上。

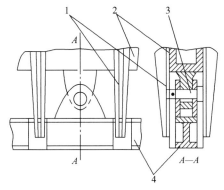

图1-48 车架与前桥梁连接形式
1-导向板;2-车架;3-销轴;4-前桥梁

2.运行驱动装置

轮胎起重机运行驱动装置的任务是:实现驱动轮的转动,依靠驱动车轮与地面的粘着力驱使起重机运行;在运行的同时随意转向;运行的减速以至制动。上述三项任务相应由驱动传动系统、转向系统和制动系统来完成。

(1)驱动传动系统

驱动传动系统的作用是将原动机的转矩和转速按一定的要求传递给驱动轮,实现车轮的滚动以使整台起重机运行。

驱动传动系统的组成与所采用的驱动形式有关。轮胎起重机的驱动形式目前主要为内燃机—机械传动和内燃机—电力传动。

内燃机—机械传动的驱动传动系统较为复杂,图1-43中来自柴油机的动力通过动力分配箱,由运行机构的输出轴传给万向联轴节,将动力传到以离合器控制的换向锥齿轮。再通过一对圆柱齿轮、一对伞齿轮和万向联轴节,将动力输入驱动桥,然后驱动车轮运转。驱动桥桥壳内装有主减速器、差速器和半轴。主减速器主要是降低转速,增大牵引力适应车轮运行的需要。差速器主要是当车轮转向或在不平路面上行驶时,能使左右轮以不同的转速滚动,保证左右两轮作纯滚动,减少由于转向时车轮滑动而造成的磨损。半轴是差速器和驱动轮之间的传动零件,主要是把差速器传来的动力分别传给车轮。

内燃机—电力传动的驱动传动系统较为简单,如图1-44所示。它是采用内燃机—直流发电机—直流电动机来驱动的。两台串激直流电动机分别通过弹性柱销联轴器、一级圆柱齿轮减速器和链条传动来驱动两边车轮转动。采用串激直流电动机是利用它的软特性。当运行转向时,内、外侧驱动轮所受的转向阻力不等,这时它能自动调节,使阻力较小的外侧车轮的转速大于阻力较大的内侧车轮的转速,从而保证驱动轮在转向过程中作纯滚动而无滑动现象。

(2)转向系统

转向系统的作用是通过改变转向轮的方向来达到改变起重机运行方向的目的。主要由转向器(转向盘)、转向节和转向梯形等一套传动系统组成。

转向操纵系统一般采用液压元件,以减小驾驶员的劳动强度,使驾驶员操纵轻盈,转向灵活。

(3)制动系统

轮胎起重机运行机构通常有两套制动系统:手操纵制动系统和脚操纵制动系统。

脚操纵制动系统用于运行过程中降低速度以至短暂驻车。脚操纵制动系统的制动器为常开式内胀蹄片制动器,安装在车轮内,其操纵通常采用液压式或气压式。

手操纵制动系统一般是辅助性的,在驻车后用来保持制动状态,使起重机停在原地不动。有时也用来在紧急情况下的制动。因此,手制动系统中具有锁止装置,使得驾驶员的手离开操纵手柄后,制动器仍处于制动状态,直到需要运行时,才将锁止装置打开。手操纵制动系统的制动器一般为装在主减速器前的传动系统中的带式制动器,锁止装置通常为棘轮棘爪停止器。

3. 稳定性和支腿

(1) 稳定性

起重机在工作和非工作时(台风情况)都应保证不会翻倒,起重机的这一性能称为起重机的稳定性。臂架型起重机保持其稳定性,对于维护作业安全具有极其重要的意义。以往发生的重大倾翻事故中,有很多就发生在臂架型起重机的失稳上。尤其是轮胎起重机,在操作时如不按安全操作规程进行,违章、超载时常会发生翻车事故。

轮胎起重机的稳定性是靠本身的自重和一定的配重来保证的,配重的大小在设计时根据稳定性计算确定。工作中不得任意变动其重量和位置。由于起重机自重(包括配重)的重心在支承轮廓以内,因而使起重机产生一个稳定力矩;而吊货时,外载荷的重心产生一个使起重机倾翻的力矩,当两者相等时,起重机就处于平衡状态;当倾翻力矩大于稳定力矩时,起重机就失稳倾翻。故稳定性问题实际上就是一个平衡问题。

为了正确安全地使用轮胎起重机,必须对起重量特性曲线有所了解。严格按照起重机安全操作规程进行作业。

(2) 支腿

轮胎起重机的底架上装有独特的装置—支腿。其目的是为了提高起重机的起重能力和稳定性,其次是为了保护轮胎。因为轮胎起重机是采用充气轮胎进行运行的,这样可以大大减小运行阻力。但轮胎的承压能力有限,对于起重量稍大些的,轮胎的承载能力往往显得不足。另外,为了使轮胎起重机运行灵活,起重机的轮距和轴距不能布置得过宽过大,这样就使得起重机稳定性受到限制,尤其在工作时,稳定性问题显得更为突出。为此,在轮胎起重机上安装支腿,能有效地提高其工作和非工作的稳定性。

支腿一般安装在车架的前后端梁上,其种类很多。按结构形式可分为可伸缩的梁式支腿、可折回的铰接支腿和定位式支腿,如图 1-49 所示。支腿的驱动常见的有人力驱动和液压驱动两种,前者一般通过人力翻转推拉或螺纹旋转进行收放支持;后者则通过支腿油缸的

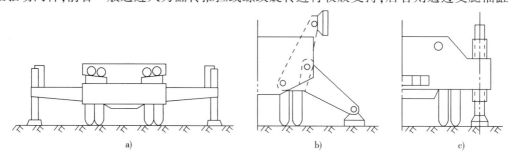

图 1-49 支腿形式
a) 可伸缩的梁式支腿;b) 可折回的铰接支腿;c) 定位式支腿

伸缩来完成。

六、轮胎起重机的变幅机构

1.变幅机构的特点

轮胎起重机的变幅机构通常由臂架、驱动装置、传动装置、制动装置和其他安全保护装置等组成。臂架通常铰接在起重机回转平台上。臂架结构十分简单,由此组成的变幅机构可称为简单摆动臂架式变幅机构。

轮胎起重机其工作幅度位置的改变是依靠臂架摆动角度的不同来实现的。简单摆动臂架在变幅过程中,取物装置及所吊货物和臂架自重的重心位置除在幅度方向发生水平位移外,还有升降现象,如图1-50所示,这样不仅大大增加了变幅驱动功率,而且在变幅的同时,载重的自动升降对装卸作业的安全带来不利影响。针对这一问题,轮胎起重机在作业时,一般起升与变幅机构不允许同时工作,只有在无载情况下才允许臂架变幅。因此,该变幅机构属于非工作性变幅机构,臂架的变幅只起到调整工作位置和调整有效起重量的作用。故变幅速度较低(0.167~0.585m/s),以减小变幅驱动功率,从而简化传动形式,减小机构重量。但近年来,在液压传动的轮胎起重机中,为了提高生产率,也采用工作性变幅机构。

2.变幅驱动传动装置

简单摆动臂架式变幅机构的变幅驱动传动装置主要有两种:绳索滑轮组变幅驱动传动和液压油缸变幅驱动传动。

(1)绳索滑轮组变幅驱动传动

图1-51所示为绳索滑轮组牵引的简单摆动臂架式变幅机构简图。直臂架2通过变幅钢丝绳经过变幅滑轮组5,绕入变幅卷筒6,依靠变幅卷筒收、放钢丝绳使其臂架绕其铰轴1在铅垂面内摆动俯仰,改变其倾角,从而实现变幅。

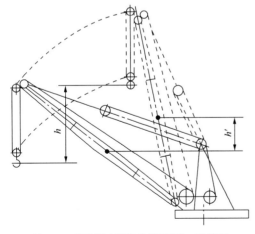

图1-50 简单摆动臂架式变幅机构工作简图

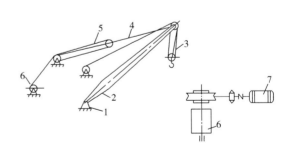

图1-51 绳索滑轮组变幅驱动传动简图
1-臂架铰轴;2-臂架;3-起升滑轮组;4-变幅拉索;5-变幅滑轮组;6-变幅卷筒;7-变幅电动机

HG-72型16t轮胎起重机就是采用这种变幅驱动传动的。变幅卷筒是由电动机作动力

(驱动装置),通过蜗轮蜗杆减速器(传动装置)减速而带动卷筒卷绕钢丝绳的。采用蜗轮蜗杆减速器是因为变幅机构变幅功率不大,但需要的传动比较大。为了安全起见,还可以利用蜗轮蜗杆的自锁现象来防止臂架的下坠。

这种变幅驱动传动的主要优点是:构造简单,自重小,臂架受力较好,总体布置也较方便,变幅机构的零部件可与起升机构通用,变幅钢丝绳的规格常取与起升机构钢丝绳相同,而变幅滑轮组的倍率则大于起升滑轮组的倍率。但其传动效率比较低,经常工作钢丝绳易磨损。

(2)液压油缸变幅驱动传动

图1-52所示为采用液压油缸驱动传动的简单摆动臂架式变幅机构简图。变幅液压油缸的缸体铰接在回转平台5上,活塞杆(或柱塞)与直臂架2铰接。工作时,原动机带动油泵,高压油经管道进入液压油缸推动活塞运动,通过活塞杆的伸缩使直臂架改变其倾角,从而实现变幅。这种变幅驱动传动形式的优点是:结构紧凑,自重小,布置方便,工作平稳。但制造和安装精度、密封防漏要求高。为了增大幅度范围,常把直臂架制成可伸缩式。其伸缩运动是由相应的伸缩油缸来实现。

简单摆动臂架式变幅机构,臂架可放至最低位置,使起重机在运行时的外形高度较低,通过性能好,故广泛用于流动式起重机中。但由于它不能带载变幅,故又影响了起重机的灵活性和工作效率。

3.变幅机构的安全保护装置

轮胎起重机变幅机构的正常工作范围是臂架与水平面的夹角为25°～85°。如果臂架在变幅钢丝绳的牵引下,它的角度超过90°,此时臂架有向后倾翻的趋势。由于钢丝绳只能承受拉力,不能承受压力,此时变幅钢丝绳不能阻止臂架后倾,而臂架后倾将会造成起重机的翻车事故,故在轮胎起重机上必须安装防倾装置。常见的防倾装置有变幅限位器和臂架防倾装置。

图1-53所示为变幅限位器,安装在臂架下铰点处。当臂架角度超过90°时,臂架碰及限位器上的可调节顶杆3,使电磁气阀1关闭气路,变幅机构停止工作;当臂架下降后,在弹簧2作用下,电磁气阀内气路接通,变幅机构恢复正常工作。

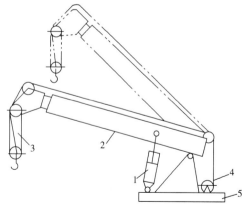

图1-52 液压油缸驱动传动的简单摆动臂架式变幅机构
1-液压油缸;2-臂架;3-起升滑轮组;4-起升卷筒;5-回转平台

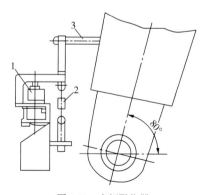

图1-53 变幅限位器
1-电磁气阀;2-弹簧;3-可调节顶杆

臂架防倾装置有防倾撑杆(图1-54a)、防倾连杆(图1-54b)和防倾拉索(图1-54c)三种。它们都可以在非工作状态下阻止臂架后倾。

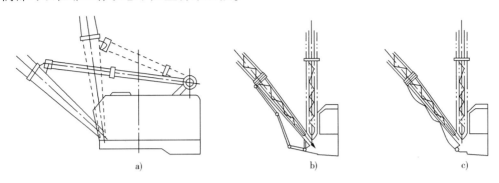

图 1-54　臂架防倾装置
a)防倾撑杆；b)防倾连杆；c)防倾拉索

七、轮胎起重机的回转机构

1.回转机构的组成和作用

回转机构是流动式起重机用来支承回转部分，并驱使回转部分相对于不回转部分作回转运动的工作机构。回转机构使已被起升的货物绕起重机的回转中心轴作圆弧运动，以达到在水平面内运移货物的目的。

回转机构不论其形式如何，总是由回转支承装置和回转驱动装置所组成。回转支承装置主要是承受起重机回转部分的重量及倾翻力矩，并保持回转中心线不变，提供回转运动约束的装置。回转驱动装置则是提供回转动力的执行机构。

回转机构一般按其支承装置的结构特点，分为转盘式和柱式两大类。由于转盘式回转机构的支承装置结构简单，高度尺寸小，因此，轮胎起重机大多采用转盘式回转机构。

2.回转支承装置

轮胎起重机的回转部分安装在一个大转盘上，转盘通过滚动装置支承在起重机的不回转部分上，根据滚动装置的结构不同又可分为滚轮式、滚子式和滚动轴承式三种。

(1)滚轮式回转支承装置

滚轮式回转支承装置通常是以3~8个滚轮支承转盘，滚轮固定在转盘上，并沿底架的圆形轨道滚动，使转盘围绕着中心轴枢作回转运动。中心轴枢主要起对中和承受部分水平力的作用。

滚轮的形状有圆柱形和圆锥形两种。图1-55a)的右半部分为圆柱形踏面滚轮支承在平面轨道上，这种形式，当滚轮在圆形轨道上滚动时会产生滑动现象，易引起滚轮与轨道的磨损，它主要用于转盘直径较大的场合。图1-55a)的左半部分为圆锥形踏面滚轮支承在斜面轨道上，这种形式可克服滑动现象，但安装时，应保证各锥形滚轮的顶点交于一点。由于轨道斜面的作用而产生水平力，因此，滚轮内应装设止推轴承。

为了防止回转部分的倾翻，可采用反滚轮装置，如图1-55b)所示。也可以采用槽形轨道，使支承滚轮兼作反滚轮装置的作用，如图1-55c)所示。

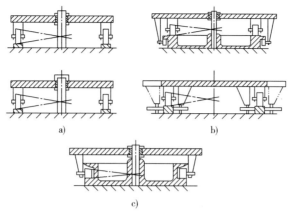

图 1-55 滚轮式回转支承装置图

(2) 滚子式回转支承装置

图 1-56 所示为滚子式回转支承装置,与一般的滚动轴承相似,它主要由上、下两个环形轨道和中间滚子组成。实质上是一个大直径的止推滚子轴承。为了防止滚子相互接触而产生运动干扰,必须将滚子间隔开。对于圆锥形踏面的滚子,为防止锥形滚子因轴向分力作用而发生轴向窜动,应采用有辐状拉杆的保持架,同时滚子心轴须装设止推轴承。

(3) 滚动轴承式回转支承装置

滚动轴承式回转支承装置与一般的滚动轴承相似,由内圈、外圈和滚动体三部分组成。根据滚动体的不同,可分为滚珠式和滚柱式。根据滚动体列数的不同,又可分为单列式、双列式和三列式三种形式。一般轮胎起重机采用双列滚珠式和单列滚柱式(交叉滚柱式)滚动轴承。

图 1-57 所示为 Q161 型、HG-72 型 16t 轮胎起重机所采用的外啮合滚动轴承式回转支承装置。内圈由上内圈 2 和下内圈 6 组成,并用螺栓连成一体,再与转盘连接。在上、下内圈之间有调整垫片 5,以调整滚道与滚珠的间隙。当拧紧连接螺栓后,应保证滚珠无松动,且内圈转动自如。外圈与大齿圈制成一体,外侧是大齿圈,内侧车有滚道。为防止滚珠运动干扰及相互摩擦,在滚珠间装有尼龙隔套 4。另外,为了提高使用寿命,滚动体、滚道和齿面均应进行热处理,以保证支承面有足够的硬度。

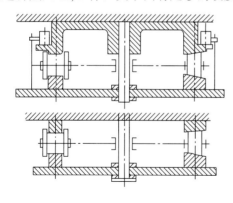

图 1-56 滚子式回转支承装置

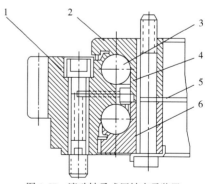

图 1-57 滚动轴承式回转支承装置
1-固定座圈;2-上内圈;3-滚珠;4-隔离圈;
5-调整垫片;6-下内圈

滚动轴承式回转支承装置也可以制成内啮合的。此时，内圈则与大齿圈做成一体，用螺栓与底架固接，而外圈分为上、下两部分，用螺栓连接后再与转盘连接。

滚动轴承式回转支承装置，其对中、承受水平力和倾翻力矩均由轴承承受。因此，与其他回转支承装置相比较，它省去了中心轴枢和反滚轮装置；稳定性好；高度尺寸小；调整方便；回转摩擦阻力小；使用寿命长。但它对材料、制造及安装工艺要求较高；对内、外圈、转盘、底座的刚度要求较高；损坏后修理不便。

3.回转驱动装置

根据起重机的工作性质，对回转驱动装置的要求是：回转速度低；传动部分的传动比要大；能正、反向回转；由于回转过程中回转力矩有变化，应具有可靠的制动装置；为了防止过载（如回转过程中碰到障碍物），驱动装置中应设有极限力矩限制器，确保回转机构运行的安全、可靠。

根据上述要求，回转驱动装置由原动机、传动装置、回转驱动元件（通常为与大齿圈啮合的行星齿轮）以及制动装置等所组成。

图1-58所示为内燃机—电力驱动的Q161型轮胎起重机回转驱动装置：一台卧式直流电动机1通过联轴器2、蜗轮蜗杆减速器4和极限力矩限制器5驱使装有行星齿轮6的低速轴转动。这时，与大齿轮啮合的行星齿轮在绕本身轴线转动的同时，绕大齿圈的固定轴线作行星运动，从而实现起重机回转部分的转动。为了使起重机在回转时能停留在某一位置，在电动机的输出轴上装有可操纵常开式块式制动器3，其制动力矩可根据需要调整。在制动器上还装有锁紧装置，当回转机构不工作时，能锁住机构，不致因外力作用而使机构自行回转。

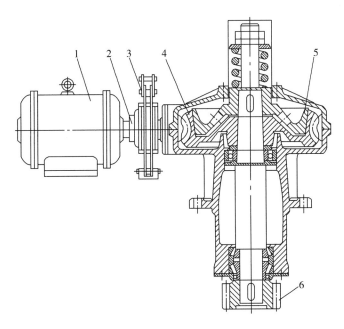

图1-58 采用蜗轮蜗杆减速器的回转驱动装置

1-卧式电动机；2-联轴器；3-制动器；4-蜗轮蜗杆减速器；5-极限力矩限制器；6-行星齿轮

极限力矩限制器是一种圆锥形摩擦联轴器,是用来防止回转阻力急剧增加的,例如,过猛的起动或制动,以及臂架碰到障碍物时,电动机、传动装置或回转驱动元件、臂架,因过载而损坏。在图1-58中,带蜗轮的圆锥形摩擦盘4空套在小齿轮低速轴上,上锥形摩擦盘5用键连接在回转小齿轮低速轴上。正常工作时,蜗杆的力矩通过蜗轮与上锥形摩擦盘的摩擦力矩传给小齿轮轴,带动小齿轮转动。当传递的力矩超过极限力矩限制器所规定的力矩时,锥形摩擦盘间开始打滑,以此来限制所传递的力矩,起到安全保护作用。

这种极限力矩限制器对于采用蜗轮蜗杆减速器的回转机构尤其必要,因为蜗轮蜗杆传动具有自锁性,很容易产生起动(或制动)过猛和过载咬死现象。在蜗轮蜗杆传动中,极限力矩限制器必须装在蜗轮蜗杆传动副之后,才能起到应有的保护作用。

图1-59所示为采用内燃机—机械传动的HG-72型轮胎起重机驱动装置结构简图。动力从动力分配箱输出轴2传出后,通过橡皮弹性联轴节1带动换向轴3转动。因为内燃机不能逆转,而起重机必须正、反方向回转,所以必须装有换向器(由换向轴3、换向离合器4和伞齿轮5所组成)。当图示离合器4接合时,动力从伞齿轮5传给减速器,使行星小齿轮6正向转动;当接合另一端的离合器时(此时,通过联动装置使离合器4松开),动力从伞齿轮5传给减速器,使行星小齿轮6反方向转动,从而达到起重机正、反两个方向回转的目的。

图1-60所示为采用内燃机—液压传动的回转驱动装置。油马达直接带动行星小齿轮转动,以实现起重机的回转运动。由于采用了低速大转矩油马达(油马达可以正、反方向旋转),可用调节流量的方法来达到大范围的无级调速。因此,采用内燃机—液压传动时,回转驱动装置中省去了其他机械传动装置,只剩下小齿轮和大齿圈的传动,使结构更为紧凑。

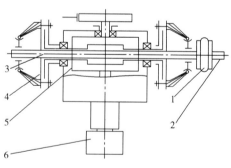

图1-59 HG-72型轮胎起重机回转驱动装置简图
1-联轴器;2-动力分配箱输出轴;3-换向器;4-离合器;5-换向伞齿轮;6-回转小齿轮

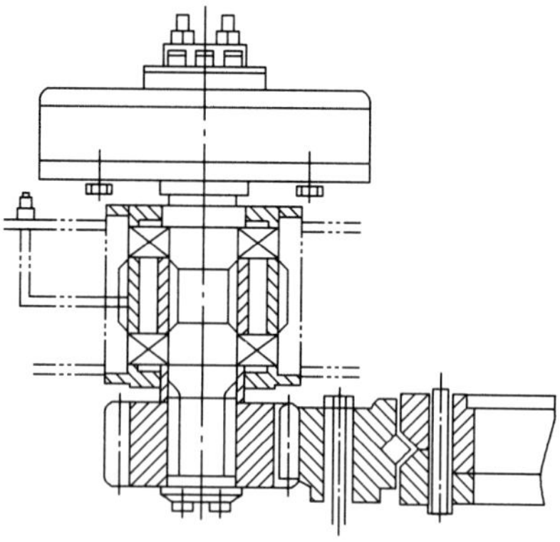

图1-60 液压马达驱动的回转驱动装置

常用轮胎起重机技术参数见表1-10。

常用轮胎起重机技术参数 表1-10

型号		单位	HG—72	Q161	DLQ16	（日）UC-25	QL16A	QL16B
最大起重量	打支腿	t	16	16	16	25	16	16
	不打支腿	t	7.5	10	—	12.2	10	8
起重臂长度		m	8,12,16	10,15	8,12,16,18	9,24		8,12,18
最大起升高度		m	11~35	13.5	11.6~17.39	9.24	8.2~12.95	7.66~17.54
工作幅度范围		m	2.34~14.8	3.4~15.5	2.6~8	3~22	4~15.5	2.59~16.66
工作速度	起升		65（单索）	6.3	60（单索） 32（双索） 20（三索）	75	10	70（单索）
	变幅	s	45（30°~80°）	45	45（30°~75°）	60~69m/min （40°-60°）15	18~28	9m/min
	回转	r/min	4	2.5	2	4.0~4.5	1.5~3	1.5~3
	运行	km/h	10	18		8~18	18	18
最大爬坡度			8	7		25%~8%		7
最小转弯半径			7.5	7.5	10.5	8		7.5
动力形式	形式		四缸四冲程柴油机	四缸四冲程柴油机	三相、四线制380Y交流电	六缸四冲程柴油机		四缸四冲程柴油机
	型号		4135AC—1	413SC—1	起升 JQ3—225S $N=40kW$	ISUZU 6S41		4135AK-2
	功率	马力	100	80	变幅 T2RzSl-8 $N=17.5kW$	88.24		73.5kW
	转速	r/min	1500	1500	回转 J2R242—8 $N=13kW$	2150		1500
	转矩	N·m	480	380	480	490		478
轮距	前桥	mm	2380	2383		2400		2383
	后桥	mm	2380	2383		2400		2383
轴距		mm	2900	2800	4500	3200		2800
轮胎规格		m	12.00—20	12.00—20	9.00—20—16PR	11.00—20—16PR		12.00—20
支腿距离（纵×横）		mm	4.75×4.5	4.6×4.1	4.5×4.5	5.5×5.2		4.83×4.5
外形尺寸（行驶状态）	长	mm	5499（无吊臂）	14650	6620（不带起重臂）	13300		6256（不带起重臂）
	宽	mm	2800	3200	3270	3180		3280
	高	mm	3950	3500	3970	3600（行走） 4600（作业）		3470
重量		t	24	23	24	28.3		22.5
出产厂			上海港务局机修厂	上海港机厂	上海港务局机修厂	日本住友重机械工业公司		长航红光港机厂

第五节　门座起重机

一、门座起重机的特点及其组成

门座起重机又称门机,是有轨运行的臂架型移动式起重机。它和其他移动式起重机的主要区别在于:起重机的回转部分安装在一个高大的门架上,门架可以沿地面的轨道运行。门架又是整个起重机的承载部分,起重机工作时的全部载荷均由门架传到地面轨道上。门座起重机就由此门架而得名的,如图1-61所示。

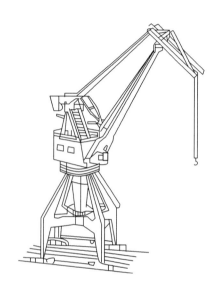

图1-61　门座起重机

门座起重机的门架大多采用箱形结构,刚度大。由于门架底部能通行火车或其他车辆,因此门架轨距有三种规格:能通行一列铁路车辆的轨距为6m,称单线门架;能通行两列铁路车辆的轨距为10.5m,称双线门架;能并列通行三列铁路车辆的轨距为15.3m,称三线门架。港口码头前沿的门座起重机大多属于双线门架。

在现代的海河港口装卸设备中,门座起重机占据着重要的地位,其主要原因是它具有较好的工作性能和独特的优越结构。门座起重机的工作机构具有较高的运动速度,起升速度可达70m/min,变幅速度可达55m/min。使用效率高,每昼夜可工作22h。台时效率也很高,一般每小时能达100t以上,这是为了适应港口装卸生产率高、作业频繁的特点。同时,门座起重机的结构是立体的,不多占用码头的面积,且有高大的门架和较长的臂架,因而具有较大的起升高度和工作幅度,适宜于工作范围较大的万吨级海轮的装卸、过驳,并且是水陆联运码头车、船转运的重要装卸机械。但门座起重机也有它的不足,如造价高,需要钢材多,需要较大的电力供给;一般轮压较大,需要坚固的地基;附属设备也较多,如变电所、电缆、地道等。

门座起重机具有起升、运行、变幅、回转四大工作机构,即可完成货物升降、起重机运行、回转以及带载变幅等动作。各机构有各自的电动机驱动,可单独工作;起升、变幅、回转三个机构还可以联合动作,提高装卸效率。

二、门座起重机的起升机构

1.起升机构的特点及组成

门座起重机起升机构的特点是工作繁忙,工作速度高。为了适应吊钩和抓斗两用,一般设有两套完全相同的起升机构,其结构由取物装置(吊钩或抓斗)、卷绕系统(卷筒、滑轮组和钢丝绳)、传动装置(减速器、联轴器)、制动装置(常闭式块式制动器)、驱动装置(电动机)以及安全保护装置(起升高度限位器、起重量限制器、抓斗稳定器、压绳器和排绳器等)所组成,如图1-62所示。该起升机构的工作原理基本上与轮胎起重机起升机构相似,所不同的是它不采用货物重力下降形式,其货物的上升和下降是通过电动机的正、反转来实现的,而货物运动的停止,则是通过切断电动机电源后,依靠安装在减速器高速轴上的制动器的动作来实现的。起重机设有能耗制动下降装置,在装卸贵重易碎物品时,能慢速下降,脚踏板控制,速度分别为13.7m/min 和 17.2m/min 两档。但为了缩短空抓斗下降时间,可以使空抓斗快速下降,速度可达到90～100m/min。

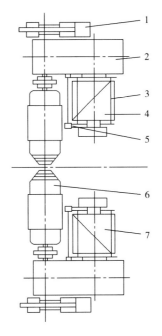

图1-62 门座起重机起升机构
1-制动器;2-减速器;3-压绳器;4-右旋卷筒;5-限位开关;6-电动机;7-左旋卷筒

电动机与减速器高速轴的连接是采用联轴器连接的。为了补偿安装误差和车架受载变形后引起的电动机轴与减速器高速轴的不同轴度偏差,通常采用带制动轮的弹性柱销联轴器或齿轮联轴器。将联轴器的一半制成带制动轮的目的,是为了使结构紧凑。带制动轮的联轴器的半体应安装在减速器高速轴上,这样即使联轴器损坏,制动器仍然能起作用,保证了起升机构的安全。

弹性柱销联轴器构造简单,并具有缓冲作用,但弹性橡皮圈的寿命不长。齿轮联轴器有全齿联轴器和半齿联轴器两种,在起重机中半齿联轴器一般都是成对使用的,这时两个半齿联轴器中间的轴称为浮动轴或补偿轴。采用浮动轴是为了机构布置上的需要和增加补偿能力。齿轮联轴器坚固耐用,但需要经常润滑保养。

减速器低速轴与卷筒的连接是采用特种齿形联轴器,如图1-63所示。这种结构的特点是减速器低速轴的轴端加工成齿轮联轴器的外齿轮及轴承座孔,使卷筒轴一端安装在减速器低速轴轴孔内的调心轴承上。与减速器低速轴端齿轮联轴器的外齿轮啮合的内齿圈用螺栓连接在卷筒的轮辐上。因为减速器低速轴输出的转矩经齿轮联轴器直接传给卷筒,所以卷筒轴只受弯矩,不受转矩作用,卷筒轴的受力情况大大改善,同时使结构紧凑,分组性好,能补偿减速器与卷筒轴之间的同轴度偏差,但加工较为复杂。

门座起重机起升机构采用的是常闭式电力液压推杆或电磁液压推杆制动器。

2.起升机构的安全装置

为适应港口门座起重机频繁工作的特点,确保其安全作业,起升机构中常用的安全装置有以下几种:

(1)压绳式限位器

压绳式限位器是起升高度限位器的一种形式,是为了防止驾驶员操作疏忽或其他原因而使吊具超过起升高度之极限位置,俗称过卷扬(或称"顶铃"、"冲顶")。过卷扬时可能拉断起升钢丝绳使吊具重物坠落,或者挤碎滑轮,也可能使起重臂拉着往后倾翻等造成重大事故,因而规定起重机必须装有起升高度限位器,使吊具起升到一定高度时,能自动切断电动机电源而停止工作。

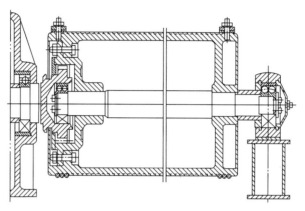

图 1-63 卷筒与减速器采用特种齿形联轴器连接

图 1-64 所示为压绳式限位器。起升绳 1 卡在小滑轮 2 的槽里,小滑轮套在光杆 3 上,可以沿光杆左右移动。在光杆两端装有行程限位开关 4、6,其位置根据起升(下降)极限位置调节。当起升(或下降)到极限位置时,小滑轮碰到起升限位开关(或下降限位开关)的推杆而使常闭触头断开,切断电源,电动机停止工作。

在门座起重机上安装的下降深度限位器要保证起升钢丝绳在卷筒上有一定的安全圈数,一般不得少于 3 圈,以使起升绳与卷筒连接处的应力不致太大。

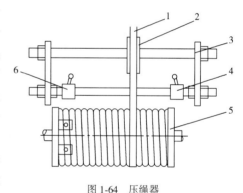

图 1-64 压绳器

1-起升绳;2-小滑轮;3-光杆;4-起升限位器;5-卷筒;
6-下降限位开关

(2)抓斗稳定器

当门座起重机上使用抓斗作业时,为使抓斗平稳移动,不使其转动,应设置抓斗稳定器。抓斗稳定器由配重小车、钢丝绳和定滑轮组成。配重小车可沿固定在主臂架上的轨道来回移动,钢丝绳一端与配重小车连接,另一端通过臂架头部的导向滑轮与抓斗连接。抓斗上、下运动时,配重小车在轨道上来回移动,调整距离,始终保持与抓斗的平衡,钢丝绳在配重小车重力作用下拉住抓斗,防止抓斗转动和大幅度摆动。

(3)超负荷限制器

门座起重机的起升机构一般采用简单杠杆式超负荷限制器,如图 1-65 所示。它安装在起升卷筒和人字架顶端滑轮之间。钢丝绳从起升卷筒引出后,经过了超负荷限制器中的导向滑轮 1(设置在杠杆的左端),然后与取物装置(抓斗或吊钩)连接。当起升货物超负荷时,钢丝绳 5 的张力增加,杠杆系统绕中心轴顺时针转动,弹簧装置 2 往下移动,触动超负荷行程开关 3,使起升机构断电,货物不能上升,以达到控制起重量超负荷的目的。

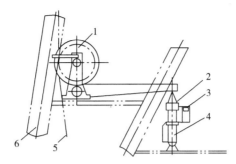

图 1-65　简单杠杆式超负荷限位器
1-导向滑轮;2-弹簧装置;3-行程开关;4-缓冲油缸;5-钢丝绳;6-人字架

三、门座起重机的运行机构

门座起重机的运行机构是用来调整工作位置的。其运行速度比较低,为非工作性的有轨运行机构。其结构组成与门式起重机的大车运行机构基本相似,所不同的主要有以下几点:

(1)为了尽量缩小门座起重机运行机构垂直于轨道方向的尺寸,以降低起重机的重心,通常采用蜗轮蜗杆减速器,使电动机沿轨道纵向布置,如图 1-66 所示。但这种方案的缺点是传动效率低,并使沿轨道方向的尺寸加大。近年来,国外的门座起重机开始采用立式电动机带动圆锥齿轮减速器进行传动,既能获得较紧凑的结构又能使传动效率提高。

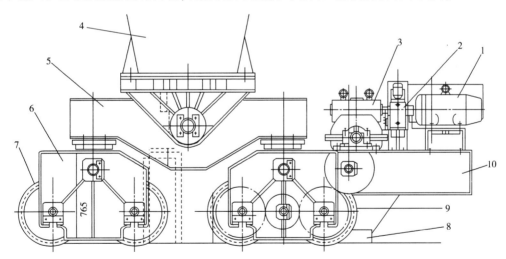

图 1-66　M10-30 型门座起重机大车运行机构传动简图
1-电动机;2-制动器;3-蜗轮蜗杆减速器;4-门腿;5-均衡梁;6-从动车架;7-从动车轮;8-防滑装置(铁鞋);9-主动车轮;10-主动车架

(2)驱动轮的布置方式。起重机运行机构的车轮,通常不都是驱动轮。但为了保证足够的驱动力,应有一定数量的驱动轮,一般为总轮数的一半,速度低的可采用四分之一,速度高的可采用全部车轮为驱动轮。当部分车轮为驱动轮时,驱动轮的布置应使驱动轮在任何情况下都有足够的轮压,从而保证一定的粘着力,否则,如布置不当,驱动轮有可能在轮压不足的情况下出现打滑,造成车轮的磨损,甚至影响起重机正常运动。驱动轮的布置有以下几种方式:

① 对面布置,如图1-67a)所示。这种布置方式适合于桥式类型起重机,它可以保证驱动轮轮压之和不随起重小车的位置改变而变化。

② 单边布置,如图1-67b)所示。这种布置方式主要用于跨度较小或轮压相对轨道运行方向不对称的起重机中,如半门座起重机、半门式起重机等。

③ 对角布置,如图1-67c)所示。这种布置方式适用于中、小型臂架型起重机,它基本上可保证驱动轮轮压之和不随臂架位置而变化。

④ 四角布置,如图1-67d)所示。这种布置方式能保证驱动轮轮压之和不变。门座起重机就是采用这种布置方式。

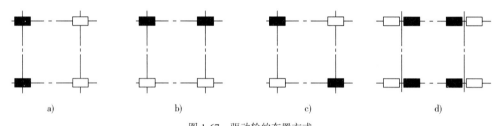

图1-67 驱动轮的布置方式
a)对面布置;b)单边布置;c)对角布置;d)四角布置

(3)运行安全装置。门座起重机在露天工作,且迎风面积很大,在遇暴风时,又不便运移到避风地区,为保证起重机不被大风吹跑,甚至吹翻,必须装设防风抗滑装置以及缓冲器。

① 缓冲器:缓冲器是用来减小起重机运动部分与外界发生碰撞时的冲击力的装置。其作用是吸收冲击能量,并把冲击能转换为其他形式的能量(如橡胶或弹簧的变形能)储存并缓慢释放出来或转化为热能消耗掉。

常用的缓冲器有橡胶缓冲器、弹簧缓冲器和液压缓冲器。

② 防风抗滑装置:防风抗滑装置一般有夹轨器和锚定装置两种。

夹轨器有手动和电动两大类。图1-68所示为手动—电动弹簧式夹轨器。它是由电动机通过螺杆压缩锥形弹簧产生夹紧力,弹簧还有利于保持夹紧力,以免夹钳松弛。它与运行机构的电气装置联锁,当起重机停止运行时,夹轨器自动夹住轨道。松夹钳时,当螺母退到一定距离,触动终点开关,运行机构才可通电运行。当电源发生故障时,可用手轮驱动螺杆,使钳口夹紧轨道。

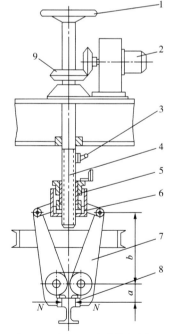

图1-68 手动—电动弹簧式夹轨器
1-手轮;2-电动机;3-终点开关;4-螺杆;
5-螺母;6-弹簧;7-肘杆机构;8-钳口;
9-伞齿轮

锚定装置结构如图1-69所示。在起重机运行轨道旁边分段设置锚定座,当起重机不工作时,锚定装置的转动臂应放在锚定位置,锚定板插入锚定座槽内,使起重机固定。起重机需要运行时,先要将转动臂放到打开位置,行程开关闭合,才给起重机供电。

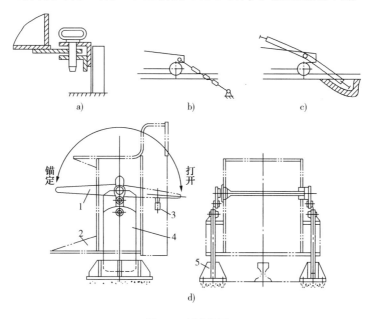

图1-69 锚定装置
1-行程开关;2-锚定板;3-锚定座;4-转动臂

四、门座起重机的变幅机构

门座起重机的变幅机构属于工作性变幅机构,在装卸作业时通过改变臂架的幅度来运移货物。因为当门机进行船舶装卸作业时,吊货出舱必须带货将臂架收回,这样在起重机回转时才不致与船舶上层结构(驾驶台、桅杆等)相碰,装船时同样需要在小幅度情况下将起重机转向船舶一方,再将臂架伸出,卸货到船舱内适当位置。所以,门座起重机的变幅机构在起重机每一工作循环中均要参加工作,在每一个幅度位置都必须能满负荷变幅。正因为变幅频繁,所以变幅速度直接影响到起重机的生产率,通常门座起重机的变幅速度达40~90 m/min。此时,如果仍采用简单摆动臂架式变幅机构,则在变幅过程中载重和臂架重心均产生升降现象,从而大大增加了变幅驱动功率,同时对装卸作业的安全带来不利影响。因此,门座起重机的变幅机构为适应工作性变幅的需要,应具有载重水平位移和臂架系统自重平衡装置。

1. 载重水平位移装置

载重水平位移装置的作用是使载重在变幅过程中沿水平线或接近水平线的轨迹移动。载重水平位移装置根据所采用的臂架结构形式可分为起升绳补偿法和组合臂架法。

1) 起升绳补偿法

起升绳补偿法的基本原理是:在变幅过程中,起升绳的总长度不变,而依靠起升绳的卷绕装置在臂架端部及时放出或收进一定长度的钢丝绳,以补偿载重的升降现象,从而使载重在变幅过程中沿水平线或接近水平线移动。

起升绳补偿法又有多种方案,常用的有滑轮组补偿法、导向滑轮补偿法和卷筒补偿法。

(1) 滑轮组补偿法

图 1-70 所示为滑轮组补偿法工作原理图。它的特点是在简单摆动直臂架的基础上,在起升绳的卷绕系统中,除起升滑轮组外,还增设了一个补偿滑轮组,用以补偿在变幅过程中的载重升降现象。

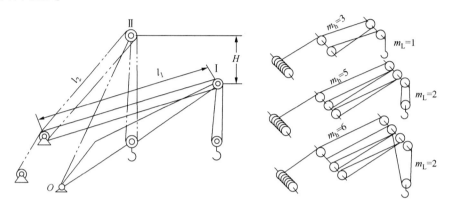

图 1-70 滑轮组补偿法工作原理图

当臂架从幅度 I 位置升高到幅度 II 位置时,物品和取物装置随臂架端点一起升高 H。由于补偿滑轮组的距离由 L_1 缩小到 L_2,起升钢丝绳又将放出 $(L_1-L_2)m_{补}$ 一段长度,从而使物品和取物装置又将由于补偿滑轮组钢丝绳长度的缩短而下降。如果在变幅过程中的所有位置上,由于臂架端点上升(或下降)而引起的物品升高值(或下降值)恰巧等于因补偿滑轮组缩短(或增长)而引起的物品下降值(或升高值),那么,物品将沿水平线移动,从而满足了载重水平位移的要求。

采用滑轮组补偿法时,实现载重水平位移应满足的条件为:
$$Hm_{起} = (L_1 - L_2)m_{补} \tag{1-8}$$
式中:$m_{起}$——起升滑轮组倍率(通常 $m_{起} \leq 2$);

$m_{补}$——补偿滑轮组倍率(通常 $m_{补} \geq 3$)。

滑轮组补偿法的主要优点是:构造简单,臂架受力情况比较有利,容易获得较小的最小幅度。缺点是:起升绳长度大,磨损快,小幅度时物品的摆动幅度大,使驾驶员稳定吊钩的时间较长,不能保证物品严格沿水平线移动。这种方法主要用于起重量较小的门座起重机上。

(2) 导向滑轮补偿法

图 1-71 所示为导向滑轮补偿法工作原理图。其特点是:从起升卷筒出来的钢丝绳,经过装在摆动对重杠杆上的导向滑轮,然后引向起升滑轮组,对重杠杆通过连杆与臂架连接。在变幅过程中,导向滑轮位置的变化使起升钢丝绳放出或收进,以补偿物品随臂架端点移动所引起的升降。

当臂架端点由 A 移到 A' 时,升高了 H,导向滑轮则由 B 降到了 B',使起升绳 $AB+BC$ 段减小为 $A'B'+B'C$,因此,采用导向滑轮补偿法时,实现载重水平位移应满足的条件为:
$$H = (AB + BC) - (A'B' + B'C) \tag{1-9}$$

这种补偿方案,由于收、放补偿长度所限,故不适用于倍率较大的起升滑轮组,一般都用于 $m=1$ 的情况下。与滑轮组补偿法比较,其优点是起升钢丝绳长度短,磨损小;缺点是臂架受力情况不利,由于补偿导向滑轮的牵制,难以获得较小的最小幅度。

(3)卷筒补偿法

图1-72所示为卷筒补偿法结构简图。其特点是将起升绳的另一端绕在一个由变幅机构驱动的补偿卷筒上。其补偿原理为:变幅时,起升卷筒不工作,补偿卷筒由同轴的变幅卷筒驱动,收入或放出一定长度的起升钢丝绳,以补偿变幅时物品高度的变化。补偿卷筒通常制作成圆锥形,以保证载重水平位移。

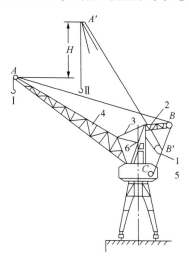
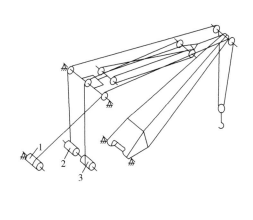

图1-71 导向滑轮组补偿法工作原理图
1-导向滑轮;2-对重杠杆;3-连杆;4-臂架;5-起升卷筒;6-变幅驱动装置

图1-72 卷筒补偿法结构简图
1-起升卷筒;2-补偿卷筒;3-变幅卷筒

2)组合臂架法

组合臂架法的基本原理是:采用组合臂架,利用四连杆机构的工作原理,使组合臂架端点在变幅过程中沿水平或接近水平的轨迹移动,从而使载重在变幅过程中的高度位置不变或变化很小。

组合臂架法常用的有:刚性拉杆式组合臂架、挠性拉索带曲线形象鼻梁式组合臂架和平行四连杆式组合臂架。

(1)刚性拉杆式组合臂架

图1-73所示为刚性拉杆式组合臂架,又称直线形象鼻梁式组合臂架。由主臂架1、直线形象鼻梁3和刚性拉杆2三部分组成,连同机架 OO_1 一起考虑,构成一个平面四连杆机构(双摇杆机构)。变幅时,象鼻梁端点滑轮4的运动轨迹为一双叶曲线。如果臂架系统的尺寸和支点 OO_1 的位置选择适当,则在对应于有效幅度的 ab 段内,双叶曲线的运动轨迹接近于一条直线,因而在变幅过程中,象鼻梁的端点将沿着接近水平线的轨迹移动。只要起升绳沿着臂架或拉杆到象鼻梁,并从其头部引出时,就能满足变幅时载重水平移动的要求。

这种方法的优点是:物品自由悬挂长度减小,摆动现象减轻,延长了起升绳的使用寿命,臂架下的有效空间较大。缺点是:臂架系统较复杂,自重大,变幅时物品不能严格地沿水平轨迹移动。目前,此方法在门座起重机上广泛应用。

(2)挠性拉索带曲线形象鼻梁式组合臂架

图 1-74 所示为挠性拉索带曲线形象鼻梁组合臂架,它由主臂架 1、曲线形象鼻梁 2 和挠性拉索 3 组成。挠性拉索下端固定在机架上,上端绕过曲线形象鼻梁后固定在象鼻梁的上弦杆上。如果适当选择象鼻梁的包络曲线的形状,理论上是可以达到在变幅时象鼻梁端点严格按水平线移动的目的。同时采用了挠性拉索,可减小臂架的自重和风阻力。在工作中,拉索还可起一定的缓冲作用。但由于象鼻梁曲线形状的制造精度以及使用中挠性拉索的伸长变形等原因,实际上曲线形的优点并没有充分发挥,故这种组合臂架的补偿方法只在小起重量的门座起重机上应用。

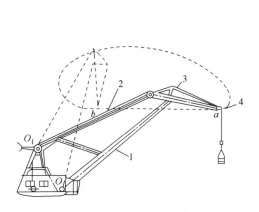

图 1-73　刚性拉杆式组合臂架补偿原理图
1-主臂架;2-刚性拉杆;3-直线形象鼻梁;4-滑轮

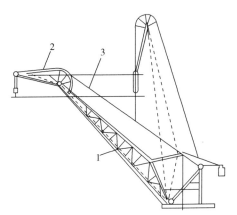

图 1-74　挠性拉索带曲线形象鼻梁组合臂架补偿原理图
1-臂架;2-象鼻梁;3-挠性拉索

(3)平行四连杆组合臂架

图 1-75 所示为平行四连杆组合臂架。臂架系统由主臂架、直线形象鼻梁、刚性拉杆和连杆组成。其结构特点是:四连杆组成一个平行四边形;象鼻梁与刚性拉杆长度相等;主臂架下部分与连杆长度相等;刚性拉杆支点与主臂架下支点在同一条垂直线上;主臂架下支点可沿立柱上下移动。这样的结构从理论上可以保证在变幅过程中象鼻梁端点作水平移动,从而保证了载重的水平位移。这种方法在带斗门座起重机上运用。

以上三种组合臂架补偿法的显著优点是:不需要直臂架那样的补偿滑轮组,起升钢丝绳长度短,卷绕的滑轮少,起升绳的使用寿命长,而且载重水平位移的轨迹要比带补偿滑轮组的轨迹平滑。吊具至象鼻梁端点的距离(即悬挂长度)短,而且在变幅时基本不变,这就减少了货物的摆动,改善了变幅工作的性能。因此,目前门座起重机上广泛采用组合臂架法来实现载重水平位移。

2.臂架系统自重平衡

臂架系统自重平衡的作用是:变幅时,使臂架系统的重心高度保持不变或基本不变,从而降低变幅驱动功率,并使变幅机构平稳地运动。

臂架系统自重平衡的原理可归纳为三类:不变重心平衡原理、移动重心平衡原理和无配重平衡原理。

1) 不变重心平衡原理

这种方法的特点是利用活动对重,使它与臂架系统的重心合成后,始终位于臂架摆动平面的固定铰轴上,因而使合成重心在变幅过程中不发生升降现象。尾重法就是这类平衡方法的代表,如图 1-76 所示。这时对重重心布置在臂架重心与铰点连线的延长线上。

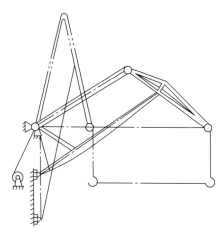

图 1-75　平行四连杆组合臂架补偿原理图　　图 1-76　尾重法臂架平衡工作原理图

这种平衡方法的优点是结构简单,工作可靠,起重机回转部分的尾部半径小,可在理论上达到完全平衡的目的。其主要缺点是:对重臂的长度受到起重机整体布置的限制,使整机布置比较复杂,配重重量较大。此外,由于其合成重心偏向起重机的前方,因此对起重机的总体稳定性和回转部分的局部稳定性均不利。目前,这种平衡方法应用较少,仅用于船舶甲板起重机。

2) 移动重心平衡原理

这种方法的特点是利用活动对重,使其与臂架系统合成重心保持沿接近水平线的轨迹移动,同样消除了臂架系统在变幅过程中重心升降的影响。常用的方法有两种:

(1) 杠杆—活动对重法

图 1-77 所示为杠杆—活动对重法的平衡原理图。此时活动对重与臂架分离,并通过杠杆连接组成四连杆机构。由于对重部分杠杆较短,因此可以在臂架摆角不大的情况下,增大对重杠杆的摆角,从而增大了对重的升降高度,有利于减小对重的重量。同时,有利于起重机的稳定性,在总体布置上也比较方便。其缺点是合成重心在变幅过程中不能严格保持在水平线上,但通过合理的设计,可使误差缩小。因此,目前应用最为广泛。

(2) 挠性件—活动对重法

图 1-78 所示为挠性件—活动对重法平衡原理图。这种方法的特点是平衡重可沿导轨直线滑动,并通过钢丝绳与臂架联系起来。其优点是构造简单,容易得到较小的尾部半径。

缺点是挠性件易磨损。欲想做到臂架系统的完全平衡,活动对重的导轨需要做成合适的曲线形状。

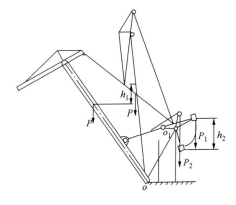

图 1-77　杠杆—活动对重法平衡原理图

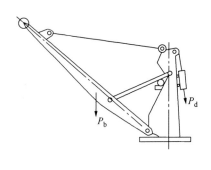

图 1-78　挠性件—活动对重法平衡原理图

3) 无配重平衡原理

这种方法的特点是不用配重,而是依靠臂架系统本身的构造特征来保证臂架系统的重心在变幅过程中沿接近水平线的轨迹移动。图 1-79 所示为具有平行四连杆组合臂架和椭圆规补偿系统的臂架。在变幅过程中,臂架系统的重心始终沿 A-A 水平线移动。

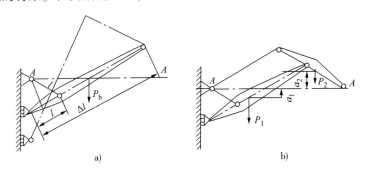

图 1-79　无配重平衡原理图

3. 变幅机构的驱动传动形式

门座起重机的变幅机构,因为采用载重水平位移和臂架系统自重平衡装置,对只能承受单方向力的滑轮组变幅驱动(挠性件传动装置)就不能满足要求了。所以,在具有臂架系统自重平衡的变幅机构中,一般都采用刚性传动装置与臂架系统连接,传递驱动力,以实现变幅的目的。

门座起重机的变幅机构常用的驱动传动形式有:齿轮齿条传动、螺母螺杆传动、液压传动等。

(1) 齿轮齿条传动

图 1-80 所示为齿轮齿条传动的变幅驱动传动简图。臂架直接由齿条推动俯仰变幅,齿条则是由装设在机房顶上的电动机通过减速器和最后一个驱动小齿轮来带动的。

齿条有单齿条和双齿条两种形式。根据齿条的数目,一般小吨位的门座起重机都采用单齿条传动,大吨位的门座起重机需采用双齿条传动。此时,齿条与臂架之间应通过补偿弹簧或均衡杠杆连接起来,以保证两齿条受力均衡。为便于制造和维修,齿条常制成针齿形式(柱销齿)。这样的齿条虽不如用插齿机床制出的齿条精度高,但一般机修厂都可以制造和维修。

齿轮齿条传动的主要优点是:结构紧凑,减速传动比大,因而使驱动传动装置尺寸和自重显著减小。其缺点是:齿条为开式传动,容易磨损;由于齿间间隙的存在,使得起动和制动时有冲击;如没有可靠的安全保护装置时,有可能发生臂架坠落的危险。目前,这种驱动传动方法在刚性拉杆式组合臂架的变幅机构中应用较广。

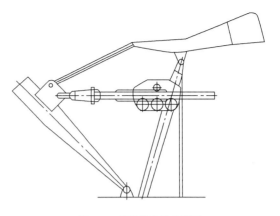

图 1-80　齿轮齿条传动简图

（2）螺母螺杆传动

图 1-81 所示为螺母螺杆传动的变幅驱动简图。它的工作原理与我们日常向螺栓上拧螺母是相同的。

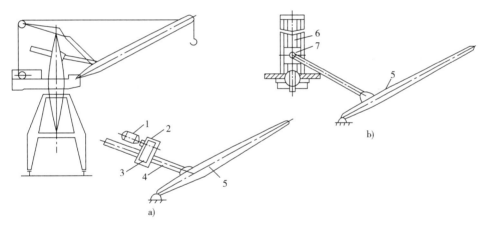

图 1-81　螺母螺杆传动简图
a)螺母转动式;b)螺杆转动式
1-电动机;2-减速器;3-转动的螺母;4-直线运动的螺杆;5-臂架;6-转动的螺杆;7-直线运动的螺母

螺母螺杆传动有两种方案:螺母转动式(图 1-81a)和螺杆转动式(图 1-81b)。螺母转动式采用螺杆与臂架连接,然后由电动机通过减速器驱动螺母旋转,带动螺杆从而推动臂架俯仰变幅。这种方法结构紧凑,维修方便。螺杆转动式是螺母通过连杆与臂架连接,然后电动机通过减速器驱动螺杆旋转,带动螺母,从而推动臂架俯仰变幅。这种方法可避免螺杆伸向起重机尾部,有利于减小尾部的回转半径。

螺母螺杆传动方法的优点是:可以获得很大的传动比,因而驱动传动装置的外形尺寸和自重是机械式传动形式中最小的;变幅平稳。其缺点是:效率低;润滑要求高;磨损快;维修检查不便;没有可靠的安全限位装置时,有引起臂架坠落的可能。

(3)液压传动

图 1-82 所示为液压传动的变幅驱动简图。臂架的俯仰是由装在机房顶上的液压活塞杆来推动的。为了适应工作性变幅双向受力的需要,液压缸应采用双向作用的活塞式油缸。M10-25 型门座起重机的变幅机构就是采用这种传动方式。

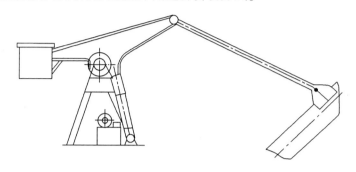

图 1-82 液压驱动传动简图

这种驱动传动形式的优点是:结构紧凑,自重小,布置方便,工作平稳,尤其在起动、制动时大大减小了臂架系统的振动,还可无级调速。缺点是:液压传动原件制造精度和防漏要求高。由于液压元件内部的泄漏,长期使臂架保持在任意幅度较困难,使用时要特别加强维护和管理。

五、门座起重机的回转机构

门座起重机的回转机构同样由回转支承装置和回转驱动装置两部分组成。

1.回转支承装置

门座起重机的回转支承装置有转盘式、转柱式和定柱式三种。门座起重机的转盘式回转支承装置主要采用滚动轴承式,其结构形式与轮胎起重机的滚动轴承式转盘回转支承装置相同。由于门座起重机具有高大的门架,回转部分质量较大,重心位置高,且承受倾翻力矩大。因此,其回转支承装置一般多采用转柱式和定柱式。

(1)转柱式

转柱式回转支承装置是目前门座起重机中采用最多的一种支承装置,如图 1-83 所示。它是由柱式结构与转动部分连成一体的可以回转的转柱 1、上支承 2 和下支承 4 所组成。上支承由装在转柱上的滚轮 2 和固定在门架上的环形轨道 3 所组成。当转柱回转时,滚轮就沿着环形轨道滚动。上支承主要承受回转部分的水平力。滚轮数目由上支承所承受的水平力大小决定,通常为 3~8 个。滚轮的分布要使它们能适应倾翻力矩的作用方向,所以,3 个滚轮时,臂架方向 2 个,后面 1 个;5 个滚轮时,臂架方向 2 个,后面 1 个,左右各 1 个;8 个滚轮时,转柱的 4 个角上各 2 个,此时为保证同一个支承点上 2 个滚轮受力均衡,2 个滚轮用均衡架相连。由于安装误差和磨损的原因,导轨与水平滚轮之间会出现间隙,通常将水平滚轮的滚动轴承装在偏心轴套上,只要转动与偏心轴套固定为一体的心轴,就可以调整水平滚轮与轨道之间的间隙,如图 1-84 所示。

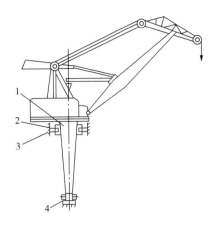

图 1-83 转柱式回转支承装置
1-转柱;2-上支承;3-环形轨道;4-下支承

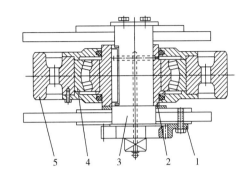

图 1-84 上支承水平滚轮结构图
1-防转齿轮;2-偏心轴套;3-水平轮轴;4-滚动轴承;5-水平轮

转柱式下支承的作用是承受回转部分的重量和水平力。一般采用一个有自动调位作用的推力轴承和一个球面径向滚动轴承。当转柱歪斜时,可自行调位,不至于"卡死"。

转柱式回转支承装置除了以上的结构外,还可采用上支承为一个大型的向心推力轴承,下支承是一个自位向心轴承,转柱回转时,滚珠在转柱和圆弧轨道上滚动。这种结构,上支承承受水平力和垂直力,下支承承受水平力。

(2)定柱式

定柱式回转支承装置的结构特点是:柱形支承结构固定在基座上或起重机不回转部分的门架上,其转动部分有一个大"钟罩",如图 1-85 所示。钟罩用上、下支承支持在定柱上,并与转动部分一起转动。

定柱式回转支承装置由定柱 3、钟罩 2、上支承 1 和下支承 4 所组成。其原理等于把转柱式回转支承装置倒过 180°。因此,定柱式的上支承和下支承分别与转柱式的下支承和上支承相同。

2.回转驱动装置

门座起重机的回转驱动装置与电力驱动和内燃机—电力驱动的轮胎起重机的回转驱动装置相同。

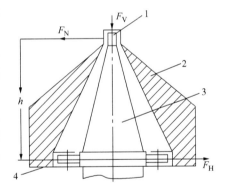

图 1-85 定柱式回转支承装置
1-上支承;2-钟罩;3-定柱;4-下支承

由安装在转动部分上的(机房内)电动机、带极限力矩联轴器的蜗轮蜗杆减速器(或圆柱齿轮减速器)及行星齿轮组成。行星小齿轮与固定在上门架支承环上的大齿圈啮合。当驱动小齿轮时,小齿轮绕着大齿圈回转,从而实现了回转运动。

在新型的门座起重机中,较多地采用立式电动机—圆柱齿轮传动的回转驱动装置如图 1-86 所示。立式电动机 1 通过联轴器 2 和两级圆柱齿轮减速器,驱使带有行星齿轮 8 的低速轴转动。其极限力矩联轴器设在第一级齿轮传动的大齿轮 3 上,由弹簧 4、上锥体 5 和下锥体 6 组成。为了保证摩擦系数的稳定,应给摩擦面以充分良好的润滑,最好浸在油里,或者附设一个柱塞泵7,由轴上的凸轮带动,对摩擦表面注油润滑。该回转驱动装置的主要优点是布置紧凑,占据机房平面面积小,传动效率高。在大型起重机中,为不使齿圈尺寸过大,常采用两套回转驱动装置,用两个行星齿轮驱动回转。

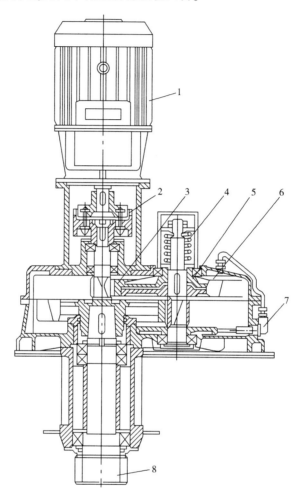

图 1-86 采用立式电动机的回转驱动装置
1-立式电动机;2-联轴器;3-安装极限力矩联轴器的齿圈;4-压紧弹簧;5、6-极限力矩联轴器上、下锥体;7-柱塞油泵;8-小齿轮

复习思考题

1.为什么说起重机械是一种间歇重复动作的机械?
2.起重机械由哪几部分组成?各部分的作用是什么?
3.起重机械的主要技术参数有哪些?各表示什么含义?
4.当额定起重量一定时,分别采用吊钩和抓斗作业,所允许起吊的货物的质量是否相同?为什么?
5.跨度与轨距这两个参数有何异同?
6.为什么要进行工作级别的划分?如何划分?

7. 起重机工作级别与机构工作级别有何异同？
8. 钢丝绳是如何组成的？各类钢丝绳有何特点？起重机的起升机构应采用哪种类型的钢丝绳？
9. 在选择和使用钢丝绳时应注意哪些问题？为什么要有钢丝绳的报废标准？
10. 何谓滑轮组倍率？如何计算？
11. 短钩型吊钩组与长钩型吊钩组有何区别？
12. 比较单绳抓斗、双绳抓斗和马达抓斗的结构特点及适用场合。
13. 叙述单绳、双绳和马达抓斗的动作原理。
14. 为什么马达抓斗的抓取能力比绳索抓斗大？
15. 分析说明如何提高抓斗的抓取能力。
16. 试述制动器的作用、种类及各种制动器的特点和适用场合。
17. 试述块式制动器的动作原理。
18. 试述桥式起重机的结构特点、组成及各部分的作用。
19. 叙述龙门起重机的结构特点、组成，它与装卸桥有何异同？
20. 为什么要安装均衡车架？画出五轮、六轮、七轮的均衡车架原理图。
21. 叙述轮胎起重机的结构特点和组成。
22. 轮胎起重机有哪几种驱动形式？各有何特点？
23. 轮胎起重机的起升机构与其他起重机的起升机构有何异同？
24. 叙述轮胎起重机各机构的结构特点、组成和动作原理。
25. 轮胎起重机的机构应采用哪种制动器？安装在何处？为什么？
26. 为什么简单臂架不允许带载变幅？为什么流动性起重机要采用简单臂架？
27. 轮胎起重机为什么要安装支腿？常见的支腿形式有哪几种？
28. 什么叫稳定性？保持起重机稳定性的条件是什么？
29. 叙述门座起重机的结构特点及组成。
30. 对电力驱动的起升机构安装的制动器有何要求？为什么？
31. 叙述门座起重机各机构的结构特点、组成和动作原理。
32. 工作性与非工作性机构有何区别？举例说明哪些属工作性机构，哪些属非工作性机构。
33. 采用简单臂架在带载变幅时会出现什么问题？如何解决？
34. 载重水平位移与臂架系统自重平衡装置的作用与目的是什么？
35. 绳索补偿法与组合臂架法有何异同？各类补偿法的特点、条件是什么？
36. 臂架系统自重平衡有哪几种方案？各种方案的平衡原理及特点是什么？
37. 门座起重机变幅机构的驱动传动形式有哪些？各有何特点？具有臂架系统自重平衡的结构能否采用绳索滑轮组牵引变幅？为什么？
38. 转柱式回转支承装置由哪几部分组成？比较转盘式与柱式回转支承装置的结构特点和适用场合。
39. 起重机上为什么要安装安全保护装置？各机构中有哪些安全保护装置？它们各起什么作用？

第二章　连续输送机械

本章主要叙述连续输送机械的工作特点、种类、物料的特性及典型输送机械(带式输送机、斗式提升机、刮板输送机、埋刮板输送机、链板输送机、气力输送机等)的构造特征、结构组成、动作原理和适用场合。

第一节　概　　述

一、连续输送机械的特点、分类和应用

1. 连续输送机械的特点

连续输送机械是以形成连续物流方式并沿一定线路输送货物的机械。其特点是连续运动。与具有间歇动作的起重机械比较具有以下优点：

(1)输送能力大。可不间断地连续输送货物,其装载和卸载都是在输送过程不停顿的情况下进行。同时由于不经常起动和制动,故可采用较高的工作速度。连续而高速的输送所能达到的输送能力远非间歇作业的起重机械所能比拟。

(2)结构比较简单。输送机械沿一定线路全长范围内设置并输送货物,动作单一,结构紧凑,自身质量较小,造价较低。因受载均匀,速度稳定,工作过程中所消耗的功率变化不大。在相同输送能力的条件下,输送机械所需功率一般较小。

(3)输送距离可以较长。不仅单机长度日益增加,且可由多台单机组成长距离的输送线路。

(4)便于实现程序化控制和自动化操作。

其缺点是：

(1)通用性较差。每种机型一般只适用于输送一定种类的货物。

(2)必须沿整条输送线路布置。输送线路一般固定不变。在输送线路变化时,往往要按新的线路重新布置。在需要经常改变装载点及卸载点的场合,须将输送机安装在专门机架或臂架上,借助它们的移动来适应作业要求。

(3)大多不能自动取料。除少数连续输送机能自行从料堆中取料外,大多要靠辅助设备供料。

(4)不能输送笨重的大件物品,不宜输送质量大的单件物品或集装容器。

2. 连续输送机械的分类

连续输送机械在国民经济各部门被广泛应用,种类也非常繁多,按不同的分类方式主要有以下几种类型,如图2-1所示。

1)按用途分类

连续输送机械按用途分为:通用输送机械、专用输送机械和辅助装置。

将多台输送机械按生产工艺流程的要求,相互衔接起来,形成货物输送与生产工艺紧密

结合的输送系统,便成为生产加工与装配作业一条龙的流水生产线。

2) 按输送的对象分类

连续输送机械按输送的对象可分为输送散粒物料、输送成件物品和输送人员(例如自动扶梯及自动人行道)三类。其中输送散粒物料的连续输送机械型式最多、应用最广、输送能力也最大。

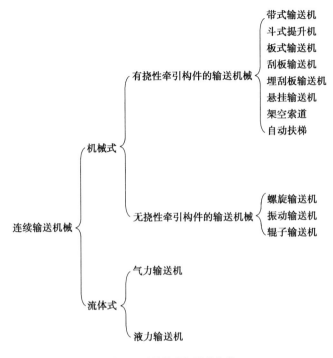

图 2-1 连续输送机械的分类

3) 按安装形式分类

连续输送机械按安装形式可分为固定式、移动式和移置式三类。大多数连续输送机械均沿输送线路安装在固定的机架上。移动式仅适用于输送距离短、作业地点多变的场合。移置式则适用于输送机械在使用一段时间后需要移动一定距离以继续使用的场合。

4) 按结构形式分类

连续输送机械按其结构形式不同又可分为有挠性牵引构件的和无挠性牵引构件两类。

(1) 有挠性牵引构件的输送机械

有挠性牵引构件的输送机械的特点是:物料放在牵引构件上或与牵引构件连接的承载构件上,利用牵引构件的连续运动来输送物料。这类输送机械除具有牵引构件、承载构件、驱动装置、张紧装置以外,一般还具有装载、卸载、改向等装置,它包括图 2-1 所示的带式输送机、斗式提升机、板式输送机、刮板输送机、埋刮板输送机、悬挂输送机、自动扶梯等,它们分别采用输送带或链条作为牵引构件。

(2) 无挠性牵引构件的输送机械

无挠性牵引构件的输送机械的特点是:利用工作构件的旋转运动或往复运动使货物沿封闭的管道或料槽移动。它们输送货物的工作原理各不相同,且共性的零部件也很少,如螺旋输送机、振动输送机、辊子输送机等。

5)按输送机理分类

连续输送机械按输送机理可分为机械式和流体式两类。机械式的依靠工作构件的机械运动进行输送;流体式的则利用空气或水等的流体动力通过管道进行输送。有牵引构件和无牵引构件的输送机械属于机械式的,而气力输送装置和液力输送装置则属于流体式的。

3.常用连续输送机械特点

带式输送机是以输送带作为牵引构件和承载构件的连续输送机械,它可供输送各式各样的散货和件杂货物,输送长度可达数公里(国外最长的钢丝绳牵引胶带输送机输送长度达14.6km),也有不超过数米长的小型带式输送机。带式输送机是散货码头最主要的也是比较理想的输送设备,应用最为广泛。

斗式提升机是用于垂直或大倾角输送粉状、颗粒状及小块物料的连续输送机械,不仅广泛用于堆场、仓库和矿井,还可用它来卸船和卸车。

板式输送机中的链板输送机的结构和工作原理与带式输送机相似,其主要区别在于,链板输送机是用链条作为牵引构件,用对接的或搭接的平形板或槽形等构件作为承载构件的输送机械。适用于输送散粒物料或成件货物,并在输送中可完成各种工艺流程或工艺操作。

埋刮板输送机在无端的链条上相隔一定距离固定一块刮板,链条和刮板在封闭的矩形断面管道内运动,由加料口导入管内的物料被刮板带动。工作时,刮板和链条完全埋在物料之中,用来水平或垂直输送散粒物料。埋刮板输送机结构较简单,尺寸、重量也较小,输送路线布置灵活。但对所输送的物料有一定要求,不宜输送大块的、容重较大的、粘结性和磨损性大而不允许破碎的物料。

螺旋输送机是借助于带有螺旋片的转动轴在一封闭的料槽内旋转,将物料推移而进行输送的机械。由于装入料槽的物料受本身重力及其对料槽的摩擦力的作用,而不和螺旋一起旋转,只沿料槽向前运移,其情况就好像不能旋转的螺母沿螺杆作直线运动一样。在垂直的螺旋输送机中,物料是靠离心力和对槽壁所产生的摩擦力而向上运移的。螺旋输送机结构简单,横截面尺寸小,密封性能好,便于中间装料和卸料,操作安全方便,制造成本低。但输送过程中物料易破碎,零件易磨损,消耗功率较大。螺旋输送机可用于短距离(一般小于40m)输送各种粉状、粒状、小块状物料,也可作为其他输送机的供料辅助机械,或作为螺旋卸车机的主要组成部分。

辊子输送机是在机架上装有辊子组,并由动力带动部分或全部辊子转动,货物依靠转动辊子与货物接触表面之间的摩擦力来输送。这种输送机多用于袋装货物或软包装的件货。

气力输送机能从车厢或船舱内的任意角落自动吸取散粒物料,便于实现装卸作业的自动化,是目前散粮仓库和散粮卸车、卸船的主要机械设备。

4.连续输送机械的应用范围

输送机械在国民经济的各个部门中得到了广泛的应用,已经遍及各行各业。在重工业及交通运输部门主要用于输送大宗散粒物料;在现代化生产企业中,输送机械是生产过程中组成有节奏的流水作业线所不可缺少的设备,通过输送机械的应用实现车间运输和加工安装过程的机械化,并实现程序化和自动化;在食品、化工、轻纺等许多部门,输送机械往往不单纯进行物料输送,还在输送的同时进行某些工艺处理;在大型工程项目的施工工地,输送机械可用来搬运大量土方和建材物料;在机场、港口,输送机械还用来输送旅客和行李。

在实际应用中,除了采用各种通用输送机械(如带式输送机)和特种输送机械(如特种带式输送机)以外,往往还根据生产作业的需要,将各种输送机安装在不同结构形式并具有多种工作机构的机架或门架上构成某种专用机械。以港口的散粒物料连续装卸船为例,我国的各个散粒物料出口专业化码头均装备了以带式输送机为主体的散粒物料装船系统;而在散粒物料进口专业化码头上则有以各种输送机为主体的散粒物料连续卸船系统,例如用于散粮码头卸船作业的双带式卸船机、埋刮板卸船机、气力吸粮机等;用于化肥卸船作业的螺旋卸船机;用于煤炭卸船作业的链斗卸船机;用于卸驳船作业的悬链式链斗卸船机。这些散粒物料连续装卸机械的迅速发展开拓了输送机械新的发展领域。

二、物料特性

输送机械输送货物的种类和物料的物理、机械性能对于机械的选型、设计有重要的影响,在学习各种输送机械以前,必须了解货物的物理机械特性。输送机械输送的货物有散货和成件货两大类。

成件货物是指有固定外形的单件物品,如机械零部件、袋装、箱装、桶装等货物。成件物品的主要特征是质量、外形尺寸(长、宽、高)和形状以及包装形式等。对一些较特殊的成件物品还应考虑其他特性,如物品的温度、物品放置或悬吊的方便性、易燃性、爆炸危险性等。

散粒货物是指不进行包装而成批堆积在一起的由块状、颗粒状、粉末状组成的成堆物料,如矿石、煤炭、砂子和粮食等。其物理机械特性有:粒度和颗粒组成、堆积密度、湿度、堆积角、外摩擦系数等。

1.粒度和颗粒组成

粒度又称块度,是指单一散粒体的尺寸大小,用 d 表示,单位毫米(mm)。由于散粒物料是由大小不同的颗粒组成的,物料中所含的不同粒度颗粒的质量分布状况称为物料的颗粒组成。它反映了散粒物料颗粒尺寸大小的均匀程度。经过筛分的物料颗粒大小比较均匀,未经筛分的物料颗粒大小相差很大。

散粒物料的粒度分为8级,见表2-1。

散粒物料的粒度　　　　　表2-1

级	粒度 d(mm)	粒度类别	级	粒度 d(mm)	粒度类别
1	>100~300	特大块	5	>6~13	颗粒状
2	>50~100	大块	6	>3~6	小颗粒状
3	>25~50	中块	7	>0.5~3	粒状
4	>13~25	小块	8	0~0.5	尘状

对于粒度大于0.5mm的物料常用筛分法,并以筛网的目数来表示其粒度范围。我国常用的泰勒标准筛与美国、日本、英国的标准筛大致相同,泰勒标准筛目与孔径的对照见表2-2。

泰勒标准筛规格 表2-2

目	孔径(mm)	目	孔径(mm)	目	孔径(mm)
325	0.043	60	0.246	12	1.397
270	0.053	48	0.295	10	1.651
250	0.061	42	0.351	9	1.981
200	0.074	35	0.417	8	2.362
170	0.088	32	0.495	7	2.794
150	0.104	28	0.589	6	3.327
115	0.124	24	0.701	5	3.962
100	0.147	20	0.833	4	4.699
80	0.175	16	0.991	3.5	5.613
65	0.208	14	1.168		

在对输送机械选型及决定其工作构件尺寸时,都必须考虑散粒物料的粒度。例如用气力输送机输送的物料粒度一般要求不大于50mm。由于过大的物料粒度将堵塞于供料装置或其他部件中,从而破坏了物料的正常输送。

2.堆积密度

堆积密度是指散粒物料在自然堆放的松散状态下,含颗粒间间隙在内的单位体积物料所具有的质量,用 ρ 表示,单位:吨/米³(t/m³)或公斤/米³(kg/m³)。

物料的堆积密度与物料在容器中的压实程度、物料的湿度等因素有关。由于物料颗粒之间存在间隙,当物料处于贮存状态,下层物料会被上层物料压实,而物料在机械式输送过程中因受振动同样可能被振实。物料在压实状态下的堆积密度大于松散状态下的堆积密度,前者与后者之比用压实系数 K 表示,显然 $K>1$。对于砂,$K=1.12$;煤 $K=1.4$;矿石 $K=1.6$。对于其他各种不同物料,其压实系数大致在 1.05～1.52 之间。此外,当物料从容器中倾斜流出,物料受到充气流态化或经历气力输送之后,物料的松散程度和堆积密度也将发生变化,处于充气状态的堆积密度明显减小。物料在上述不同状态下堆积密度数值变化反映了物料的流动性和能否被充气流态化的特性。

3.湿度(含水率)

物料除了本身以形成化合物的方式而存在的结构水以外,还有物料颗粒从周围空气中吸收的湿存水和存于物料颗粒表面和颗粒间的表面水。仅含有结构水的散粒物料称为干燥物料。除了物料的含水率外,还要注意物料的吸湿性。有些物料如硝酸钠、硝酸铵、氢氧化钠等容易从大气中吸收水分而潮解,有些物料如苏打粉、奶粉、盐、芒硝等则容易从周围吸收水分而结块。

4.堆积角(自然坡度角)

堆积角(自然坡度角)是指散粒物料从一个规定的高度自由均匀地落下时所形成的能稳定保持的锥形料堆的最大坡角,即自然堆放的料堆表面与水平面之间的最大夹角,它反映了物料的流动性。流动性好的物料,堆积角小,反之则大。堆积角有静态和动态之分,在静止平面上自然形成的叫静堆积角 β,在运动的平面上测得的称为动堆积角 β_d,动堆积角的大小约为静自然堆积角的 0.65~0.8，常取 $\beta_d = 0.70\beta$。

5. 外摩擦系数

物料的外摩擦系数指散粒物料对与之接触的某种固体材料表面之间的摩擦系数，用 μ 表示，其数值等于该物料对该表面之间的摩擦力与法向正压力之比值。外摩擦系数是该物料对该固体表面的外摩擦角的正切函数。外摩擦系数不仅与固体表面的材料有关，而且与表面的形状和粗糙度有关。外摩擦系数有静态和动态之分。试验表明，动态外摩擦系数值大致为静态外摩擦系数的 70%~90%。

6. 其他特性

除了以上基本特性外，散粒物料还有其他方面的特性，如散粒物料的磨琢性、爆炸危险性、腐蚀性、有毒性、粘附性、脆性以及物料的温度等。

物料对输送设备的磨琢性可用其莫氏硬度来表示。莫氏硬度共分 10 级。最软的矿石是滑石，它的莫氏硬度定为 1；最硬物料的莫氏硬度为 10，以金刚石为代表。物料越硬，其磨琢性越大。对各种被输送的物料，可按其莫氏硬度值分为磨琢性不同的 4 类。物料的磨琢性除取决于硬度外，还受粒度和形状等因素影响。对同一种物料，粒度越大、表面棱角越尖锐则其磨琢性越大。

物料粉尘的爆炸危险性取决于粉尘的性质、粉尘的表面积和粉尘在空气中的浓度，同时还要有一定的引爆源。可燃粉尘因表面积较大，很易受热起火。当空气中的含尘量达到一定浓度并遇到具有一定能量的火种时，粉尘便会急剧氧化燃烧，在瞬间释放出大量的热能，同时产生的大量气体来不及扩散，使压力急剧升高而引起剧烈爆炸。粉尘的粒度越小，其表面积越大。对粉尘爆炸来说，最危险的粉尘粒度范围是 $50 \sim 70\mu m$，如粒度大于 $150\mu m$，其危险性大为减小，如粒度大于 $420\mu m$，一般在空气中不爆炸，除非其化学性质不稳定。空气中含尘浓度很低时，粉尘之间的距离较大，即使一些粉尘着火后也不易传递到其他粉尘上，因而不会引起爆炸。含尘浓度过高时，由于氧气数量相对减少，粉尘不能完全燃烧，也不会引起剧烈爆炸。由此可知，每种易爆粉尘在空气中均有其最低和最高浓度。

物料的腐蚀性取决于其酸碱度，用 pH 值来表示。酸碱度 pH 值的范围为 0~14，pH 值等于 7 表示中性，小于 7 表示酸性，数值越小表示酸性增加，大于 7 表示碱性，数值越大表示碱性增加。

有毒性的物料其毒性有大小之分，有的毒性物料与人体接触会引起疾病，如皮肤发炎、呼吸道疾病等，有的毒性剧烈的物料可能使人中毒死亡，这类物料输送过程中必须严格防止外泄。

物料的粘附性表现为其颗粒之间不仅有内摩擦力，还存在着粘聚力，致使颗粒相互粘结或粘附在输送设备上。影响物料粘附性的因素很多：有的物料是粒度极小的细粉，由于分子之间的作用力而粘附，如碳黑、氧化钛等；有的物料会吸收周围的水分而粘附，如某些盐类、芒硝等；有的物料因带静电而粘附，如某些塑料类粉末；还有的物料受热熔融软化而粘附，如石蜡等。

脆性物料在输送过程中容易发生破碎，而某些物料如粮谷、食品、焦炭、种子等的破碎将影响其质量甚至报废。

表 2-3 列出了几种常见物料的堆积密度、堆积角及外摩擦系数，供参考之用。

散粒物料的特性参数　　　　　　　　　　　　　表2-3

物料名称	密度（t/m³）	自然堆积角(°) 动态	自然堆积角(°) 静态	静止状态下的外摩擦系数 对钢	静止状态下的外摩擦系数 对木材	静止状态下的外摩擦系数 对橡胶
干燥大块无烟煤	0.8~0.95	27	45	0.84	0.84	
小块的石灰石	1.2~1.5	30	40	0.56	0.7	
焦炭	0.36~0.53	35	50	1.0	1.0	
小麦面粉	0.45~0.66	49	55	0.65		0.85
小块的干燥粘土	1.0~1.5	40	45	0.75		
砾石	1.5~1.9	30	45	1.0		
干燥的粘土	1.2	30	45	1.0		
从砂箱打出的型砂	1.25~1.3	30	45	0.71		0.61
木屑	0.16~0.32	30	40	0.8		0.65
干砂	1.4~1.65	30	45	0.8		0.56
小麦	0.65~0.83	25	35	0.58	0.38	0.56
铁矿石	2.1~3.5	30	50	1.2		
块状的干燥泥炭	0.33~0.41	40	45	0.75	0.8	
硬煤	0.65~0.78	35	50	0.65		0.7
干燥的水泥	1.0~1.3	35	50	0.65		0.64
煤渣	0.6~0.9	35	45	1.0		0.66
干燥的碎石	1.5~1.8	35	45	0.63		0.6

三、连续输送机械选型的原则

连续输送机械选型的基本原则是满足生产与工艺的要求。在选型时应使所选机型符合被输送物料的特性、输送量、输送线路以及现场的具体条件和要求,并考虑到以下几项具体原则:

1.先进性和可靠性原则

尽量采用国内外先进技术,使所选机型结构先进、性能可靠,便于操作和维护管理,便于程序化和自动化控制。

2.合理性和经济性原则

在满足生产工艺要求的条件下,尽量选用投资小、能耗低、效率高、维修简便的机型。要根据国家和行业标准优先选用定型的系列产品,以便减少备件的数量,降低维修费用。

3.安全性和环保原则

所选机型应保障操作人员的安全、健康以及保证物料的质量,避免粉尘、噪声等污染环境。

此外,还应考虑所选机型供货的可能性以及对今后进一步发展生产的适应性等。

四、影响连续输送机械选型的因素

影响连续输送机械选型的因素,除了设备投资等经济因素以外,主要有以下几方面。

1.输送物料的种类和特性

由于各种连续输送机械都受其自身工作原理、结构特点的限制,不可能对所有物料的输送都很适应,如果所选机型对被输送物料不适应,就会引起故障甚至不能工作。因此,被输送物料的种类和特性对连续输送机械的选型是至关重要的,不只关系到连续输送机械的主要参数的确定、结构的设计和零部件材料的选择,而且关系到连续输送机械的正常运转。

连续输送机械所输送的物料种类繁多。大多数连续输送机可适用于多种物料的输送,而袋装、箱装、单件等小件物品只能选用带式、板式、悬挂、滚柱或托架提升机。双螺旋输送机也可输送小的成件物品,但实际应用不多。此外,某些轻小物品(如单据、邮件等)可选用小型容器式气力输送。

2.输送量

在连续输送机械选型时,应使所选机型的输送能力满足生产工艺对输送量的需要。这是对选型的基本要求,是保证该生产项目达到预期效果的关键。

各种连续输送机的输送能力适应范围很广。以输送散粒物料的连续输送机为例,轻小型的输送能力不足0.1t/h,大型的甚至超过10000t/h。

对于一定的输送量要求,应考虑哪种连续输送机械可以与之相适应,如果多种机型的输送能力可达到工艺要求,则应根据选型原则进一步比较后择优选定。

3.输送距离和线路布置

对输送距离和线路布置的要求也直接影响着连续输送机的选型。

在多种多样的连续输送机中,有的适用于简单线路,仅用于水平输送或仅用于垂直提升;有的可适应复杂的输送线路,按需要作水平、倾斜、弯曲或垂直布置。各种机型的输送线路大致可分为4类。

(1)适用于水平或微倾斜输送

用于沿水平或与水平成小倾角输送的,如通用带式输送机。

(2)用于垂直或大倾角输送

适用于垂直或与水平成大倾角输送的,如斗式提升机、波状挡边带式输送机、埋刮板输送机。

(3)可灵活布置的

可方便地改变输送方向、灵活地布置线路的,如气力输送装置。

(4)仅允许下运的

只允许向下输送的,如空气斜槽。

能够实现长距离输送是连续输送机械的一个特点,其中以带式输送机最为突出。连续输送机械通过倾斜向上输送或垂直向上提升达到一定的高度,一般提升数十米,大型斗式提升机的提升高度可达数百米。

4.供料点与卸料点的要求

供料点的供料方式、对卸料以及与其他生产环节的衔接要求等也影响着连续输送机械的选型。例如,对于普通货船的卸载,由于物料无法从供料点自行流出,必须选择具有取料功能的机型,如吸送式气力输送装置、链斗卸船机、带有连续取料装置的带式卸船机等。

5.现场条件及要求

在连续输送机械选型时应掌握的现场情况包括:安装使用地点的环境温度、湿度、风、雨雾、冰雪等自然条件,附近是否存在有害粉尘、腐蚀性介质,当地对粉尘、噪声防治的要求,当地的供电、供水情况以及其他生产环节对所选机型的要求等,这些条件和要求对选用机型及其结构材料和电机型式等都有一定影响。

第二节　带式输送机

一、带式输送机的特点及组成

带式输送机是以输送带作为牵引构件和承载构件的连续输送机械。通用带式输送机主要组成部分如图 2-2 所示,主要由金属结构机架 12、装在头部的驱动滚筒 7 和装在尾部的张紧滚筒 13,绕过头、尾滚筒和沿输送机全长上安置的上支承托辊 3、下支承托辊 11 和无端输送带 6,以及包括电动机、减速器等在内的驱动装置 10、装载装置 2、卸载装置 8 和清扫装置 9 所组成。带式输送机的这些主要装置都安装在机架上,机架可以是固定的,也可以是移动的。前者称固定式带式输送机,后者称移动式带式输送机。

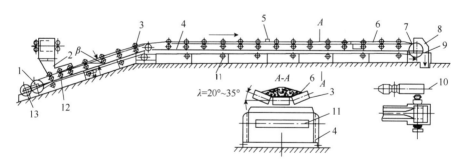

图 2-2　带式输送机

1-改向滚筒;2-装载装置;3-支承装置(上支承托辊);4-底座;5-支承装置(调心托辊);6-输送带;7-驱动滚筒;8-卸载装置;9-清扫装置;10-驱动装置;11-支承装置;12-机架(下支撑托辊);13-张紧装置

带式输送机的主要特点有:

(1)输送距离长,目前最长的单机长达 15km。

(2)生产率高、输送能力大,目前最大输送能力已达到 37500t/h。

(3)输送线路可以呈水平、倾斜布置,或在水平方向、垂直方向弯曲布置,因而受地形条件限制较小。

(4)结构简单,基建投资少,营运费用低。
(5)操作简单,安全可靠,易实现自动控制。

因为带式输送机具有如上所述优点,所以在国民经济各个部门都得到广泛应用,特别是在港口大宗散货的装卸作业中,带式输送机已成为必不可少的主要装卸输送设备。但带式输送机的主要缺点是:不能自动取货,需要辅助设备或其他机械进行装料;输送路线固定,当货流方向变化时,往往要对带式输送机输送路线重新布置;输送角度不大。

带式输送机的输送长度受输送带本身强度和运动稳定性所限制。输送距离越大,驱动力越大,输送带所受的张力也越大,输送带的强度要求就越高。当输送距离很长时,若安装精度不够,则输送带运行时很容易跑偏成蛇形,使输送带使用寿命降低,所以采用普通胶带输送机,单机长度一般不超过400m;采用高强度的夹钢丝绳芯胶带输送机和钢丝绳牵引的胶带输送机,单机长度可达15km之多。

对于不同物料的最大允许倾角可参见表2-4。

带式输送机的允许倾角(°)表　　　　　　　　　　表2-4

物料名称		输送带		
		具有槽形工作断面的橡胶带		平形光面带
		光面	花纹面	
散货	铁矿石	18	30	12
	磷矿石精选矿	15	25	12
	煤砖	15	27	10
	未筛分的煤	18	27	13
	筛分的圆砾石	15	18	10
	湿粘土	22	35	16
	未筛分的碎岩石	18	30	12
	普通焦炭	18	30	13
	面粉	14	20	12
	铁矿	11	12	12
	锯屑	27	35	20
	细干砂	14	30	10
	湿砂	26	35	20
	中等块度的矿石	18	30	12
	水泥	20	27	14
	小石子	20	30	12
件货	纸盒装	15	25	14
	织物袋装	18	30	14
	纸袋装	16	30	12
	木箱	16	25	14

带式输送机主要用来沿水平和倾斜方向输送物料。带式输送机沿倾斜方向输送时,其

允许倾角取决于被输送物料与输送带之间的动摩擦系数、物料的堆积角、输送带的运动速度等。为了避免物料从输送带上下滑,最大允许倾角应比输送物料与输送带之间的动摩擦角还要小。

带式输送机布置形式基本上有五种,如图2-3所示,在具体选用时,应根据输送工艺的需要进行选择。

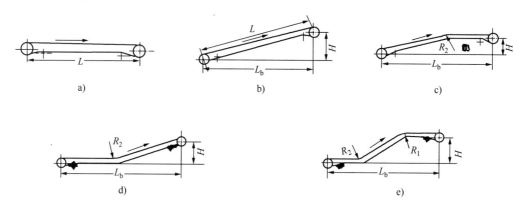

图2-3 带式输送机的基本布置形式

a)水平布置;b)倾斜布置;c)带凸弧曲线布置;d)带凹弧曲线布置;e)带凹凸弧曲线布置

二、带式输送机的主要装置

1. 输送带

输送带是带式输送机的牵引构件和承载构件,用来输送物料和传递动力,要求输送带强度高,自重小,伸长率小,挠性好,抗磨耐用和便于安装维修。按结构可分为织物芯(棉帆布、尼龙帆布、聚酯帆布等)输送带和钢绳芯输送带;按性能特征可分为通用型、耐热型、耐寒型、防腐型、阻燃型等多种输送带。

输送带是带式输送机最重要也是最昂贵的部件,输送带的价格约占输送机总投资的30%左右。所以,正确选择输送带是一个很重要的问题。要充分考虑保护输送带,使之有较长的使用寿命。

输送带由带芯和上下橡胶覆面所组成,如图2-4所示。带芯也称衬垫层,起骨架作用,并增强输送带纵向抗拉强度。橡胶覆面有上覆面和下覆面,其作用是保护芯体免受机械损伤和减小磨损。输送带种类较多,使用最广泛的是普通橡胶带和夹钢丝绳芯的高强度橡胶带两种。普通橡胶带是用棉织物或化纤物经过挂胶后的胶布层作为带芯材料,再用橡胶作为表面覆盖材料,经硫化成型后,形成完整的橡胶带,如图2-4a)所示。不同的芯体材料,其柔性、延伸率、耐腐蚀性及耐水性等都不一样,制造成本也不同。由于芯体材料是受力构件,其层数取决于对胶带的强度要求,强度要求高则层数要多。因此,选用输送带时,应根据工作条件、工作环境和受力情况等进行综合分析后,选择芯体材料及层数。

夹钢丝绳芯高强度胶带带芯除有两层织物衬垫层外,在两层衬垫层之间还夹着一层纵向布置的直径为2~4mm的钢丝绳,如图2-4b)所示,这样大大提高了输送带的强度,延伸率也小,这种输送带适用于长距离输送的输送机上。

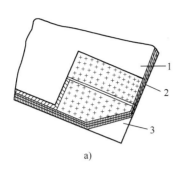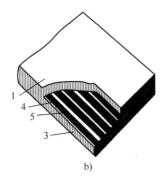

图 2-4 输送带结构
a) 普通橡胶带；b) 夹钢丝绳芯橡胶带
1-上覆盖胶；2-衬垫层；3-下覆胶带；4-钢丝绳；5-带芯胶

由于生产工艺条件和运输条件限制,使出厂的橡胶带长度通常不超过120m,当输送机单机长度很大时,就要将若干段胶带连接使用。即使单机长度不大,也至少需要连接一次,使它成为无端封闭状。常用的连接方法有胶带热接法、胶带冷接法和胶带机械接法三种。

胶带热接法即采用热硫化胶接法。其操作方法是:将胶带接头部位的衬垫层和胶层按一定形式和角度剖割成阶梯形,如图 2-5a)所示,涂上胶浆使其粘着,再用硫化机在一定时间内加温加压,经过热硫化反应使其粘住。这种方法使接头处的强度达到本身强度的85%~90%,胶带的寿命较长。

胶带冷接法是近年来采用的常温冷接工艺,即冷胶工艺。这种方法的优点是:无需热源,操作简单,劳动强度低,接头强度高等,因而被普遍采用。冷接法的操作方法是:将胶带接头部位的衬垫层和胶层按一定形式和角度剖割成阶梯形,涂上环氧树脂或氯丁胶料(或202树脂),约过3~5min后将接头合拢,加上螺杆压板固定即可。

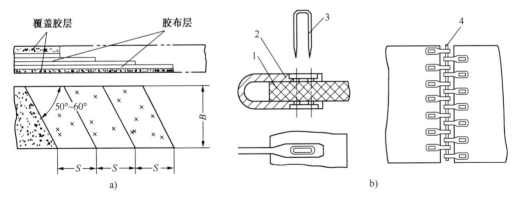

图 2-5 带式输送机接头
a) 阶梯型接头；b) 机械连接
1-橡胶(或塑料)输送带；2-卡子；3-蹄形钉子；4-销柱

胶带的机械连接法如图 2-5b)所示。它是用弹簧钢丝制成的卡子由正、反方向交替打入胶带两端或分别将卡子打入两个端头,再在中间穿一根钢丝销柱。这种方法比较简单,检修方便。它适用于移动式带式输送机要求快速检修的场合。其缺点是：输送带连接处的强度只有本身强度的35%~40%；带芯外露易受腐蚀；在运行时胶带上的金属卡子对托辊及滚筒会产生附加的冲击和磨损。

2. 支承装置

支承装置的作用是支承输送带和输送带上所载物料的重量；限制输送带的垂度，保证输送带正常运行不发生跑偏。常用的支承装置有托辊和支架组成的托辊组形式。托辊组用于支承输送带承载分支的称为上托辊组，用于支承空载分支的称为下托辊组。常用的托辊类型有以下几种：

（1）槽形托辊

槽形托辊组用于输送散货，按托辊数目分为两托辊、三托辊和五托辊等多种形式。目前，常用的是三托辊的槽形托辊组。三托辊组常用的槽角有30°、35°两种，如图2-6a)所示，用于带式输送机承载分支，支撑输送带及其上的物料。托辊组槽角的大小取决于对输送机输送能力的要求及输送带的带芯材料。槽角大，有利于提高输送生产率和防止输送带跑偏。但输送带弯折严重，容易疲劳破裂。带芯材料为棉织物时，槽角一般为30°。近年来，随着新型带芯材料的广泛应用，槽角有的已增加到45°。加大槽角已成为一种发展趋势。

（2）平行托辊

平行托辊分为平行上托辊和平行下托辊，如图2-6b)所示。平行上托辊用于承载分支，支撑输带及其上的货物（件货）；平行下托辊用于回程分支，支撑输送带。

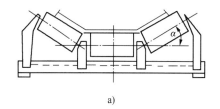
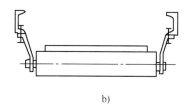

a)   b)

图2-6 带式输送机支承装置

a)槽型托辊组；b)平形托辊组

（3）前倾托辊

前倾托辊分为槽形前倾托辊和V形前倾托辊，如图2-7所示。槽形前倾托辊用于承载分支，V形前倾托辊用于回程分支，它们具有纠正输送带偏作用。

三辊式槽形托辊组的两个侧托辊朝输送带运行方向前倾一定角度（3°~5°）。这样输送带走正时，两边的推力互相抵消；当输送带向某一侧跑偏时，与跑偏一侧托辊的接触面积增加，因而这一侧使输送带回复中间位置的力就比另一侧大，输送带在这两侧力的差值作用下向中间移动，使输送带走中。

（4）调心托辊

调心托辊分为摩擦上调心托辊、锥形上调心托辊、摩擦上平调心托辊、摩擦下调心托辊和锥形下调心托辊，如图2-8所示。用于承载分支或回程分支，具有纠正输送带跑偏作用。

调心托辊纠偏原理是：调心托辊组安装在可绕中心垂直轴回转的支架上，当输送带跑偏时，使托辊支架转动一个角度α，偏斜了的托辊组的旋转托辊则给予运行中的输送带一个与

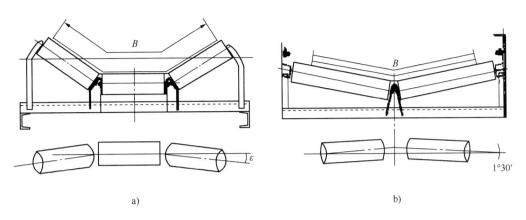

图 2-7 前倾托辊
a) 槽形前倾托辊；b) V 形前倾托辊

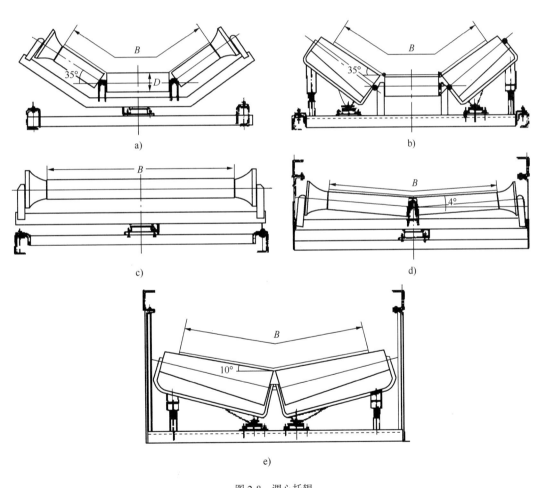

图 2-8 调心托辊
a) 摩擦上调心托辊；b) 锥形上调心托辊；c) 摩擦上平调心托辊；d) 摩擦下调心托辊；e) 锥形下调心托辊

跑偏方向相反的推力,输送带在此侧向推力的作用下又被推回到原先的正常位置上,托辊组回位,输送带正常运行。

(5) 缓冲托辊

缓冲托辊用于输送机受料处,减少物料对输送带的冲击,延长输送带使用寿命。缓冲托辊有橡胶圈式和弹簧板式两种,如图2-9所示。常用槽角有30°、35°两种。

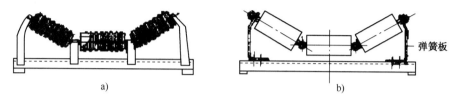

图2-9 缓冲托辊
a)橡胶圈式;b)弹簧板式

(6) 回程托辊

回程托辊用于回程分支,有平行下托辊(图2-6b)、V形托辊、反V形托辊、梳形托辊和螺旋托辊几种,如图2-10所示。便用V形与反V形托辊对防止输送带跑偏有很好的效果,梳形托辊和螺旋托辊可清除粘在输送带上的物料。

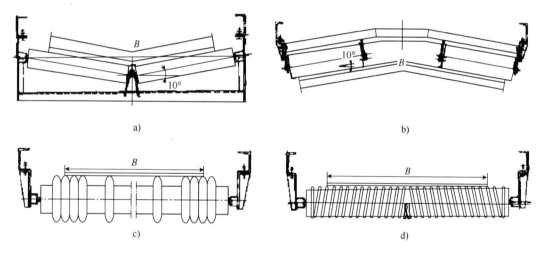

图2-10 回程托辊
a)V形托辊;b)反V形托辊;c)梳形托辊;d)螺旋托辊

(7) 过渡托辊

过渡托辊用于滚筒与第一组标准托辊之间,使输送带逐渐形成槽形或由槽形展开成平形,以降低输送带边缘的附加应力,同时亦防止输送带展平时出现撒料现象,如图2-6a)所示,其槽角有10°、20°、30°几种。

(8) 托辊间距

在确定托辊间距时,应考虑输送带的每米长度的质量、物料每米长度的质量、托辊额定负荷、两托辊间输送带下垂度、托辊轴承承载能力、输送带张力等因素。

①承载分支托辊间距当物料堆积密度大于 1600kg/m³ 时可取 1m,物料堆积密度小于或等于 1600kg/m³ 时,托辊间距取 1.2m。

②回程分支托辊间距一般取 3m。

③缓冲托棍间距根据物料的堆积密度、块度及落料高度而定。合理的托辊间距,能使输送带运行平稳,并保证在导料槽的全长内输送带与导料槽裙边相接触,减少物料撒落。缓冲托辊间距一般取承载分支托辊间距的 1/2~1/3。

④靠近头部滚筒的槽型托辊间距

输送带通过最后一组槽形托辊到头部滚筒时,由槽形变为平形,两边缘处的应力增大。为了使输送带边缘处应力不超过其芯层材料极限值,减少带边缘的附加应力,提高其使用寿命,同时避免因托辊间距太大而引起物料撒落,通常根据槽角、输送带张力和输送带种类选择不同的过渡距离。

⑤调心托辊间距

上调心托辊每隔 10 组槽形托棍设置一组;下调心托辊每隔 6~10 组回程托辊设置一组。

⑥凸弧段托辊间距一般取承载分支托辊间距的 1/2,但应验算输送带合力的附加载荷是否超过所选托辊的承载能力。

⑦输送单件质量大于 20kg 的成件物品时,托辊间距不应大于物品在输送方向上长度的 1/2,输送 20kg 以下的成件物品时,托辊间距取 1m。

3.驱动装置

驱动装置是用来驱动输送带运动,实现物料运送的装置。按驱动滚筒数目分单滚筒驱动、双滚筒驱动及多滚筒驱动。一般由电动机、减速器、联轴器和驱动滚筒等组成,如图 2-11 所示。在很多情况下高速轴联轴器可以使用液力偶合器来代替。倾斜式带式输送机还设有停止器或制动器,以防止电动机断电后,输送带在自重及物料重力作用下产生返回运动。

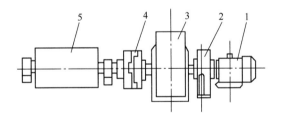

图 2-11 驱动装置
1-电动机;2、4-联轴器;3-减速器;5-驱动滚筒

对于要求结构紧凑的带式输送机,常采用电动滚筒的驱动装置。该驱动装置是把电动机、减速器全封闭在滚筒里面的一种特殊的驱动滚筒。它具有结构紧凑、重量小、便于布置、操作安全等优点。但存在电动机散热条件不好、检修不便之不足。

(1)电动机

电动机是驱动单元的动力源。根据使用条件、工作环境(如户外还是户内、是否防爆、防护等级)、工作温度及功率大小等因素,优先选用 4 级电动机;对于中小功率的输送机选用 Y 系列鼠笼式电动机;对于长距离、大功率的输送机选用 YR 系列绕线式电动机。

(2)联轴器

联轴器是用来联接电机与减速器或减速器与驱动滚筒以传递动力的。通常高速轴选用梅花形弹性联轴器;低速轴选用弹性柱销齿式联轴器。

(3)液力偶合器

液力偶合器的作用是改善输送机起动性能,调整多机驱动的功率平衡。限矩型液力偶合器,其启动系数为 1.3~1.7,带制动轮的液力偶合器要求制动轮与液力偶合器之间为弹性联结。

(4)减速器

带式输送机通常选用标准齿轮减速器。如 DBY/DCY(DBZ/DCZ)型垂直轴硬齿(中硬齿)面圆锥圆柱齿轮减速器、ZLY/ZSY(ZLZ/ZSZ)型平行轴硬齿(中硬齿)面圆柱齿轮减速器、行星齿轮减速器等。

(5)制动器

带式输送机通常采用 YWZ 系列液压推杆制动器,安装在驱动单元高速轴上,制动力矩在开机前预先调整好。制动器根据制动力矩的大小、使用工况和工作条件选择。

①水平输送机一般不使用制动器,但对制动时间有一定要求或考虑安全起见,可选用单套制动器。

②倾角不大、载荷小、有载停机后不会产生倒转的上运输送机,可以采用单套制动器。一般采用延时制动,以免制动过猛,产生较大冲击。

③倾角大、载荷也大、有载停机后会引起倒转的上运输送机,可以采用两套制动器,一套用于正常制动,另一套作为安全备用。也可以将两套制动器按需要调整为两档制动力矩,分别上闸制动。

(6)逆止器

对倾斜布置的带式输送机,为了防止满载停机时发生物料倒流和输送带倒转等现象,应设置逆止器。常用的逆止器有滚柱逆止器、带式逆止器、NJ(NYD)型接触式凸轮逆止器和 NF 型非接触式逆止器。

逆止器是带式输送机的安全部件,当一台输送机采用多台机械逆止器时,不能保证载荷均匀分配给每个逆止器,因此,每个逆止器都是按这台输送机可能出现的最大逆转力矩来选取。对于大规格的输送机,逆止器一般安装在驱动滚筒轴或减速器输出轴上。

(7)驱动滚筒

驱动滚筒是将驱动装置的动力,通过摩擦力传递给输送带使之运行的部件,其长度通常大于输送带带宽 100~200mm。驱动滚筒分钢板焊接结构和铸焊结构两种形式。钢板焊接滚筒轴与轮毂之间采用键连接,能承受中小型载荷;铸焊滚筒轴与轮毂之间采用胀圈连接,避免了由于采用键连接而削弱轴的强度,因此这种结构型式的滚筒可承受较大的载荷,且便于安装和拆卸。滚筒表面有光钢面和带衬垫两种形式。衬垫的作用是增大驱动滚筒与输送带之间摩擦系数、减小滚筒表面的磨损。衬垫的材料有橡胶、聚氨基甲酸酯陶瓷等。其中应用最广泛的是橡胶。其表面有光胶面、人字形沟槽、菱形沟槽几种型式。带沟槽的包胶型式有利于细粒物料随水分沿沟槽一起排出。橡胶衬垫与滚筒间采取铸胶或冷粘工艺。铸胶胶面厚而耐磨,质量好,但工艺复杂,价格较高。冷粘胶面工艺简单,便于操作,成本低。

（8）改向滚筒

改向滚筒的作用是改变输送带的运行方向或增加输送带与驱动滚筒间的包角。改向滚筒也和驱动滚筒一样分为钢板焊接结构和铸焊结构两种型式。滚筒表面有光钢面和光胶面两种。

（9）驱动原理

带式输送机的驱动原理是依靠驱动滚筒与输送带之间的摩擦力来传递动力使输送带运动的。为了使输送带在驱动滚筒上不打滑，输送带与驱动滚筒之间必须有足够的摩擦力。由欧拉公式可知，输送带在驱动滚筒上不打滑的条件是：

$$S_m \leqslant S_0 e^{\mu\alpha} \tag{2-1}$$

驱动滚筒传给输送带的牵引力为：

$$P = S_0(e^{\mu\alpha} - 1) \tag{2-2}$$

式中：S_m——输送带在驱动滚筒绕入点的张力（N）；

S_0——输送带在驱动滚筒绕出点的张力（N）；

$e^{\mu\alpha}$——驱动滚筒的张力比；

e——自然对数的底，$e = 2.718$；

μ——输送带与驱动滚筒之间的摩擦系数；

α——输送带在驱动滚筒上的包角（rad）。

从上式可以看出，在电动机有足够转矩的前提下，如果牵引力不足，可通过下列几个途径来增大牵引力：

①增大初张力 S_0 即增大张紧力。这会使整个输送带的拉力增大，由于输送带强度有限，不能无限增加，只有在输送带强度未能充分利用的情况下，可采用这种方法。

②增大摩擦系数 μ。在驱动滚筒表面铸上橡胶或聚氨酯覆面，覆面上可刻有人字槽来增大摩擦系数。

③增大包角 α。实践证明，增大包角是最有效的方法。输送带在单个驱动滚筒的包角一般在180°左右，包角可增大至230°左右。对于大功率长距离的带式输送机，可采用多滚筒驱动来增加包角，以提高驱动的牵引力。

4. 张紧装置

张紧装置的作用是使输送带具有适当的初张力，以保证输送带与驱动滚筒之间产生必要的摩擦力、在传递牵引力时不打滑；补偿输送带在工作过程中的伸长；减小输送带运动时的摇晃和在托辊组之间的垂度。张紧装置的结构形式主要有螺旋式、小车重锤式、垂直重锤式、液压式四种。

螺旋式张紧装置如图 2-12a）所示，是将带式输送机尾端改向滚筒的轴安装在可沿纵向导轨滑移的滑块上。利用旋转螺杆使其有螺母的滑块带动尾端滚筒沿导轨滑移来实现输送带的张紧。螺旋式张紧装置结构简单、紧凑，但张紧行程受螺杆行程限制，工作中不能随时补偿输送带伸长，张力不够稳定，需经常查看调整，人工调整会产生不恰当的松紧程度。故一般仅用于单机长度在80m以下的带式输送机或移动式带式输送机上。

小车式张紧装置如图 2-12b）所示，是将带式输送机尾端改向滚筒的轴承座安装在可沿固定导轨移动的小车上，该小车经钢丝绳由重锤牵引，使输送带始终保持张紧状态。

重锤式张紧装置如图 2-12c)所示,它的张紧滚筒轴支承在垂直导槽上,依靠滚筒自身的重量和重锤向下拉紧输送带,以达到张紧的目的。

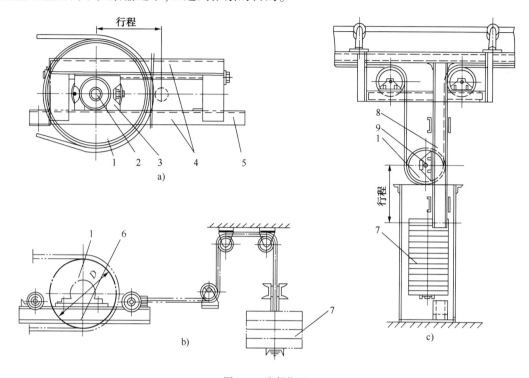

图 2-12 张紧装置
a)螺旋式张紧装置;b)小车式张进装置;c)重锤式张紧装置
1-张紧滚筒;2-滚筒轴;3-滑块;4-纵向导轨;5-张紧螺杆;6-小车;7-重锤;8-固定导轨;9-移动支架

自动液压式张紧装置如图 2-13 所示。

自动液压张紧装置设有自动、手动两种工作模式。在自动模式下,系统各元件的压力整定值,从高压到低压依次为溢流阀 1、溢流阀 2、压力继电器 YJ1 和 YJ2。确保输送机正常运行的拉紧力的范围,上限由 YJ1 设定,下限由 YJ2 设定。自动模式下的工作过程:启动电机,带动油泵,系统压力上升至 YJ1 设定值,YJ1 向电控箱发信号,电控箱指令电机停止;由于液压系统存在泄漏,压力将逐渐下降,当压力降至 YJ2 整定值时,YJ2 向电控箱发信号,电控箱指令电机重新启动运行,使系统压力增至 YJ1 的整定值。由此可见,系统压力始终稳定在 YJ1 和 YJ2 的整定值之间,从而保持胶带张紧力处在"压力正常"范围。

当自动模式因故不能实现或系统需要检修时,采用手动模式。在手动模式下,压力继电器不参与控制,须人工启动电机将压力升至整定值上限并手动停机。此时,关闭截止阀,除油缸和蓄能器外,系统中各控制阀、继电器等部件均可进行检修。而同时,输送机也能够照常运行。经验数据表明,在密封良好的情况下,油缸张紧力可以 24h 保持在正常范围内。

从以上分析知道,不管处于自动模式还是手动模式,该张紧系统均能保证输送机有足够的张紧力;而液压的特性和系统中蓄能器的功用,也使得输送机启动和停止时,胶带的伸长或收缩量都能够迅速得到补偿。

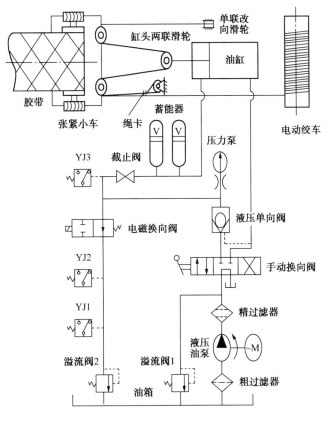

图 2-13　自动液压式张进装置

小车式和重锤式张紧装置都能自动补偿输送带伸长,张紧力恒定不变,张紧行程不受限制。但结构庞大,成本高,所以大多用于长距离、大功率的固定式带式输送机中。小车式张紧装置适用于高度方向尺寸受限制的坑道或沿地面铺设的输送机中。重锤式张紧装置适用于高架上的带式输送机。

张紧装置的安装位置通常选择在输送带张力较小的地方(以减小所需的张紧力)。张紧行程取输送机长度的1%~5%,对于水平输送的取小值,倾斜输送的取大值。

5.装载和卸载装置

装载装置是把物料均匀地装到输送带上,使输送带不因加料时受力不均匀而跑偏;尽量减小物料(大块物料)对输送带的冲击和磨损;使物料沿输送带运动方向有一定的初速度,以减小物料在输送带上的滑移所造成的磨损。

常用的装载装置有漏斗、导料槽和导板。图2-14所示的为槽底带孔的装载漏斗,使粉状和小块物料能透过孔预先落到输送带上形成垫层,从而避免大块物料对带的直接冲击和磨损。漏斗和导料槽的后壁应有适当的倾斜度,通常比物料与斗壁的摩擦角大5°~10°以防止物料的阻塞。

在带式输送机中,理想而又简便的卸载方法是在端部滚筒处卸载,而实际的输送系统中,经常要求在输送机中某点或任意处卸载。因此,除了采用端部卸载外,还常用犁式卸载器和电动卸载车进行中途卸载。

端部滚筒卸载常用于卸载地点固定的场合。其原理是：当输送带绕过端部滚筒时，运动方向改变，物料则因运动惯性而与输送带脱离被抛入卸料槽或直接卸到物料堆。

犁式卸载器如图 2-15a)所示，分左侧、右侧和双侧卸载三种。

犁式挡板可固定在框架上，不工作时拉起，需要卸料时落下。其结构简单，造价低，但对输送带磨损厉害，会增加输送带的运行阻力，特别是单侧卸载时，还会使输送带跑偏。因此，对长距离的输送机，尤其是输送块度大、磨损性大的物料，不宜采用犁式卸载器。采用犁式卸载时，承载分支不能采用槽形托辊组，带速不宜超过 2.0m/s，输送带必须采用硫化接头。

电动卸载车如图 2-15b)所示，是串联在输送带中的高效卸载装置，卸载车可以沿轨道移动。卸载车上装有两个改向滚筒，输送带通过上滚筒升高，使物料卸出，落入三通道或双通道的卸载漏斗中，然后输送带又通过下滚筒改向，恢复到原来的高度。卸载漏斗上装有分配隔板，拨动分配隔板，物料可从左侧或右侧卸出，还可以经中部卸料槽重新回到主输送带上。

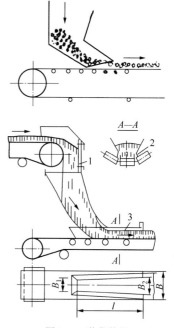

图 2-14 装载装置
1-耐磨衬垫；2-硬橡胶条；3-导料槽

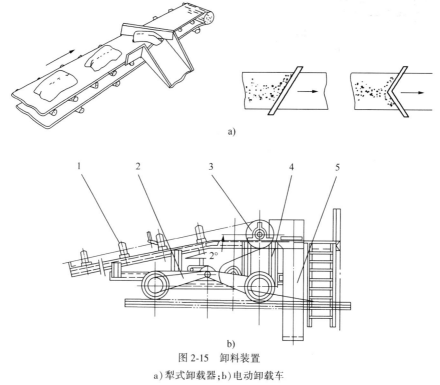

图 2-15 卸料装置
a)犁式卸载器；b)电动卸载车
1-胶带；2-双通道或三通道漏斗；3-改向滚筒；4-车轮；5-钢轨

电动卸载车一般适用于生产率高、输送距离长的场合。它的优点是：能沿输送机长度方向移动到任何位置卸料，对输送机作业没有影响。但在使用时应注意，电动卸载车应安装制动器，否则定点卸载时会被输送带牵引移动；带速一般不超过 2.5m/s，输送细状小块料时，允许带速为 3.15m/s。

6.清扫和制动装置

当输送粘、湿的物料时，在卸载后部分物料还会粘在输送带的工作表面上，使输送带通过下支承托辊组时，增加了运动阻力和加速了输送带的磨损。为了清除卸载后粘附于输送带表面的物料，在卸潮湿和粘性物料时可以用旋转刷子，刷子用硬件鬃毛或橡胶制成，由端部滚筒带动刷子旋转。

空段清扫是采用犁形橡胶刮板，如图 2-16b) 所示。它是利用自重使橡胶刮板与输送带的非工作面贴紧，以清扫由于装载时落入输送带上的物料。

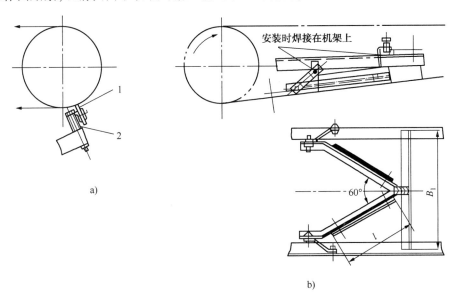

图 2-16 清扫装置
a)弹簧清扫装置；b)犁清扫器
1-刮板；2-弹簧

三、新型的带式输送机

目前，世界各国进行了大量的研究和实践，除了进一步改进采用普通输送带的带式输送机外，还发展了许多新型的带式输送机。

1.压带式带式输送机

为了充分发挥带式输送机的优点，克服其不能实行垂直方向输送的缺点，近年来出现了一种压带式带式输送机。这种输送机与一般带式输送机构造相同，只是在垂直区段增加一台并列的带式输送机，两输送机的输送带夹持着散状或成件货同步提升。输送带在夹持货物输送的过程中，需要一定的压力才能夹紧货物。为了解决这个问题，起初采用胶有一层较厚且弹力较好（如海绵状）的泡沫塑料的输送带，借助于泡沫塑料的弹力夹紧货物进行垂直向上或向下的输送。图 2-17a)所示为 C 形压带式带式输送机,图 2-17b)为 Z 形压带式带式输送机。这种材料强度有限,寿命较短。

目前,国外已研制了一种利用压缩空气进行压紧的压带式带式输送机,如图 2-17c)所示。图中 $ABCD$ 为主输送机,$A'B'C'D'$ 为副输送机,货物从装料装置落入主输送机的输送带上,被运移到垂直区段时,被副输送机的输送带压紧,输送带夹持着货物提升到水平区段,又重新回到主输送机输送带上,直至卸料地点。

2.中间带驱动的带式输送机

中间带驱动的带式输送机的驱动方式是在一条长距离的带式输送机中间安装几台较短的驱动带式输送机,借助两条紧贴在一起的输送带产生摩擦力来驱动长距离带式输送机。

图 2-18 所示为中间带驱动的带式输送机的几种结构形式。图 2-18a)为仅有中间带驱动,图 2-18b)为中间带驱动加头部滚筒驱动,图 2-18c)为中间带驱动加头尾滚筒驱动,图 2-18d)为带式输送机上、下分支均有中间带驱动。

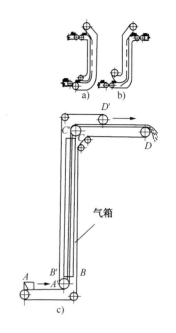

图 2-17 压带式带式输送机

a)C 形压带式带式输送机;b)Z 形压带式带式输送机;c)压缩空气压带式带式输送机

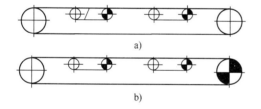
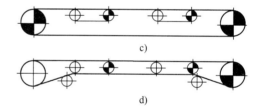

图 2-18 中间带驱动的带式输送机

a)中间带驱动;b)中间带驱动加头部滚筒驱动;c)中间带驱动加头尾滚筒驱动;d)带式输送机上、下分支均有中间带驱动

采用中间带驱动的形式时可以大幅度减小长距离输送带的计算张力,因而降低了对输送带的强度要求,使驱动带的厚度、自重、价格和传动装置尺寸减小,并且使长距离带式输送机可采用普通标准输送带来实现无转载的物料输送。同时,输送带寿命显著提高。但也存在着输送带用量大;空载或间断供料时,中间摩擦驱动装置的牵引能力降低,一旦过载易打滑;电气控制较复杂等缺点。

3.气垫式带式输送机

普通带式输送机以托辊组为支承装置,对于长距离的带式输送机来说,所需要支承托辊的滚动轴承数量就相当可观,在输送过程中又容易发生故障。因此,一种新型的气垫式带式输送机应运而生,如图 2-19 所示。气垫式带式输送机是用薄气膜支承输送带及其上物料的带式输送机。它将托辊带式输送机的托辊用带孔的气室盘槽代替。当气源向气室内提供具有一定压力和流量的空气后,气室内的空气经盘槽(气室上部的圆弧形槽称为盘槽)上的小孔逸出,在输送带与盘槽之间形成一层具有一定压力的气膜(称为气垫),支承输送带及其上部物料。这样,把按一定间距布置的托辊支承变成为连续的气垫支承,使输送带与托辊间的滚动摩擦变为输送带与盘槽间以空气为介质的流体摩擦,减小了运行阻力,带来了很多优点。

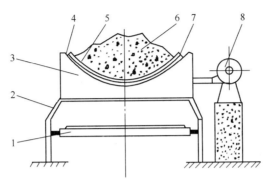

图 2-19　气垫式带式输送机
1-回程托辊;2-气室支架;3-气室;4-盘槽;5-输送带;6-物料;7-气垫;8-气源

气垫式带式输送机的工作原理是:利用鼓风机将具有一定压力的气流送入气室,气室的顶部即为输送带的托槽。当气流沿气室纵向分布并由托槽上的小孔逸出时,就在输送带与托槽之间形成气膜,起到"润滑"作用。气垫式带式输送机的下支承仍用托辊,但也可以用气垫方式。

气垫式带式输送机可以节约大量的支承托辊和滚动轴承;运转部件少,维修费用降低;运转阻力小,使输送带的张力也减小;能源消耗降低;可采用较高的带速;输送机全长由托槽支承,因而可采用较薄的轻型输送带,降低造价。弧形断面的托槽使物料在输送时处于稳定状态,不需要设置输送带防偏装置,并适于可逆运转。

气垫式带式输送机不适用于输送大块的物料,因为大块度的物料有较大的集中载荷,会使局部区段的气膜破坏,导致磨损增大和功率消耗增大。

第三节　斗式提升机

一、斗式提升机的种类及工作原理

斗式提升机是以输送带(或链条)作为牵引构件,以装载料斗作为承载构件,用于垂直方向或接近垂直、大倾角方向连续输送粉状、颗粒状及小块状物料等散货的输送机械。

斗式提升机的优点是:结构简单紧凑,横断面外形尺寸小,可显著节省占地面积;提升高度较大;有良好的密封性,可避免污染环境。

其缺点是:对过载较敏感;料斗和牵引构件易磨损;输送物料种类受到限制。

斗式提升机的提升速度一般不超过 0.8~1.0m/s,个别也有高达 4m/s 的。斗式提升机的输送能力通常小于 600t/h,提升高度一般 80m 以下。近年来由于钢绳芯输送带的发展,使牵引构件的强度大大提高,采用钢绳芯输送带作为牵引构件,并采用小型斗式提升机对大型斗式提升机定量供料,使斗式提升机的输送能力高达 2000t/h,提升高度达到 350m。斗式提升机不仅广泛用于堆场、仓库和矿井中,还可用它来卸船和装卸车。斗式提升机根据其牵引构件的不同可分为带斗式提升机和链斗式提升机等。

斗式提升机如图 2-20 所示。在牵引构件(胶带或链条)1 上,每隔一定间距安装一装载料斗 2。头部滚筒(或链轮)由电动机带动的驱动装置 6 驱使转动。尾部滚筒(或链轮)又起张紧作用。为了防止突然停车而产生的反转运动,在传动装置中装有停止器 11。整个提升机在全高度上安装了铁皮罩壳。物料从下部的供料口 12 进入料斗内,经提升至头部滚筒卸料,斗内的物料经卸料口 13 被卸出。

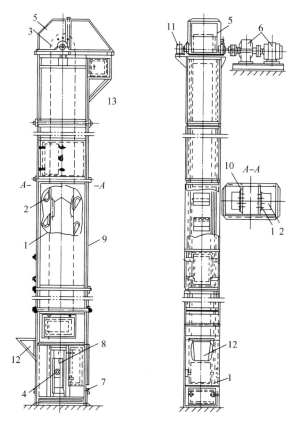

图 2-20 斗式提升机

1-牵引构件;2-料斗;3-驱动装置;4-张紧装置;5-上部罩壳;6-驱动装置;7-下部罩壳;8-导轨;9-中部罩壳;10-导向装置;11-停止器;12-供料口;13-卸料口

带斗式提升机和链斗式提升机比较,其优点是运动平稳而噪声小;可采用较高的提升速度;重量小,尺寸小,造价低。但输送带强度较低,对于提升块状、潮湿等难以挖取、阻力大的物料,必须采用链斗式提升机。对于高度较大的倾斜式提升机,往往也采用链斗式提升机。

我国目前生产的斗式提升机中,D 型为带斗式,PL 型、HL 型、ZL 型系列均为链斗式。主要参数以斗宽表示,斗宽有 160mm、250mm、350mm、450mm、900mm 等几种规格。

二、斗式提升机的构造

斗式提升机主要由牵引构件、承载构件、驱动装置、张紧装置、逆止装置以及机壳等部分组成。提升高度较大的提升机，在中段还设有导向装置，以防止有载分支和空载分支在运动过程中由于摇晃产生碰撞。对于倾斜式提升机还需要在有载分支段上增设支承装置。采用输送带作牵引构件的导向装置和支承装置与带式输送机支承装置相同。

1. 承载构件

斗式提升机的承载构件为装载料斗，一般用薄钢板焊接或冲压制成。为减小料斗自重，也可采用玻璃钢制作。料斗结构形式有深斗、浅斗和导槽斗三种。根据工作速度和被输送物料特性的不同，可选用不同形式的料斗。

(1) 深斗

如图2-21a)所示，斗深度大，斗口与后壁夹角大，可装较多的物料，但卸料时较难卸尽。它适用于装卸流动性好的物料，如干砂、砾石、煤、粮食等。料斗装在牵引构件上需要有间隔距离。

(2) 浅斗

如图2-21b)所示，斗较浅，斗口角小，装载量较少，但易卸尽。它适用于装卸潮湿、粘性等流动性差的物料，如水泥、湿砂、石膏粉等。料斗装在牵引构件上也需要有间隔距离。

(3) 导槽斗

如图2-21c)所示，又称三角斗。斗体侧壁作为挡边，挡边与料斗的前壁构成一个槽，当料斗绕过提升机头部滚筒卸料时，前一料斗底部的导料槽正好导引后一料斗卸出的物料从卸料口卸出。这种斗形适用于装卸有磨损性的脆性物料，如大块的煤、矿石、焦炭等，料斗密集排列安装在牵引构件上。

2. 牵引构件与料斗的连接

斗式提升机牵引的构件有胶带和链条两种。

斗式提升机所用的胶带，它的结构与带式输送机上所用的胶带基本相同，只因其负载较大，又不需要弯曲成槽，为增加胶带强度，故对其衬垫层数取得较多，且覆面层橡胶较薄。

料斗与胶带的连接用埋头螺栓，不能使螺栓头露出胶带平面，如图2-22a)所示。不同类型的料斗与胶带连接的位置是不一样的。间隔布置的料斗与胶带应在斗的头部连接，如图2-23a)所示，否则，料斗在挖料时，由于斗背中部连接而使两头分离，物料就有可能进入此空隙。当直线提升时会增加阻力，并导致胶带与斗的磨损。密集布置的导槽斗则在斗的中部连接，如图2-23b)所示，否则，卸料时后一斗内的物料会倒入前一斗的尾部与胶带之间，这样一部分物料被带回装料处，同时增加了斗与胶带的磨损。

斗式提升机牵引构件所用的链条种类很多，一般多采用片式关节链。根据负荷量的大小，可选用单排片式关节链或双排片式关节链。料斗与链条的连接方法有斗背和斗侧连接两种。当采用单链时，在链条上需焊一块连接板，然后与料斗在斗背连接，如图2-22b)所示；而采用双链时，料斗直按与链条两侧面连接，如图2-22c)所示，但其连接位置无需考虑，因为链条是分节的，它绕上链轮时仍以链节为单位，形成多边形。

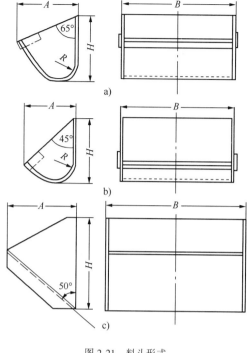
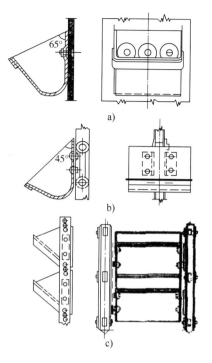

图 2-21　料斗形式
a)深斗；b)浅斗；c)导槽斗

图 2-22　料斗与牵引构件的连接
a)料斗与胶带的连接；b)料斗与单链的连接；c)料斗与双链的连接

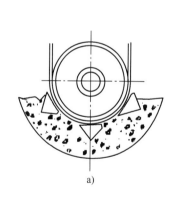
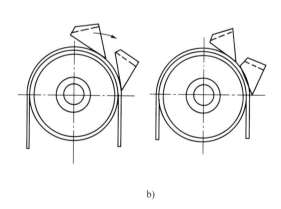

图 2-23　料斗与胶带的连接位置
a)间隔布置料斗；b)密集布置料斗

3.驱动装置、张紧装置和罩壳

斗式提升机的驱动装置设在提升机的头部，与带式输送机的驱动装置相似。它主要由电动机、传动装置(减速器或开式齿轮、皮带传动和链条传动等)、驱动滚筒(或驱动链轮)所组成。此外，还必须装设制动器或停止器，以防止因突然断电的发生，而使有载分支在物料重力的作用下倒行，进而引起机械损坏。

斗式提升机的张紧装置通常安装在底部。由于牵引构件和承载构件的自重,以及物料重力等的作用,均有助于牵引构件处于张紧状态,故牵引构件实际所需要张紧装置补充的张紧力较小。特别是在高度较大的提升机中用链条作牵引构件,其延伸率小。因此,斗式提升机的张紧装置一般采用螺旋式,依靠两根拉紧螺杆进行张紧。

为了防止粉尘污染环境,斗式提升机通常装在密封的罩壳内。罩壳的上部与驱动装置、驱动滚筒组成提升机头部,为使物料能够卸出,设有卸料口。罩壳的下部与张紧滚筒组成提升机底座,在底座上为进行供货应开设装料口。对于从货堆上直接挖取物料的提升机,底部做成敞开式的。中部罩壳有整段或分段的,由薄钢板焊成。对分段罩壳,其连接处应加衬纸垫密封,用螺栓连接。为对装料过程进行观察以及便于检查修理,在整个罩壳的适当位置开有观察孔、检查孔。

三、斗式提升机的装载和卸载

料斗的装载和卸载对斗式提升机的工作情况和生产率影响很大。因此,合理地选择和确定斗式提升机的装载和卸载的方式是十分重要的。

1. 斗式提升机的装载

斗式提升机的装载方式有两种,即挖取式和流入式。

挖取式装载是料斗从机底座内或露天的料堆中自行挖取物料,如图 2-24a)所示。采用挖取式装载的料斗应间隔排列,适用于高速输送粉状,粒状或中、小块磨损性小的物料,如煤粉、谷物、水泥等。

流入式装载是由专门的加料漏斗均匀地连续不断地将物料直接装入料斗内,如图 2-24b)所示。采用流入式装载的料斗一般应密集布置在牵引构件上,且料斗运动速度较低。否则,料斗就不能有效地装料,甚至会将已装入的物料抛洒出来。流入式装载主要适用于输送沉重、大块的物料,如砾石、矿石等。

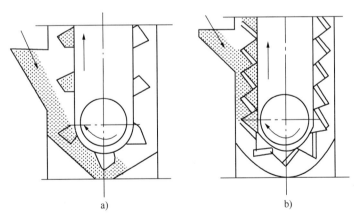

图 2-24 斗式提升机的装载
a)挖取式装载;b)流入式装载

2. 斗式提升机的卸载

斗式提升机的卸载方式有离心式、重力式和混合式三种。各种卸载方式均取决于驱动滚筒(或链轮)的直径、转速和料斗的尺寸。要确立它们之间的相应关系,须对料斗中的被卸物料进行受力分析。

图 2-25 所示为斗式提升机的三种卸载方式。当料斗在直线区段作等速运动上升时,物料只受到重力 mg 的作用。当料斗绕上驱动滚筒(或链轮)开始绕回转中心旋转时,斗内物料就同时受到重力 mg 和离心力 $m\omega^2 r$ 的作用。因为离心力的方向总是由旋转中心向外的,所以随着料斗位置的不同,这两个力的合力 N 也随之变动,其方向控制着物料在斗内的状态,即合力 N 指向斗内,物料在斗内;合力 N 指向斗口,物料被卸出。

用图解法将合力 N 的作用线与滚筒(或链轮)中心垂直线交于一点 P,P 点称为极点。极点 P 到滚筒中心 O 的垂直距离 h 称为极距。通过计算可知,极距 h 的大小仅与驱动滚筒(或链轮)的转速有关,而与料斗及物料的位置无关。因此,物料的卸载方式可根据极距 h 的大小加以判断。

(1)重力式卸载

由图 2-25a)可知,当 $h>r_{外}$(料斗的外接圆半径),即极点位置在料斗外缘轨迹以外时,料斗内的物料所受重力大于离心力,被卸物料主要是在重力作用下经料斗内缘卸出,这种卸载方式称为重力卸载。它适用于输送沉重、磨损性大的,如大块度的煤、矿石及焦炭等脆性的物料。由于料斗运动速度较低(约在 0.4~0.8m/s),卸料时间较长,有利于料斗卸空,故可采用深斗。对于脆性物料,亦可用导槽斗以降低物料卸落高度,防止物料碎裂。

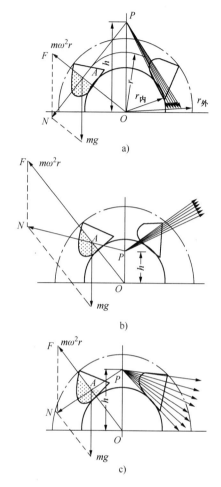

图 2-25 三种卸载方式
a)重力式;b)离心式;c)混合式

(2)离心式卸载

由图 2-25b)可知,当 $h<r_{内}$(滚筒或链轮半径),即极点位置在驱动滚筒圆周以内时,料斗内的物料所受离心力大于重力,被卸物料主要是在离心力作用下经料斗外缘卸出,这种卸载方式称为离心式卸载。它适用于输送干燥和流动性好的粉状、小颗粒物料。由于料斗运动速度较高,可达 1~3.5m/s,物料流动性好,容易卸尽,故仍可选用深斗。

(3)混合式卸载

由图 2-25c)可知,$r_{内}<h<r_{外}$ 时,即极点位置在驱动滚筒圆周以外和料斗外缘轨迹以内时,料斗内的物料在重力和离心力的共同作用下,部分从料斗的外缘卸出,部分从料斗的内缘卸出。此时,物料按重力式和离心式的混合式进行卸载,故称为混合式卸载。这种卸载方式适用于输送潮湿和流动性差的粉状、小颗粒物料。料斗的运动速度可取中速(约为 0.8~1.5m/s),一般多采用浅斗。

需要注意的是,当驱动滚筒的直径不变而增大提升速度时,则离心力随之增大,当提升速度过大时,则会因料斗中的物料受过大离心力作用而导致超前卸出,造成物料无法全部抛入卸料口;反之,当提升速度过低时,则会因料斗中的物料所受离心力太小而被合力紧压在斗的内壁,导致物料滞后卸出,致使物料通过卸料口后还未卸尽。因此,合理地选取提升速度是提高卸料效果的重要保证。

第四节　气力输送机

气力输送机是利用空气流动的能量来输送物料的机械。它主要输送块度不大于20~30mm的粉状、粒状的小块物料。它的输送原理是:将物料处于具有一定速度的空气中,空气和物料形成悬浮的混合物(双相流),通过管道输送到卸料地点,然后将物料从双相流中分离出来卸出。

一、气力输送机的种类及工作原理

物料和空气的混合物能在管路中运动而被输送的必要条件是:在管路两端形成一定的压力差。按压力差的不同,气力输送机可分为吸送式、压送式和混合式三种。

1.吸送式气力输送机

图2-26所示为吸送式气力输送机简图。

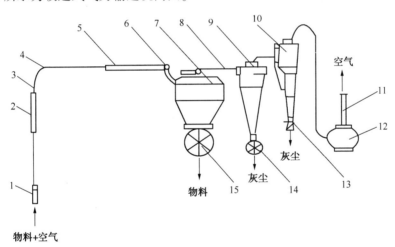

图 2-26　吸送式气力输送机
1-吸嘴;2-垂直伸缩管;3-软管;4-弯管;5-水平伸缩管;6-铰接弯管;7-分离器;8-风管;9、10-除尘器;11-消声器;12-风机;13-阀式卸灰机;14-旋转式卸灰机;15-旋转式卸料机

其工作原理是:利用风机12对整个管路系统进行抽气,使管道内的气体压力低于外界大气压,形成一定的真空度。吸嘴1处在压力差的作用下,外界的空气透过料层间隙和物料形成混合物进入吸嘴,并沿管道输送。当空气和物料的混合物经过分离器7时,带有物料的气流速度急剧降低并改变方向,使物料与空气分离,物料经分离器底部的卸料器15卸出,含尘空气经第一级除尘器9和第二级除尘器10净化后,由风机通过消声器11排入大气中。

吸送式气力输送机在港口主要用于卸船。它可以装几根吸料管同时从几处吸取物料，但输送距离不能过低。由于随着输送距离的增加，阻力也不断加大，这就要求提高管道内的真空度，而吸送系统的真空度不能超过 0.5~0.6 个大气压，否则，空气会变得稀薄，使携带能力降低，引起管道阻塞以致影响正常工作。由于真空的吸力作用，供料装置简单方便，吸料点不会有粉尘飞扬，对环境污染小，但对管路系统密封性要求较高。此外，为了保证风机可靠工作和减少零件的磨损，进入风机的空气必须严格除尘。

2. 压送式气力输送机

图 2-27 所示为压送式气力输送机简图。风机安装在整个系统的最前端。其工作原理是：利用风机 1 将空气压力提高，输送进入管道，使管道中的气体压力高于外界大气压。物料由供料器 4 送入输送管与空气形成混合物，并沿管道输送至卸料点。当空气和物料的混合物经过分离器 6 时，物料被分离出来，经卸料器卸出，含尘空气经除尘器 7、8 净化后排入大气。

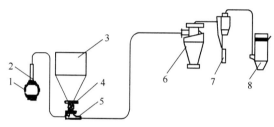

图 2-27　压送式气力输送机简图

1-风机；2-消声器；3-料斗；4-旋转式供料器；5-喷嘴；6-分离器；7-第一级除尘器；8-第二级除尘器

压送式气力输送机可实现长距离输送，生产率较高。它可以由一个供应点向几个卸料点输送，风机的工作条件较好，但要把物料送入高于外界大气压的管道中，供料器结构比较复杂。

3. 混合式气力输送机

图 2-28 所示为混合式气力输送机简图。它是吸送式和压送式气力输送机的组合型。风机安装在整个系统的中间，既吸气又压气。

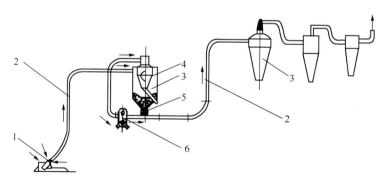

图 2-28　混合式气力输送机简图

1-吸嘴；2-管道；3-分离器；4-除尘器；5-旋转式供料器；6-风机

其工作原理是:在吸送区段,管道内是负压,空气和物料的混合物从吸嘴1吸入输送管道2,输送一段距离后,经分离器3使物料与空气分离,空气经除尘器4后再经风机6压入压送区段管道内,物料经分离器底部的卸料器5(又兼作压送部分的供料器)卸出,并送入压送部分的输料管道中,再与空气混合形成双相流,以压送方式继续输送。

混合式气力输送机综合了吸送式和压送式气力输送机的优点:吸取物料方便,且能较长距离输送;它可以由几个地点吸取物料,同时向几个不同的目的地输送。但结构比较复杂。

二、气力输送机的特点

气力输送机已作为一种比较先进的输送方式得到越来越广泛的应用,与其他输送机比较有以下优点:

(1)利用管道输送不受管路周围条件和气候变化的影响;
(2)输送生产率高,有利于实现散货装卸自动化,降低了装卸成本;
(3)能够避免物料受潮、污损或混入其他杂物,保证输送物料的质量;
(4)输送管道能灵活布置,适应各种装卸工艺;
(5)结构较简单,机械故障较少,维修方便。

气力输送机的主要缺点是:

(1)动力消耗大。如生产率为200t/h的吸粮机,其鼓风机的电动机功率为240kW;
(2)被输送物料有一定的限制,不宜输送潮湿的、粘性的和易碎的物料;
(3)在输送颗粒大、坚硬的物料时,管道等部件容易磨损;
(4)风机噪声大,必须采取消声措施,否则会造成噪声公害。

当前气力输送机的生产率可达4000t/h,输送距离达2000m,输送高度可达100m。表2-5为气力输送机与其他输送机的特点比较,供参考。

气力输送机与其他输送机的特点比较　　　　表2-5

项目＼种类	气力输送机	螺旋输送机	带式输送机	链式输送机	斗式提升机
1.输送物飞散	无	有可能	有可能	有可能	有可能
2.混入异物污损	无	无	有可能	无	无
3.输送物残留	无	有	无	有	有
4.输送路线	自由	直线的	直线的	直线的	直线的
5.分叉	自由	困难	困难	困难	不能
6.倾斜、垂直输送	自由	可能	斜度受限制	构造复杂	可能
7.输送断面	小	大	大	大	大
8.设备维修量	容易,主要是弯头	全面的	比较小	全面的	装载斗、链条
9.输送物最高温度(℃)	600	150	50	150	150
10.输送物最大块度(mm)	30	50	无特殊限制	50	50
11.最大输送距离(m)	2000	50	14600	150	30
12.设备能耗费	以输送矾土,生产率110t/h,距离500m为例的估算值				
功率(kW)	150		25	45	

续上表

种类 项目	气力输送机	螺旋输送机	带式输送机	链式输送机	斗式提升机
功率比较(%)	100		16.7	30	
费用比较(%)	100		270	150	

三、气力输送机的应用范围

由于气力输送机的应用范围和被输送物料的物理性质有着十分密切的关系,故下面分析几种主要的物料特性对气力输送机应用范围的影响。

1. 物料的粒度

物料的粒度过大,容易阻塞在供料装置中,从而使得物料不能自动地进入输料管。所以一般要求粒度不大于50mm,或规定物料的最大粒度不应超过输料管通径的0.3~0.4倍。

2. 物料的堆积密度

物料的堆积密度在很大程度上影响气力输送机的结构尺寸和能量消耗的大小。因为,随着物料堆积密度的增加,必须提高管中气流速度,从而使动力消耗增加和管壁磨损加快。所以,对于堆积密度大的物料采用气力输送并不合适。

3. 物料的湿度

物料的湿度与气力输送机工作的可靠性有着很大的关系。由于过高的湿度将破坏物料的松散性质,并将物料粘附在装置构件的内壁上,从而会使供料不均匀、能量消耗增加和输送能力降低,甚至引起整个系统的堵塞。所以,对各种物料,必须确定其输送不受破坏的极限湿度。

4. 物料的磨磋性

所谓磨磋性,即是运动物料对其他物体的磨损性。磨磋性的大小取决于物体颗粒的硬度、表面特性和形状尺寸,它影响着气力输送机的动力消耗和使用寿命。

5. 物料的温度

被输送物料的可燃粉尘在一定的浓度和温度下,会产生粉尘爆炸,造成严重事故。因此,在气力输送时,物料的温度不得超过其发火点(一般都低于400℃),否则就应改用惰性气体输送。

目前,港口广泛采用的是利用管内气流速度为10~30m/s左右的高速气流,使物料在悬浮状态下输送的气力输送机。但其能量消耗大,工作构件磨损较快,因此,增大物料在空气中的混合比、降低输送气流速度是克服上述缺点的有效途径。现正在发展一些新型的气力输送机,它们是在高混合比、低气流速度(通常仅为4~6m/s)条件下,利用气体的压力输送高浓度物料的气力输送机。

四、气力输送机的主要部件

气力输送机的主要部件有风机、输送管道及管件、供料装置、分离器、除尘器、卸料(灰)装置、消声器等。

1. 风机

风机是将机械能传给空气使空气形成压力差而流动的设备。在气力输送机中,风机用来使空气在管道内形成一定速度和压力的气流,以实现物料的输送。目前,常用的风机有离心式鼓风机、罗茨式鼓风机和往复式空气压缩机等。

离心式鼓风机如图 2-29a)、b)所示,它由叶轮、机壳和机座等部分组成。其工作原理是:利用离心力的作用,使空气通过风机后压力和速度得以提高,从而被输送出去。该风机的优点是:结构简单、紧凑,重量小,容易制造,可以在含尘空气中工作等。缺点是:当吸送物料量和输送系统的压力损失变化时,鼓风机的风量就会发生很大波动,因而工作不稳定。此外,其能产生的风量较大,但风压较低,因而只能用在小型气力输送机中。

罗茨式鼓风机如图 2-29c)所示由机壳和两个转子组成。其工作原理是:两个位差 90°的腰形转子在一对齿数相同的齿轮带动下旋转时,进入机内被转子与外壳间包围的空气由于所在空间逐渐减小,空气被压缩,压力提高后排出。该风机的优点是:结构紧凑,管理简便,风压较大,流量稳定。缺点是:有间断泄漏和脉冲送气,运转时噪声较大,要求清洁空气进入,否则会加剧转子的磨损,使风机性能下降。

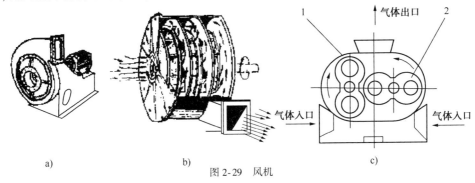

图 2-29 风机
a)单级离心式鼓风机;b)多级离心式鼓风机;c)罗茨式鼓风机
1-机壳;2-转子

往复式空气压缩机是一种容积式风机。其工作原理是靠活塞在气缸中作往复运动,改变气缸工作空间的容积,而使空气被压缩,压力提高后排出。

往复式空气压缩机由电动机或柴油机带动。气缸的布置可为立式或 V 型,气缸有低压缸(第一级)和高压缸(第二级)两级。为了增加输气量和减少功率消耗,在两级气缸之间采用风冷(风扇、散热片)或水冷却器。空气自滤清器进入第一级压缩机气缸经压缩后,排至冷却器进行冷却,然后再进入第二级气缸,经第二次压缩后,排至贮气罐。多级空气压缩机有几个气缸,空气经多次压缩排出后,即可获得很高的压力。

空气压缩机主要用于高压的压送式气力输送机中。

2.输送管及管件

输送管及管件是用来组成输送空气和物料的管道以及连接其他构件,它包括直管、弯管、伸缩管、分叉管、铰接弯头和切换阀等。

气力输送机就是通过管道输送物料的。因此,管道布置的合理与否对于气力输送机的性能有很大的影响。在布置管道时,应根据作业要求和周围环境,尽量减少弯头数目,因为弯头处产生的压力损失大,而且弯头处容易造成物料堵塞;采用直线配管和避免过长的水平管,太长的水平管容易产生物料的停滞。

3.供料装置

供料装置是把物料供入气力输送机的输料管内,并形成合适的物料和空气的混合比的装置。因此,其性能好坏对气力输送机的工作情况有着直接的影响。它的结构特点和工作原理取决于被输送物料的物理性质和气力输送机的形式。

在吸送式气力输送机中,供料是在管道压力低于外界大气压的条件下进行的,故供料装置结构较为简单,常采用吸嘴形式。吸嘴种类很多,有单筒吸嘴、双筒吸嘴、直吸嘴、角吸嘴和转动吸嘴等。

图 2-30a) 所示为角吸嘴。它也是一种单筒吸嘴,其下端做成弯角形,便于伸入船舱、车厢和仓库内。图 2-30b) 所示为直吸嘴,一般用于在难以触及的地方吸取剩余物料,故又称清舱吸嘴。图 2-30c) 所示为转动吸嘴,吸嘴下端装有松料刀(六把塌料刀和三把喂料刀)。工作时,吸嘴转动,松料刀不断地耙料使物料塌落松动,物料从静到动处于起动状态而被吸入输料管,从而提高取料效果。

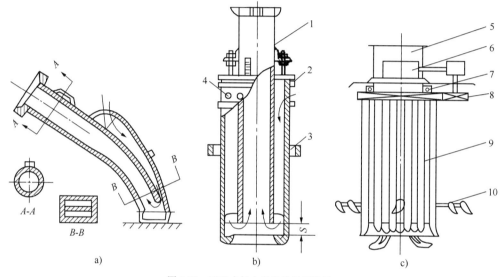

图 2-30 吸送式气力输送机供料装置
a) 角吸嘴; b) 双筒直吸嘴; c) 转动吸嘴
1-内筒; 2-操作手柄; 3-操作手柄; 4-补充空气进口; 5-输料管; 6-电动机; 7-转台; 8-开式齿轮; 9-补充气管; 10-塌料

在压送式气力输送机中,供料是在管路中气体压力高于外界大气压的条件下进行的,必须将物料送进管道,同时又不能使管道中的空气逸出。因此,供料装置结构比较复杂。常用的供料器有旋转式、喷射式、螺旋式和容积式。

(1) 旋转式供料器

旋转式供料器的结构如图 2-31 所示,它主要由壳体和叶轮组成,壳体的上部与加料斗相连,下部与输送管相通。当叶轮 4 由电动机和减速传动机构带动在壳体 1 内旋转时,物料便从加料斗进入旋转叶轮的格室 5 中,被送进管道。为了提高格室中物料的充满程度,在壳体上装有均压管,使叶轮格室在转到装料口之前,将格室中的高压气体从均压管中引出,从而使其中的压力降低,便于物料的填装。为了尽量减少漏气量,要求叶轮与壳体之间的间隙尽可能小,但为防止叶轮的叶片被异物卡死,在进料口处装有弹性的防卡挡板。

(2) 喷射式供料器

喷射式供料器的结构如图 2-32 所示。对于低压短距离的压送式气力输送机可采用喷射式供料器。它的工作原理是：在混合室内装一喷嘴或调节板，减小横断面以形成喷管，压缩空气流经此处时，其流速增大，压力降低，直至压力降到等于或略小于大气压力，这样，系统内空气不仅不会向供料门吹出，还会有少量外界空气和物料一起从供料口顺利地进入混合室与其内的气流混合，并被气流带走。在混合室后面有一段渐扩管，在渐扩管中气流速度逐渐减小，压力又逐渐增高，实现物料沿着管道正常输送。为了便于加工，往往将喷嘴做成矩形截面。

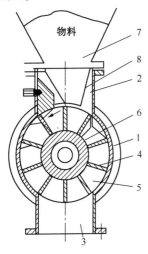

图2-31 旋转式供料装置

1-壳体；2-进料连接管；3-出料连接管；4-叶轮；5-叶轮格室；6-叶轮底；7-物料；8-漏斗

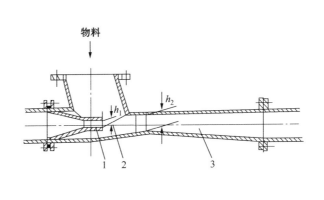

图2-32 喷射式供料器

1-喷嘴；2-混合室；3-渐扩管

喷射式供料器的优点是结构简单，尺寸小，不需要任何传动机构。但它的缺点是所达到的混合比较小，压缩空气的消耗量较大，效率较低。

(3) 螺旋式供料器

螺旋式供料器的结构如图2-33所示。对于工作压力不高于3个大气压，输送粉状物料的压送式气力输送机，可采用螺旋式供料器；在带有衬套的铸铁壳体内有一段变螺距悬臂螺旋杆3，其左端通过弹性联轴节与电机相连，当螺旋杆在壳体内快速旋转时，物料从料斗2和闸门1经螺旋杆而被压入混合室5。由于螺旋杆的螺距从左至右逐渐减小，使进入螺旋杆的物料被越压越紧，阻止混合室内的压缩空气通过螺旋杆漏出。移动杠杆7上的对重6可调节阀门4对物料的压紧程度，同时使阀门在对重的作用下防止供料器空载时高压空气经螺旋杆漏出。在混合室下部设有压缩空气喷嘴9，当物料进入混合室时，压缩空气便将其吹散并使物料加速，形成压缩空气与物料的混合物均匀地进入输料管8。料斗下面低于螺旋杆的空间供装料时的异物落入，防止螺旋杆被卡。

螺旋式供料器的优点是高度尺寸较小，能够连续供料。缺点是动力消耗较大，工作部件磨损较快。

(4) 容积式供料器

容积式供料器又称充气罐式供料器。它是一种大容积密闭的间歇供料容器，是利用压

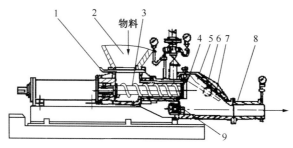

图 2-33 螺旋式供料器

1-闸门;2-料斗;3-变距螺旋;4-阀门;5-混合室;6-对重;7-杠杆;8-输料管;9-压缩空气喷嘴

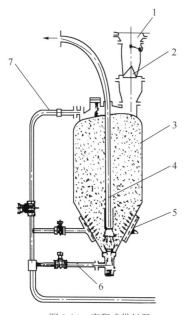

图 2-34 容积式供料器

1-加料口;2-料钟;3-容器;4-输料管;5-多孔板;6、7-压缩空气管

缩空气将密闭容器内的粉状物料流态化,并压入输料管进行输送的。容积式供料器适用于运送粉状物料的压送式气力输送机。

容积式供料器的结构如图 2-34 所示。物料由加料口 1 经料钟 2 加入容器 3,当容器内物料充填至其容积的 90% 后,关闭料钟。打开供料口,向系统内供料时,压缩空气经三路进入容器:一路通过多孔板 5 进入容器,使物料流态化;一路通过管 6 进入容器,将物料从输料管 4 吹出;另一路压缩空气经管 7 进入容器上方,以保证物料顺利地下流。容器内物料卸空后,关闭压缩空气,打开容器顶部的出气口放出容器中的压缩空气,容器内压力降低后,再进行一次装料。

容积式供料器的优点是密封性好,可在较大的工作压力下工作,因而适应长距离、大容量的输送,动力消耗小。但缺点是高度尺寸大,呈周期性的间歇工作。

若需连续供料时,则要采用两台容器轮换工作。

4.分离器

分离器是把物料从输送来的双相流中分离出来的装置。常用的分离器有容积式和离心式两种。

容积式分离器就是一个直径较大的圆筒容器。它的工作原理是:当双相流由输料管进入断面突然扩大的容器中时,流速急剧下降,使气流失去了对物料的携带能力,物料在重力的作用下,便从双相流中分离出来。

离心式分离器是利用双相流旋转时的离心力,使物料被抛到分离器壁面并沿壁下落被分离。离心式分离器尺寸较小,容易制造,分离效率较高,在风量较大的情况下,还能用两个或几个并联使用。除了作分离器之用外,还可装在分离器之后用作除尘器。

5.除尘器

除尘器是用来清除气流中灰尘的装置。由于从分离器出来的气流含有大量的灰尘,为了保护环境、风机,必须装设除尘器去除气流中的灰尘。除尘器按除尘方式分为干式和湿式两大类。湿式除尘器是空气经过水来除尘的,除尘效果很好,但设备受各种条件的限制。干式除尘器常用的有离心式和袋式除尘器两种。

离心式除尘器的结构与动作原理与离心分离器相同,只是为了提高除尘效果,将除尘器直径做得更小些。离心式除尘器结构简单,除尘效率较高。

袋式除尘器又称袋式过滤器,它是利用特殊的滤布制成滤袋来过滤含尘气流的。袋式过滤器除尘效率高达99%,对极细的尘粒也具有较高的除尘效果。但不适用于含油雾、凝结水以及粘性粉尘气流。

袋式除尘器工作一定的时间后滤袋上的积灰必须及时清除,否则积灰过多会使除尘器阻力增加,除尘效率下降。常用的清灰方法有手工振打、机械振打和气流反向吹洗等。

(1)手工振打

手工振打的形式很多。例如用弹簧吊装滤袋顶盖,通过绳索拉动顶盖使滤袋抖动,就可以清除附在滤袋内表面上的积尘。通常每工班抖动滤袋一到两次。这种清灰装置结构简单,工作可靠,但它允许的过滤风速较低,需要较多的滤袋,占地面积较大。

(2)机械振打

机械振打的形式也很多,图2-35所示为一种机械振打清灰的袋式除尘器。它的滤袋4装在袋板5和振动架2之间。工作时,含尘气流沿着进气管进入除尘器中,并到达下方的锥形灰斗。由于气流方向的改变,在这里有一部分颗粒较大的灰尘被沉降分离出来,而含有细小灰尘的空气则向上运动,当通过滤袋4时,灰尘便被阻挡和吸附在袋子的内表面上。除尘后的空气由滤袋逸出,最后经排气管排出。除尘器工作一定时间后,通过振动架上的电动机1带动偏心块旋转,靠偏心块旋转时的离心力作用,带动振动架和滤袋一起振动,将过滤后附在滤袋上的灰尘除下,经卸灰器排出。用机械振动作为清灰装置的袋式除尘器常用于小型的气力输送机中。

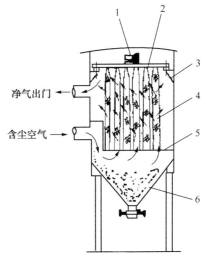

图2-35 袋式除尘器
1-电动机;2-振动架;3-支架;4-滤袋;5-袋板;6-灰斗

(3)气流反向吹洗

图2-36所示为采用脉冲气流反向吹洗的袋式过滤器。滤袋3通过钢丝滤袋骨架4固定在喷射管9上。工作时,含尘气流由进气口进入中部箱体2,中部箱体内装有若干排滤袋,气流通过滤袋时,粉尘便被阻留在滤袋外表面上。过滤后的干净气体穿过滤袋经上部箱体8由排气口7排出。清除滤袋积灰的压缩空气是由一套控制装置控制。其工作原理是:在每个滤袋上部装有一喷射管,喷射管通过脉冲控制阀10与高压空气相连,脉冲信号程序地控制各喷射管的脉冲阀门使之依次开启,高压空气便依次反向吹入滤袋,将粘附在袋外的灰尘吹落,灰尘落入灰斗5,最后经卸灰器6排出。

滤袋可由各种棉布、毛呢、化纤织物等制造。棉布造价低,但其纤维直径较粗,不适于过滤细的粉尘。呢料透气性好,压损小,过滤效率高,但造价较高。目前一般采用工业涤纶绒布,较耐磨,强度高,容尘量大,在过滤风速为3m/min时滤尘效果高于99.5%。

6.卸料(灰)器

卸料(灰)器是一种将物料(灰尘)从分离器(除尘器)中卸出来,并阻止空气进入分离器

(除尘器)的装置。目前应用最广泛的是旋转式(叶轮式)和阀门式。旋转式卸料(灰)器的结构与旋转式供料器相同。

阀门式卸料(灰)器如图2-37所示。它由上、下两道阀门构成。工作时,上阀门常开,下阀门关闭,使物料(或灰尘)落入卸料器中。需要卸料时,关闭上阀门,打开下打阀门,即可在气力输送机不停车的情况下进行卸料。阀门式卸料器的结构较简单,气密性好,但其高度尺寸较大。

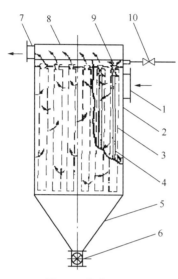
图 2-36　袋式过滤器
1-进口气;2-中部箱体;3-滤袋;4-滤袋骨架;5-灰斗;
6-卸灰器;7-排气口;8-上部箱体;9-喷射管;10-控制阀

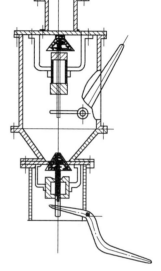
图 2-37　阀门式卸料器

7.消声器

气力输送机采用的鼓风机功率较大,工作时发出的噪声也很大,因此必须采取消声降噪措施,以免造成公害。常用的措施是在鼓风机的排气管上装消声器或安装减振器,并对整个机组设置隔声室。

第五节　其他输送机

一、刮板输送机

1.结构组成与动作原理

刮板输送机如图2-38所示。在牵引构件(链条)3上固定着刮板4,并一起沿着固定在机座2上的敞开槽1运动。牵引链条环绕着端部驱动链轮5和张紧链轮6,并由驱动链轮5来驱动,由张紧链轮6进行张紧。被输送的物料可以在输送机长度上的任意一点装入敞开槽内,并由刮板推动前移。输送机的卸载同样可以在槽底任意一点所打开的洞孔来进行,这些洞孔是用闸门关闭的。刮板输送机的工作分支可以是下分支或者是上分支。在个别情况下,当需要向两个方向输送物料时,则两个分支可同时成为工作分支。具有下工作分支的输送机,在卸料方面较为方便,因为物料可以直接通过槽底的洞孔卸出。牵引构件可以根据刮板的宽度,采用一根或者两根链条。由于绳索的伸长,使刮板不能准确地落入主动滑轮和导向滑轮的相应凹坑中,所以,较少采用绳索作为牵引构件。

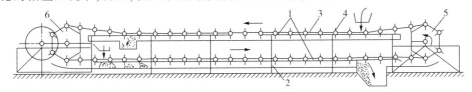

图 2-38 刮板输送机
1-敞开槽;2-机座;3-牵引构件(链条);4-刮板;5-驱动链轮;6-张紧链轮

2.类型

按照刮板输送机输送物料方向的不同,它的布置形式可以有水平式、倾斜式、倾斜水平式、水平倾斜式以及水平倾斜水平式五种。但不管哪种布置形式,其倾斜角通常在30°以内,很少达到40°。因为随着倾斜角的增加,会使输送机的生产率显著降低。为了避免物料的挤压及减小功率的消耗,在弯曲段需要较大的过渡半径,通常取 $R=4\sim10m$。

3.特点与适用范围

刮板输送机的主要优点是结构简单,当两个分支同时成为工作分支时,可以同时向两个方向输送物料,可同时方便地沿输送机长度上的任意位置进行装载和卸载。因而,在供应物料到仓库、存仓及锅炉房等处时,这种输送机常常是较适用的输送机械,并显示其优越性。

它的缺点是物料在输送过程中会被捻碎或者挤碎,所以,不能用来输送脆性物料。由于物料与料槽及刮板与料槽的摩擦(尤其是输送磨磋性大的物料时),会使料槽和刮板的磨损加速,同时也增大了功率的消耗。因此,刮板输送机的长度一般不超过50~60m,而生产率不超过150~200t/h,只有在采煤工业中,当生产率在100~150t/h以内的情况下,其输送机的长度可达到100m。

刮板输送机可以用来输送各种粉末状、小颗粒和块状的流动性较好的散粒物料,如块煤、矿石、砂子、焦炭、水泥及谷物等。但它不适应输送本身会捻碎和磨损性大的脆性物料。特别是当捻碎后便降低其价值的物料,不能采用此种形式的输送机械。

二、埋刮板输送机

1.结构组成与动作原理

埋刮板输送机是由刮板输送机发展而来的。它是一种在封闭的矩形断面壳体内,借助于运动着的刮板链条连续输送粉状、颗粒及小块散粒物料的输送机械。由于刮板链条埋在被输送的物料之中,与物料一起向前移动,故而称为埋刮板输送机,如图 2-39 所示。该输送机除可进行水平、倾斜输送和垂直提升之外,还能在封闭的水平或垂直平面内的复杂路径上进行循环输送。

埋刮板输送机的工作原理是利用散粒物料具有内摩擦力以及在封闭壳体内对竖直壁产生侧压力的特性,来实现物料的连续输送的。

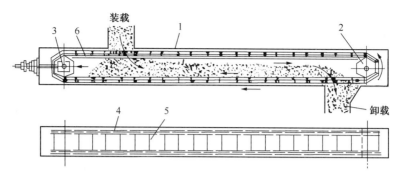

图 2-39 水平输送埋刮板输送机
1-封闭的料槽；2-驱动装置；3-张紧装置；4-链条；5-刮板；6-隔板

对于水平输送(图 2-39)，物料受到刮板链条在运动方向上的推力，使物料被挤压，于是在物料自重及两侧壁的约束下，物料间产生了内摩擦力，它保证了料层之间的稳定状态，并足以克服物料在机槽中移动时受到的外摩擦阻力，形成连续整体的料流随着刮板链条向前输送。

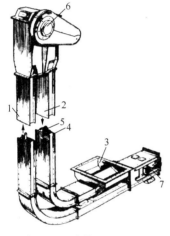

图 2-40 垂直输送埋刮板输送机
1-工作分支；2-非工作分支；3-装载口；4-料槽；5-带刮板的链条；6-驱动装置；7-张紧装置

对于垂直提升(图 2-40)，物料受到刮板链条在运动方向上的提升力。由于物料的起拱特性、物料的自重及机槽四壁的约束，物料中产生了横向侧压力，形成阻止物料下落的内摩擦力。同时，下部的不断给料也给上部物料施加了一种连续不断的推移力，迫使物料向上运动。当这些作用力大于物料和槽壁之间的外摩擦阻力及物料自身的重力时，物料就会形成连续整体的料流，从而被提升。因为刮板链条运动中的振动，料流会时而破坏，时而形成，使物料在提升过程中相对于刮板链条产生一种滞后现象，这对输送效率和速度略有些影响，但并不妨碍正常工作。当机槽断面尺寸较大时，中部的物料有下掉或停滞的可能。此时，往往在空心刮板的中部加撑板或筋板予以支托，以增大物料的内摩擦力，保证物料能顺利地被提升。刮板链条既是牵引构件，又是带动物料运动的输送元件，因此，它是埋刮板输送机的核心部件。

2.类型及适用范围

埋刮板输送机种类繁多，形式各异，可根据不同的原则加以分类。

埋刮板输送机分为普通型和特殊型。普通型埋刮板输送机用于输送物料特性一般的散粒物料，而特殊型埋刮板输送机用于输送有某种特殊性能的物料。如用于输送高温物料的热料型、用于输送防止泄漏和渗透以及防止粉尘爆炸的气密型、用于输送磨磋性较强物料的耐磨型等，此外，还有为化工、粮食、电站、港口等部门设计的各种专用系列的机型，如纯碱专用系列、粮食专用系列及大运量型、电站专用系列及给料型、港口专用的埋刮板卸船机等。

特殊型和专用型埋刮板输送机的输送原理同普通型完全相同，只是在普通型的基础上，有针对性地加强了某一方面的结构或材料，使之更加适应于某一种或某一类物料，以满足其特殊输送要求而已。

三、辊子输送机

1. 结构组成与工作原理

辊子输送机是一种在两侧框架间排列若干辊子的连续输送机,如图2-41所示。它主要是用来输送具有一定规则形状、底部平直的成件物品。如箱类容器、托盘等。它具有结构简单、运行可靠、维护方便、经济节能等优点,同时与生产工艺过程有良好的相容性和配套性。因此,各种通用的和专用的辊子输送机得到了迅速而广泛地发展,特别是由辊子输送机组成的生产线和装配线,使它越来越广泛地应用在机械加工、轻工与食品、邮电以及仓库和物资分配中心等各个行业。它也是各个行业提高生产率,减轻劳动强度和组成自动化生产线的必备设备。

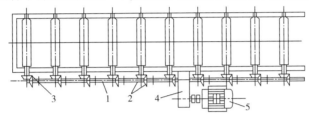

图2-41 圆锥齿轮传动的辊子输送机
1-辊子轴;2-锥齿轮;3-传动轴;4-减速器;5-电动车

2. 类型及适用范围

辊子输送机按传动方式分类可分为有动力的和无动力的,通常将有动力的称为辊子输送机,将无动力的称为辊道;辊子输送机按布置方式可分为直线段和曲线段,辊子输送机的直线段和曲线段均可作水平或微倾斜布置;辊子输送机按辊子形式可分为短辊和滚轮;按辊子支承形式可分为定轴式和转轴式。

无动力式辊子输送机本身无驱动装置,辊子转动呈被动状态,按布置方式分水平和倾斜两种。水平布置:依靠人力或外部推拉装置移动物品。人力推动用于物品重量小、输送距离短、工作不频繁的场合。外部推拉可采用链条牵引、胶带牵引及液压气动装置推拉等方式,可以按要求的速度移动物品,便于控制运行状态,需要时还可实现步进、积放等功能,用于物品重量大、输送距离长、工作比较频繁的场合。倾斜布置:以物品的重力为动力进行输送,结构简单,经济实用,但不易控制物品的运行状态,物品之间易发生撞击,不宜输送易碎物品。适用于工序间短距离输送及重力式高架仓库的输送。

动力式辊子输送机本身具有驱动装置,用驱动装置驱动安装在框架间排列的全部或部分辊子,依靠辊子和所输送物品的摩擦完成输送功能。辊子转动呈主动状态,可以严格控制物品的运行状态,按规定的速度精确、平稳、可靠地输送物品,便于实现输送过程的自动控制。按传动方式分为链传动、带传动和齿轮传动三种。链传动:承载能力大,通用性好,布置方便,对环境适应性强,可在经常接触油、水及温度较高的地方工作,是常用的一种动力式辊子输送机。但在多尘环境中工作时链条容易磨损,高速运行时噪声较大。链传动分为单链传动和双链传动。单链传动结构布置紧凑,适用于轻载、低速、持续运行的场合。双链传动适用于载荷较大,速度较高,起、制动比较频繁的场合。带传动:运转平稳,噪声小,对环境污染小,允许高速运行,但不适宜在有油污的地方工作。齿轮传动:承载能力大,传动精度高,使用寿命长,对环境适应性强。适用于重载,运动精度要求高,起、制动频繁,经常逆转的场合。图 2-41 所示为圆锥齿轮传动的辊子输送机。

3. 特点

(1) 布置灵活。具有直线、转弯和倾斜等输送线路,可根据需要组成分支、合流等各种形式的输送线路,并且输送线路易于封闭。

(2) 衔接方式简单紧凑。可利用升降台补足工艺和设备的高差要求,组成立体输送线路,便于和生产工艺设备衔接配套。

(3) 功能多样。具有重力式、动力式和集放式等多种输送和存放物品的形式,在输送线路上可完成物品的回转、翻转和升降,以满足工艺流程的要求。但由于辊子间距较小,使得输送线路上辊子数较多,在输送距离相同时,其设备投资较其他输送方式(例如带式输送机、螺旋输送机等)要高。

(4) 输送平稳。便于对输送过程中的物品进行加工、检验和装配等各种工艺操作。

(5) 定位精确。平稳的输送和精确的定位,适合于组成自动化的生产流水线和输送线路。

四、螺旋输送机

螺旋输送机是一种不具有挠性牵引构件的连续输送机械,如图 2-3 所示。它是由带有螺旋片的转动轴在一封闭的料槽内旋转,使装入料槽的物料由于本身重力及对料槽的摩擦力的作用,而不和螺旋一起旋转,只沿料槽向前移动。就如同不能旋转的螺母沿着转动的螺杆作直线运动一样,达到输送物料的目的。

1. 结构特点

螺旋输送机的主要特点是:结构简单、紧凑,工作可靠,操作安全方便,维修容易,成本低;因料槽是封闭的,便于输送易飞扬的、炽热的(温度可达 200℃)及气味强烈的物料,对环境的污染小;在输送过程中也可进行混合、搅拌或冷却作业;但物料对螺旋及料槽的摩擦和物料的搅拌,使功率消耗大,也易引起物料的研碎及磨损,特别是对螺旋和料槽有强烈的磨损;螺旋输送机对超载很敏感,易产生堵塞现象。由于上述原因,螺旋输送机一般在输送距离不大、生产率不高的情况下用来输送磨磋性小的粉末状、颗粒状及小块的散粒物料或成件物品,其输送长度一般为 30~40m,只有在少数情况下才达到 50~60m,生产率一般不超过 100t/h,最大可达 380t/h。对于垂直的螺旋输送机,其输送高度则一般不超过 15m。输送成件物品的螺旋输送机,当速度为 0.4~0.5m/s 时,生产率可达 1800 件/h,而输送距离一般为 15~30m,主要用于粮食、化工、机械制造和交通运输等部门。

2. 类型

根据输送物料的特性、要求和结构的不同,螺旋输送机有以下几种形式:普通螺旋输送机、垂直螺旋输送机、可弯曲螺旋输送机和螺旋管输送机等。

(1) 普通螺旋输送机

普通螺旋输送机又称水平螺旋输送机,如图 2-42 所示。其构造包括料槽和在其内安置的装在轴承上的、带螺旋叶片的转动轴。螺旋借助于驱动装置而转动,物料通过装载漏斗装入料槽内,而在卸料孔处进行卸料。当需要在线路中间处卸料时,要在卸料口处装设能关闭的闸门。当物料加入固定的机槽内时,由于物料的重力及其与机槽间的摩擦力作用,堆积在机槽下部的物料不随螺旋体旋转,而只在旋转的螺旋叶片推动下向前移动。普通螺旋输送机中物料的运移方向决定了螺旋叶片的左右旋向与其转动方向。既可单向输送,又可双向输送;既对多点卸料,又可多点装料,布置十分灵活。主要用于水平和微倾斜(20°以下)连续均匀输送松散物料,工作环境温度为-20~80℃,输送距离一般不大于70m。

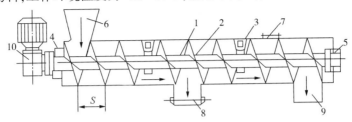

图 2-42 普通螺旋输送机

1-螺旋轴;2-机槽;3-中间轴承;4-末端轴承;5-首端轴承;6-加料口;7-中间加料口;8-中间卸料口;9-首端卸料口;10-驱动装置

为了使螺旋输送机能可靠地工作,对装进料槽中的物料量应加以限制,即规定所谓的充填系数。输送不同的物料有不同的充填系数,一般情况下,充填系数随物料流动性的提高而增大,随物料磨琢性的加大而减小。为了使物料在料槽中不产生堵塞和保证中间轴承不致因物料进入而卡死,充填系数不能超过50%,即在料槽横断面上物料的面积不超过螺旋叶片横断面的50%,此时物料在料槽中的堆积高度不高于螺旋轴线以上。当一台螺旋输送机同时有几个装料口供料时,其充填系数需要经常调整与控制,以确保输送机能有效和稳定地工作。

(2) 垂直螺旋输送机

垂直螺旋输送机的螺旋体的转速比普通螺旋输送机的要高,加入的物料在离心力的作用下,与机壳间产生了摩擦力,该摩擦力阻止物料随螺旋叶片一起旋转并克服了物料下降的重力,从而实现了物料的垂直输送。主要特点是输送量小,输送高度小,转速较高,能耗大,特别适宜输送流动性好的粉粒状物料,提升高度一般不大于30m。

(3) 可弯曲螺旋输送机

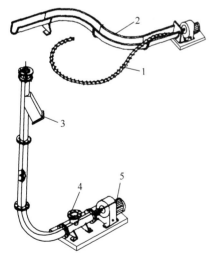

图 2-43 可弯曲螺旋输送机

1-可弯曲螺旋;2-机槽;3-卸料口;4-加料口;5-驱动装置

可弯曲螺旋输送机如图2-43所示。螺旋体的心轴为可挠曲的,因此输送路线可根据需要按空间曲线布置。根据布置线路中水平及垂直(大倾角)段的长度比例不同,其工作原理按普通螺旋输送机或垂直螺旋输送机设计。主要特点是螺旋体心轴为可挠曲材料,输送路线可根据需要按空间曲线任意布置,避免物料转载;不设中间轴承,阻力小;当机壳内进入过多物料或有硬块物料时,螺旋体会自由浮起,不会产生卡堵现象;噪声小。主要用于输送线路需要按空间曲线任意布置,避免物料转载的场合。

(4) 螺旋管输送机

在螺旋管输送机的圆筒形机壳内焊有连续的螺旋叶片,机壳与螺旋叶片一起转动。加入的物料由于离心力和摩擦力的作用随机壳一起转动并被提升,后在物料的重力作用下又沿螺旋面下滑,实现了物料的向前移动,如同不旋转的螺杆沿着转动的螺母作平移运动一样,达到输送物料的目的。其主要特点:能耗低,维修费用低;在端部进料时,能适应不均匀进料要求,可同时满足输送、混合、搅拌等各种工艺要求,物料进入过多时不会产生卡阻现象;便于多点装料与卸料;可输送温度较高的物料;适宜于水平输送高湿度物料;对供料不均匀,有防碎要求、防污染要求的物料和需多点卸料工艺要求的情况有较好的适应性。实践证明,在输送水泥熟料、干燥的石灰石、磷矿石、煤和矿渣等物料时效果良好。为保证筒体不产生变形,由端部进料口加料的物料,其粒度均不大于螺旋直径的1/4;自中间进料口加料的物料,其粒度均不大于30mm。

五、斗轮堆取料机

斗轮堆取料机是一种既能堆料又能取料的新型、高效的连续装卸机械。主要用于专用散货码头堆场上,装卸各种矿石、煤、砂石、焦炭等散粒物料。

斗轮堆取料机主要由斗轮机构、俯仰机构、回转机构、行走机构、悬臂带式输送机、尾部带式输送机(主带式输送机)等部分所组成,图2-44所示为斗轮堆取料机结构简图。斗轮机构1、悬臂带式输送机2、回转机构5、俯仰机构6均安装在门架上。门架通过由四套运行台车组成的运行机构可沿轨道运行。悬臂带式输送机2通过尾车架7与沿主输送线布置的尾部带式输送机3协同工作。尾车架通过挂钩与斗轮堆取料机主机架相连,尾部带式输送机的头部可通过设在尾车架上的液压缸进行升降,其尾部则与主带式输送机连为一体。

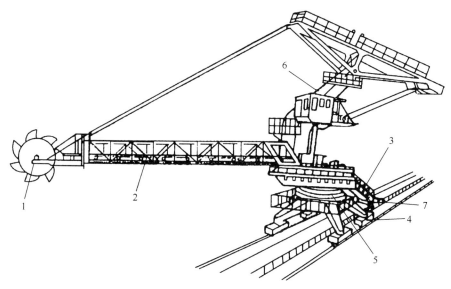

图 2-44 斗轮堆取料机

1-斗轮机构;2-悬臂带式输送机;3-尾部带式输送机;4-运行机构;5-回转机构;6-俯仰机构;7-尾车架

斗轮堆取料机的工作原理是:当进行堆料作业时,尾部带式输送机的头部处于转盘中心的悬臂带式输送机装料斗的上方,如图2-44所示。从主带式输送机输送上来的物料经尾部带式输送机头部滚筒卸入料斗,再经悬臂带式输送机抛向堆场。由于悬臂带式输送机的装料斗设置在转盘的回转中心,因此,无论转盘回转到任意方位均能保证从尾部带式输送机送上来的物料准确无误地卸入料斗,并进入悬臂带式输送机,此时,斗轮机构不工作。当进行取料作业时,则应首先解开挂钩,使尾车架脱离主车架,并通过升降液压油缸将尾部带式输送机的头部降至主机门架挡部,再接上挂钩,然后开动装设在悬臂带式输送机头部的斗轮机构使斗轮转动,取料铲斗便切入料堆挖取物料。当装满物料的料斗运转至悬臂带式输送机头部的上方时,斗内物料在自重作用下从取料斗底部经溜料板卸落至悬臂带式输送机上(此时悬臂带式输送机的运行方向与堆料作业时相反),再经悬臂带式输送机的尾部料斗,将物料送入尾部带式输送机,最后经主带式输送机送至装船。

斗轮堆取料机的运行、回转、俯仰机构基本上与通用起重机相应机构相似,所不同的是,回转机构的回转角度在取料时只能转330°(即±165°)。堆料时由于尾部带式输送机升高后妨碍臂架的回转,故只能转220°(即±110°)。俯仰机构使臂架摆动角度,由于受到悬臂带式输送机运料角度的限制,最大仰角和最大俯角都只有16°。堆取料机可利用回转和运行机构的配合运动来调整和改变堆取料位置,以尽量扩大堆取料机的作业范围,而俯仰机构则用于调节堆取料的高度。

1.斗轮机构

斗轮机构主要由驱动部分和斗轮部分组成。驱动部分为一液压马达,斗轮部分则由斗轮体和安装在斗轮体上的取料斗构成,如图2-45所示。斗轮的取料斗1固定在斗轮体2上,取料斗底部敞开,与斗轮体相通。溜料板3和圆弧挡板4通过支撑角钢架9固定在臂架端部。位于取料斗挖料区段斗底的圆弧挡板4(图2-45中 AB 段)用来挡住挖料后的料斗底部,使物料不致从敞开的斗底漏出。位于取料斗卸料区段的溜料板3上端伸向斗底处,用以接应斗底卸落下来的物料,下端伸到悬臂胶带输送机集料斗5上,使落下来的物料沿溜料板溜入胶带。为了使斗轮不妨碍悬臂带式输送机端部滚筒向料堆直接堆料,以及取料时料斗卸料尽量对准胶带,斗轮的安装轴线在水平面和垂直面均倾斜一个 β 角度,β 角的大小视具体结构而定。

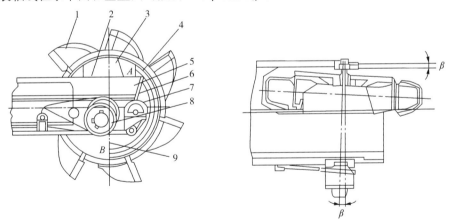

图2-45 斗轮机构

1-取料斗;2-斗轮体;3-溜料板;4-圆弧挡板;5-悬臂胶带输送机集料斗;6-料斗横向挡板;7-悬臂带式输送机端部滚筒;8-液压马达;9-支承脚钢架

斗轮机构工作时,由驱动部分的液压马达直接驱动斗轮转动,取料斗切入料堆挖取物料,沿圆弧挡板转动到卸料区段。由于卸料区段没有圆弧挡板挡着物料,物料依靠自重从斗底部卸到溜料板上,通过溜料板滑入集料斗中,被悬臂带式输送机运出。

斗轮堆取料机在取料作业时,有可能挖到坚硬的特大物料,或遇被挖物料发生突然倒塌等,均会造成异常过载。如果没有过载安全保护装置,则可能损坏斗轮驱动装置,甚至引起整机倾覆。北仑港一台最大堆取能力为5250t/h的大型斗轮堆取料机采用了一种浮动配重超负荷限制器,它是在俯仰钢丝绳的一端装上浮动式平衡配重,如图2-46所示,当斗轮一旦发生过载时,浮动配重就沿导杆向上浮动,并碰击行程限位开关,从而发出警报信号或立即切断机构电源,以便停机待查,排除故障。

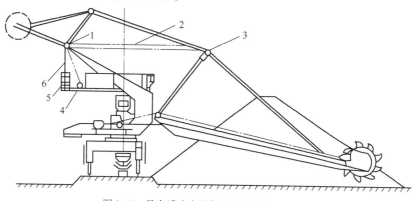

图2-46 具有浮动式平衡配重的斗轮堆取料机
1、3-滑轮组;2-俯仰钢丝绳;4-臂架俯仰机构;5-浮动配重;6-导轨拉杆

2. 悬臂带式输送机

悬臂带式输送机是装设在堆取料机悬臂上用来完成堆取料时输送物料的一个主要装置。它在结构上与一般带式输送机基本相同,区别在于其前后两端部的装料装置(如前端装料装置即图2-46中的集料斗5、端部的横向挡板6是活动的,可以打开或关闭)。其操作可由人工进行,也可采用联动液压操纵。

取料时,悬臂带式输送机前端(头部)装料装置的横挡板关闭,防止物料从端部散落。与此同时,打开后端装料装置横向挡板,以便物料卸落到尾部输送机上。堆料时,则将后端横向挡板关闭,以接纳从带式输送机卸下来的物料。同时,打开前端横向挡板,让物料顺利通过悬臂带式输送机头部抛到堆料上。

3. 尾部带式输送机

尾部带式输送机是串联在堆场主输送机中的。它位于堆取料机驱动台车的尾部,如图2-47所示。它由具有行走轮的尾部平台、升降支架、升降液压缸和挂钩装置等组成。升降支架的高低、倾角的大小完全由升降液压缸控制调节。尾部带式输送机通过挂钩装置与主机相连,当斗轮堆取料机要从一种作业状态(如堆料)改变为另一种作业状态(如取料)时,必须相应改变尾部带式输送机的升降支架倾角。其操作程序是:当从堆料(或取料)变为取料(或堆料),应首先解开挂钩装置,使尾部带式输送机与堆取料机驱动台车分离,然后起动升降油缸降下(或举升)降支架,并调整到合适的工作位置,再开动驱动台车向尾部带式输送机的尾部平台靠拢,待相互衔接后插上挂钩装置,即可开始新的作业。实际上,当斗轮堆取料机进行堆料时,其尾部带式输送机几乎就是一台串联在主带式输送机上的卸料小车。

斗轮堆取料机是多动作、连续输送的大型堆场机械。它串联在堆场主输送机中,并可沿堆场纵向双向运行。由于它有较长的悬臂,使堆场得以充分利用,而它的连续动作,使机械具有较高的生产率。它既能堆料又能取料,故更适应港口散货中转码头的堆场作业。此外,斗轮采用低速大转矩的液压马达驱动,省去了笨重的齿轮减速装置,减小了悬臂端部的重量。但堆取料机整机结构较为庞大,且自重较大。

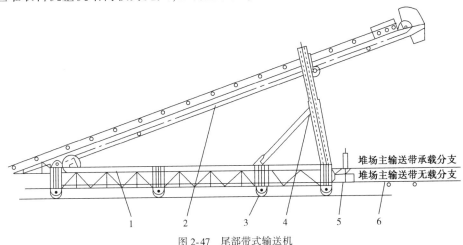

图 2-47　尾部带式输送机
1-尾部平台;2-升降支架;3-导杆行走轮;4-支架升降机构;5-浮动配重;6-导轨拉杆

复习思考题

1.连续输送机械的特点是什么?与起重机械比较,连续输送机械具有哪些优、缺点?

2.什么叫物料特性?物料具有哪些特性?各种特性的含义是什么?

3.带式输送机由哪些装置组成?各装置的作用是什么?

4.了解输送带各装置的安装位置。

5.输送带芯体材料主要起什么作用?

6.带式输送机的输送带为什么会跑偏?如何防止输送带跑偏?

7.分别叙述两种调心托辊组防跑偏的原理。

8.带式输送机正常工作的条件是什么?防止输送带打滑可采取哪些措施?

9.张紧装置有哪些类型?熟悉各类张紧装置的特点及安装位置。

10.输送成件货物的带式输送机在中途卸料时应采用哪种卸料装置?

11.叙述斗式提升机的结构组成、特点及各装置的作用。

12.斗与胶带、链条的连接位置有何要求?为什么?

13.斗式提升机的料斗在绕上驱动滚筒时:(1)斗内物料受到哪些力的作用?(2)物料有几种卸载方式?各种卸载方式的决定因素是什么?

14.什么叫极点、极距?它们各起什么作用?极距是如何确定的?极距大小与卸载方式有何关系?

15.叙述气力输送机的特点、类型及各类气力输送机的动作原理,画出三种气力输送机结构示意图并标出各部分的名称。

16.气力输送机由哪些部件组成?各部件的作用是什么?

第三章　港口装卸搬运机械

本章主要介绍港口装卸搬运机械的类型,各类机械的用途。重点掌握叉车、单斗车的总体结构、底盘和工作装置的组成与工作原理。

第一节　港口装卸搬运机械的用途和工作特点

港口装卸搬运机械是指在港口用来完成船舶、车辆的货物装卸、库场货物的堆码、拆垛与转运以及舱内、车内、库内装卸作业等的设备。港口装卸搬运机械多采用轮胎式行驶系统,可依靠自身的运行实现货物的水平搬运。有些装卸搬运机械还可依靠自身的工作装置实现货物的托取和升降。

港口装卸搬运机械主要在堆场或仓库内作业,运行距离短,行驶速度低,活动范围小。虽然其底盘结构与汽车有相似之处,但是性能参数却有很大的差异。

港口装卸搬运机械按其动力装置可分为电动机械和内燃机械。

电动机械由电动机驱动,一般用蓄电池供电。这类机械结构简单,操作容易,运转平稳,噪音小,无排气污染,维修方便。但受蓄电池容量的限制,驱动功率小,作业速度低,对路面要求高,且须设置充电设施。因此只有用于库内作业的小型车辆才用电动机作为动力。

内燃机械以内燃机作为动力,结构复杂,维修保养麻烦,排气污染重,噪音大。但因其储备功率大,牵引性能好,工作效率高,对路面要求低,而得到广泛应用。

港口装卸搬运机械主要有叉车、单斗车、跨运车、牵引车和挂车以及搬运车等几类。此外,近年来国内外也出现了无人驾驶的牵引机械 AGV(Automated Guided Vehicle)。

港口装卸搬运机械是现代港口装卸生产不可缺少的设备。随着国民经济的发展,通过港口货物的数量、品种不断增多,装卸和搬运工作量大幅度增长。特别是近十几年,港口吞吐量增长速度异常迅猛,港口装卸生产对装卸机械的需求量不断加大。目前,港口拥有和使用装卸搬运机械的状况已成为衡量港口现代化水平的重要方面。

从港口生产的实际情况来看,合理配置和使用维护好港口装卸搬运机械,对于提高港口货物装卸效率,降低工人的劳动强度,增加港口企业的经济效益,有着重大的意义。

装卸搬运机械在港口企业中的主要作用:
(1)实现货物装卸搬运机械化,加快车、船周转,提高装卸生产效率;
(2)降低装卸工人的劳动强度,节省劳动力;
(3)降低装卸成本,提高经济效益;
(4)减少货损货差,保证货运质量。

随着港口生产的快速发展,港口装卸搬运机械正逐步向系列化、标准化、自动化、大型化方向发展。装卸搬运机械的品种规格形成较大规模,如:目前,世界上起重量 0.25~60t 的叉车已有多达 500 多个规格。瑞典现在已经能生产起重量达 90t 的叉车。我国叉车生产也已形成系列化、标准化,并能生产从 0.25~42t 负荷量的叉车,叉车年产量已达数万台。我国生产的 ZL20、ZL30、ZL40、ZL50、ZL60 型装载机已得到广泛的应用,年市场售量近 10 万台。目前,美国卡特彼勒公司制造的 CAT994 型轮式装载机的铲斗容积已达 24m³。

第二节　港口装卸搬运机械的类型和组成

一、港口装卸搬运机械类型介绍

1. 叉车

叉车又称铲车。它以货叉作为主要的取物装置,依靠液压起升机构升降货物,由轮胎式行驶系统实现货物的水平搬运。叉车除了使用货叉外,还可更换各种类型的取物装置以适应多种货物的装卸、搬运和堆垛作业。叉车根据其结构和功用,又可分为平衡重式叉车、插腿式叉车、前移式叉车、侧面式叉车等。

(1) 平衡重式叉车,如图 3-1 所示。

图 3-1　平衡重式叉车

平衡重式叉车的货叉位于叉车前部,为了平衡货物重量产生的倾翻力矩,在叉车的后部装有平衡重,以保持叉车的稳定。平衡重式叉车通用性强,是使用最为广泛的一种叉车。平衡重式叉车产品型号众多,额定起重量小的不到 1t,大的可达数十吨。中型的平衡重式叉车可把货物提升 3m 高。

(2) 插腿式叉车,如图 3-2 所示。

插腿式叉车的两条支腿向前伸出,支承在很小的车轮上。支腿的高度很小,可连同货叉一起插入货物底部,然后由货叉托起货物。货物的重心落在车辆的支承平面内,因而稳定性很好,不必设置平衡重。插腿式叉车一般用电动机驱动,蓄电池供电,起重量小,车速低,对路面要求高,但结构简单,外形小巧,适用于通道狭窄的库内作业。

(3) 前移式叉车,如图 3-3 所示。

前移式叉车也有两条前伸的支腿,但是前轮较大,支腿较高。作业时支腿不能插入货物底部,而门架可以带着整个起升机构沿支腿内侧的轨道前移。叉取货物后稍微起升一个高度即可缩回,保证叉车运行时的稳定。前移式叉车一般用电动机驱动,额定起重量在 2t 以下。

图 3-2 插腿式叉车

图 3-3 前移式叉车

（4）侧面式叉车，如图 3-4 所示。

侧面式叉车的门架、起升机构及货叉位于叉车中部，并可沿横向轨道移动。货叉在侧面叉取货物后，起升一定高度，门架缩回，降下货叉，可把货物搁在叉车货台上。因为起升机构在叉车行走时不受载，货物重心位于前后轮的支承平面内，所以叉车的纵向稳定性好。侧面式叉车适合装卸搬运长件货物，如型钢、管材、木料等。为了减小一侧车轮的载荷，并保证叉车的横向稳定性，叉取货物时宜放下侧面液压支腿。

图 3-4 侧面式叉车

2. 单斗车

单斗车又称装载机。单斗车一般以柴油机为动力，有自行的底盘，采用轮胎式行驶系统和铰接式车架。它的装卸工具是铲斗，主要用来装卸散货及短距离水平搬运。常用的单斗车额定起重量为数吨到数十吨。

根据卸货方式不同,单斗车分为前卸式、后卸式和侧卸式三种。

(1)前卸式单斗车,如图 3-5 所示。

前卸式单斗车从前方铲取物料后,须后退并转过一个角度,再从前方将物料卸下。这种单斗车结构简单,操作安全,应用广泛。但需频繁地调车作业,以便对准料堆和运输车辆,因而作业效率较低。

(2)后卸式单斗车,如图 3-6 所示。

后卸式单斗车从前方铲取物料后,铲斗带着物料从驾驶室上方越过,直接卸入停在后方的货车内,这种方式作业时不必调车,因而作业效率高。但是结构复杂,又很不安全,所以应用很少。

(3)侧卸式单斗车,如图 3-7 所示。

图 3-5 前卸式单斗车

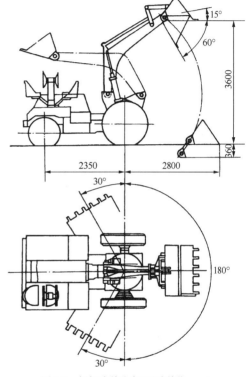

图 3-7 侧卸式单斗车(尺寸单位:mm)

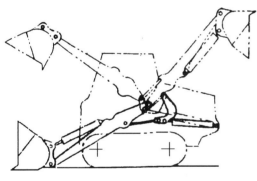

图 3-6 后卸式单斗车

侧卸式单斗车的工作装置安装在一个转台上,转台可以回转。它从前方铲取物料,然后转台带着工作装置转过一定角度即可把物料卸入停在侧面的货车内。这种作业方式效率较高,但侧向稳定性差。

3.跨运车

跨运车又称跨车。它有一个门形车架和轮胎式行驶系统。作业时门形车架跨在货物上。普通跨运车,如图 3-8 所示。用抱叉抱起货物,适合装卸搬运钢材、木料等长件货物。集装箱跨运车,如图 3-9 所示。可用集装箱吊具吊起集装箱,是在集装箱装卸区内水平搬运和堆装作业的主要机械之一。一般的集装箱跨运车可以堆装两层集装箱,有些高架的集装箱跨运车可把集装箱堆至 3 层箱高。

图 3-8 普通跨运车

图 3-9 集装箱跨运车

4.牵引车与挂车

牵引车没有取物装置和载货平台,不能装卸货物,也不能单独搬运货物。但它具有牵引装置,专门用来牵引载货挂车作水平搬运。普通牵引车,如图 3-10 所示。拖挂平板车,用于装卸区内的水平搬运。集装箱牵引车,如图 3-11 所示。拖挂集装箱挂车,用于长距离搬运集装箱。当挂车被拖到指定地点装卸货物时,牵引车就可脱开这列挂车去和别的挂车结合。牵引车以内燃机为动力,它的底盘一般采用汽车标准部件。

图 3-10 普通牵引车

图 3-11 集装箱牵引车与挂车

5.搬运车

搬运车是一种机动载货小车。固定平台式搬运车,如图 3-12a)所示的载货平台不可升降,不能自行装卸货物,主要用于货物的水平搬运。升降平台式搬运车,如图 3-12b)所示的车轮较小,载货平台很低,可以插入货架或托盘底部,然后升起 100~200mm 进行水平搬运。运至卸货地点后,平台下降,即可放下货架或托盘,搬运车多采用电动机驱动。

a)

b)

图 3-12 搬运车
a)固定平台式搬运车;b)升降平台式搬运车

6.AGV

根据美国物流协会定义,AGV(Automated Guided Vehicle)是指装备有电磁或光学导引装置,能够按照规定的导引路线行驶,具有小车运行和停车装置、安全保护装置以及具有各种移载功能的运输小车。我国国家标准《物流术语》中,对 AGV 的定义为:装有自动导引装置,能够沿规定的路径行驶,在车体上具有编程和停车选择装置、安全保护装置以及各种物料移载功能的搬运车辆。AGV 分为无人搬运车、无人牵引车和无人叉车。AGV 的载重量范围在 50~20000kg,以中小型吨位居多。图 3-13 所示为无人搬运车正在搬运集装箱。

图 3-13　无人搬运车

(1)无人搬运车

主要用于完成搬运作业,采用人力或自动移载装置将货物装载到小车上,小车行走到指定地点后,再由人力或自动移载装置将货物卸下,从而完成搬运任务。具有自动移载装置的小车在控制系统的指挥下能够自动地完成货物的取、放以及水平运行的全过程,而没有移载装置的小车只能实现水平方向的自动运行,货物的取放作业需要依靠人力或借助于其他装卸设备来完成。

(2)无人牵引车

主要功能是自动牵引装载货物的平板车,仅提供牵引动力。当牵引小车带动载货平板车到达目的地后,自动与载货平板车脱开。

(3)无人叉车

其基本功能与机械式叉车类似,只是一切动作均由控制系统自动控制,自动完成各种搬运任务。

二、港口装卸搬运机械的组成

港口装卸机械一般由工作装置、底盘和动力装置组成。

1.工作装置

用来完成对货物的装卸工作。装卸机械种类很多,其用途、构造、性能参数各不相同。所以工作装置的功用与组成也不相同。例如,叉车工作装置的作用是承受全部货重,并完成取货、升降、堆放作业。其工作装置由门架、起升机构、门架倾斜机构、液压传动系统、叉车属具组成。

2.底盘

底盘即无轨行走机构,用来完成车辆的无轨运行,实现对货物的水平搬运。轮胎式底盘一般由行驶系统、传动系统、制动系统和转向系统组成。

3.动力装置

用来供给工作装置和底盘工作时所需要的动力。

(1)蓄电池—直流电动机驱动

由若干个蓄电池串联组成的蓄电池组,将电能分别或同时供给各个电动机,驱动车辆行驶和进行装卸工作。

这种电力驱动方式噪声小,无废气,操作简单。但蓄电池容量有限,输出功率小,所以车辆行驶速度低,爬坡度小。蓄电池怕振动,对路面要求高。因此,蓄电池—电动机驱动方式用于小型装卸搬运车辆上。这种机械主要用于仓库、车间、舱内作业。

(2)内燃机驱动

内燃机输出功率大,使车辆的牵引性能好,行驶速度高,爬坡能力大,能长期连续工作。所以内燃机驱动是装卸搬运机械最常用的驱动方式。但内燃机工作时噪声大,要排出废气,所以内燃机驱动的机械适宜在室外工作。

搬运机械不具有装卸、堆垛功能,没有工作装置(有些车辆的载货构件有简单低起升动作),但都有底盘、动力装置等组成部分。

第三节 叉 车

一、叉车概述

1.叉车的特点和用途

叉车又称铲车,它有轮胎式行走机构,装有可以升降的门架和可更换的取物装置。叉车可以将货物托取和升降,实现对货物的堆垛、拆垛、装卸和短距离的搬运工作。

叉车类型和规格多样,取物装置种类繁多,因此适用多种货物的装卸和搬运。叉车结构紧凑、尺寸小,采用轮胎式无轨运行,机动性好,因此广泛应用于物流企业的立体仓库,货场,货舱内进行堆垛、拆垛作业。采用叉车进行作业也大大提高了仓库容积的利用率和货场面积的利用率。小型叉车可以到车厢内进行装车和卸车作业;到集装箱内进行装箱拆箱作业。叉车还能对载货汽车、挂车、搬运车进行装车、卸车作业,还可以在码头与库场之间、库场与库场之间进行短距离的货物搬运作业。

2.叉车的型号和主要技术参数

1)叉车的型号

目前国内内燃叉车的型号标注由动力种类、起重量、传动形式、结构形式等项组成。型号编制规则如下:

(1)叉车代号。

(2)结构形式代号:P 表示平衡重式,C 表示侧叉式,Q 表示前移式,B 表示低起升高度插腿式,T 表示插入插腿式,Z 表示跨入插腿式,X 表示集装箱叉车,K 表示通用跨车,KX 表示集装箱跨车,KM 表示龙门跨车。

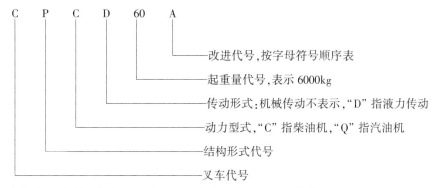

(3)动力类型代号:汽油机标字母 Q,柴油机标字母 C,液态石油气机标字母 Y。
(4)传动形式代号:机械传动不标字母,液力传动标字母 D,液压(静压)传动标字母 J。
(5)起重量代号:以额定起重量 X10 表示,原机械工业部的部颁标准起重量不乘以 10。
(6)改型代号:按汉语拼音字母顺序表示。

例如:

CPQ10B——表示平衡重式叉车,以汽油机为动力,机械传动,额定起重量1t,同类同级叉车第二次改进。

CPCD30B——表示第二次改进起重量3000kg,液力传动,以柴油机为动力的平衡重式叉车。

CCCD100——表示侧叉式叉车,以柴油机为动力,液力传动,额定起重量10t,基型。

2)叉车的主要技术参数

叉车的技术参数是表示叉车结构尺寸和工作性能的一些技术指标。

平衡重式叉车主要有下列技术参数:

(1)载荷中心距

载荷中心距是指叉车设计规定的标准载荷重心到货叉垂直段前壁的水平距离。

(2)额定起重量

额定起重量是指叉车门架处在垂直位置,载荷质心位于规定的载荷中心距时,允许货叉举起载荷的最大质量。额定起重量是叉车最主要的参数,我国的有关标准已规定了叉车的额定起重量系列。

额定起重量与载荷中心的乘积反映了叉车的起重能力。为了保证叉车的纵向稳定性,当载荷重心位于载荷中心距之内时,其额定起重量不变;当载荷重心位于载荷中心距之外时,其起重量小于额定起重量。随着重心距离的增大,起重量按曲线减小,此曲线称为载荷特性曲线,如图3-14所示。应将它制成标牌,置于叉车的醒目处。

(3)最大起升高度

最大起升高度是指叉车位于水平坚实路面上,门架处于垂直位置,货叉承载额定起重量,自货叉水平段上表面至地面的最大垂直距离。

(4)最大起升速度

最大起升速度是指叉车门架处于垂直位置,货叉承载额定起重量时,货物起升的最大速度。

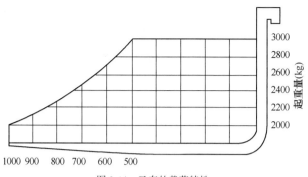

图 3-14 叉车的载荷特性

货叉、货物、滑架的下降一般依靠重力,为了避免满载时下降速度过快,在起升油缸进油口处装单向节流阀,控制下降速度。

(5)满载和空载最大行驶速度

满载和空载最大行驶速度是指货叉上承载额定起重量的叉车和空载的叉车在平直、坚硬道路上行驶能达到的最高稳定行驶速度。

对内燃叉车,$V_{max} = 18 \sim 25 km/h$;对电动叉车,$V_{max} = 10 \sim 15 km/h$。

(6)满载和空载的最大爬坡度

满载和空载最大爬坡度是指叉车在载有额定起重量状态下或空载状态下,以最低档等速行驶所能爬越的最大坡度,以百分数表示。

(7)尺寸参数

包括外形长度、高度、宽度,最大起升时的外形高度、轴距、前后轮距、最小离地间隙、最小转弯半径等。

(8)质量参数

包括自重、前后轴压等。

3.叉车的总体结构

平衡重式叉车由发动机、底盘和工作装置三大部分组成,其总体布置如图 3-15 所示。

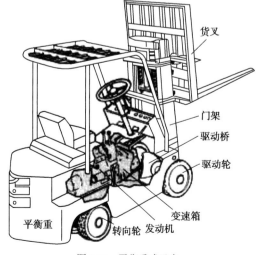

图 3-15 平衡重式叉车

工作装置安装在叉车的最前部,悬挂在支承车轮的前方。最常用的取物装置是一对朝前的货叉,通过起升机构使货叉升降,通过门架倾斜装置使货架向下俯和向上仰,加上叉车的前进和后退,货叉就能方便地实现对货物的托取、升降、堆垛、拆垛等工作。工作装置采用伸缩式门架以节省起升滑轮组,使叉车在较小的外形高度下得到较大的起升高度,提高了叉车的通过性和扩大了叉车的适用范围。

底盘由行驶系、传动系、转向系和制动系组成。

底盘用来实现叉车行走,完成对货物的水平搬运。由于工作装置和货物位于前方,满载时前轮压力大。为了提高叉车的牵引性能,叉车采用前桥驱动,后桥转向的布置。并且采用前桥与车架固定连接,后桥与车架铰轴式悬挂连接方式。

传动系把发动机的动力传给驱动轮,使叉车运行。它由液力变矩器或离合器、变速器、传动轴和驱动桥内的主传动装置等组成。

转向系用来控制叉车行驶方向,使车辆保持直线行驶或实现曲线行驶。它由转向操纵机构、转向器、转向传动机构组成。

制动系使叉车减速、驻车或可靠地停驻。叉车具有两套独立的制动系统:行车制动系统和驻车制动系统。每套制动系统由制动器和制动传动机构组成。

叉车车速较低,一般只在驱动轮上装车轮制动器,用脚踏板控制。驻车制动器一般安装在传动轴上或车轮制动器内,用手拉杆操纵。

内燃机是叉车的动力装置,装在叉车的后部,兼起平衡重的作用。

平衡重是平衡重式叉车必不可少的构件,用来平衡载荷和工作装置重力产生的倾覆力矩。在设计时还可用来调节叉车的重心位置,改善叉车的性能。通常情况下,叉车只装驾驶座。经常在室外工作的叉车才装封闭的驾驶室。在叉车的车身上还装有各种作业灯、报警声光信号装置等。

二、叉车底盘

叉车底盘由传动系、转向系、制动系、行驶系四个系统组成。

1.传动系

传动系的作用是将发动机产生的转速和转矩传给驱动车轮,使之产生必要的牵引力,克服外界的阻力,驱使车辆以适当的速度前进或后退。

内燃叉车的传动系按传动元件的性质分为机械式、液力机械式和液压式三种形式。

(1)机械式传动系

机械式传动系如图 3-16 所示。内燃机 7 的动力通过离合器 6、变速器 5、传动轴 4、主减速器 3、差速器 2、半轴 1 传给驱动轮。

离合器安装在内燃机与变速器之间。在发动机启动时,将离合器分离,切断动力传递,使发动机空载启动。车辆起步时,逐渐结合离合器,使发动机的转矩通过离合器传给传动装置,驱动车轮,使车辆克服行驶阻力从静止状态平顺起步。车辆行驶时,离合器处于结合状态,传递动力。行驶中,车辆要适时地换档变速。在变速器换挡前,应使离合器分离,切断动力,保证顺利地换档。传动系统超载时,离合器主、从动部分之间产生相对滑动,能保护传动系统不致因过载而损坏。

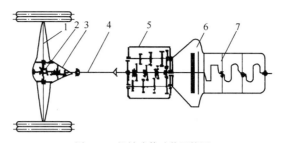

图 3-16 机械式传动装置简图
1-半轴;2-差速器;3-主减速器;4-传动轴;5-变速器;6-离合器;7-内燃机

变速器是机械式传动系中唯一的变速机构。车辆在行驶中,行驶条件变化时,通过换档来改变发动机传给驱动轮的转矩和转速,使车辆获得所需要的牵引力和行驶速度。当车辆需要短时间不熄火驻车或发动机要启动时,可以将变速器挂入空档,这样不用离合器就可以切断动力。将变速器换入倒档,车辆就能倒车行驶。

变速器输出的动力经传动轴传给主减速器。由于叉车变速器输出轴与主减速器输入轴的轴线不相重合,而是相交成一个小的角度,所以传动轴上要安装万向联轴节。

主减速器、差速器、半轴安装在驱动桥内。主减速器用来减低转速,增大传给驱动轮的转矩。在内燃机纵向布置的情况下,还可以使旋转方向改变90°,将动力传给差速器。

车辆转弯时,左、右驱动轮在相同的时间内要在地面滚过不同的距离。车辆直线行驶时,由于左、右车轮轮胎尺寸误差,磨损,受载的不同会引起左、右轮胎滚动半径不同;由于路面不同,左、右车轮在同一时间内实际滚动的距离也不同,所以车辆行驶时两侧车轮的转速实际上是不相同的。将驱动轮安装在左、右半轴上,差速器把动力传给左、右半轴,并且可以使左、右半轴以不同的转速旋转,那么在车辆行驶中左、右驱动轮都作纯滚动而无滑动,这样就减少了行驶阻力和轮胎的磨损。

机械式传动系由于全部采用机械元件,不仅制造简便,而且传动效率也比较高。但是,机械式传动系的低速牵引性差,换档操纵复杂。虽然叉车的行驶距离短,速度低,却要求有较大的驱动功率,因此,机械式传动系很难完全满足使用要求。目前除了在小型叉车上仍有应用之外,逐步被液力机械式传动系所替代。

(2)液力机械式传动系

液力机械式传动系的组成如图 3-17 所示。发动机 1 的动力经液力变矩器 2、前传动轴 3、变速器 4、后传动轴、主减速器 5、差速器 6、半轴 7 和轮边减速器 8 传给驱动轮。

液力变矩器安装在发动机和变速器之间。液力变矩器不仅能保持车辆平稳地起步和加速,而且还可以无级变速,替代离合器和变速器的部分功能。但是,液力变矩器转矩变化的范围还满足不了使用要求,因此还需再串联一个有级式机械变速器,这就是液力机械式变速器。这种变速器一般采用液压动力换档,操作十分方便。

半轴输出的动力通过轮边减速器再一次减速、增矩,这样主减速器的减速比和尺寸就能减小,车辆的离地间隙可以增加。

液力机械式传动系中,由于采用了液力变矩器,车辆可以在一定范围内实现无级变速和改变输出转矩,因此能够自动地适应外界行驶阻力的变化,从而提高了车辆的牵引性能。由于输出轴零转速和低转速下有较高的输出转矩,因此无需切断动力就可以实现车辆的起步。

虽然在变矩器后加装了齿轮变速器,但是变速的档数较少,操纵简便。

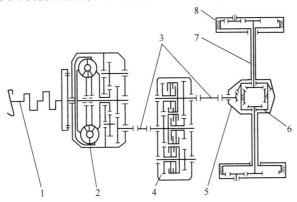

图 3-17　液力机械传动系示意图

1-内燃机;2-液力变矩器;3-前、后传动轴;4-变速器;5-主减速器;6-差速器;7-半轴;8-轮边减速器

液力机械式传动系的缺点是结构较复杂、造价较高和总传动效率较低。目前液力机械式传动系在叉车、单斗车等装卸搬运机械上得到广泛的应用。

(3)静压式传动系

静压式传动系与前两种传动系完全不同,发动机至驱动轮之间没有机械的连接,全靠液体的静压力传递动力。其组成如图 3-18 所示。发动机 1 带动变量油泵 6,油泵输出的压力油驱动油马达 5,再经轮边减速器 3 驱动驱动轮 4。

变量泵输出的流量可以在很大范围内加以控制,因此车辆可以实现无级变速。当使油泵处于空转时,则便于内燃机启动和车辆起步。在油泵输入轴旋转方向不变时,改变液压油的输入、输出方向,实现车辆的前进和后退。

静压式传动系具有良好的传动性能,很适应车辆行驶的需要。但传动效率低,液压元件加工制造精度高,使用寿命和可靠性还不够理想,因此目前应用不多。

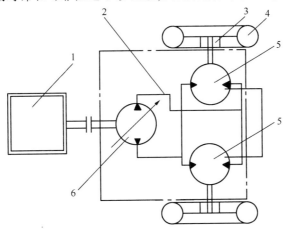

图 3-18　静压式传动系示意图

1-发动机;2-油管;3-轮边减速器;4-驱动轮;5-油马达;6-变量油泵

2.转向系

转向系的作用是控制车辆的行驶方向。根据作业和行驶的需要,或者使车辆保持稳定

的直线行驶,或者灵活地改变车辆的行驶方向。

1)转向方式

叉车的转向方式一般为偏转车轮转向。为了保证转向时车轮为纯滚动而没有滑动,必须使各车轮的旋转轴线交于一点。车辆绕这一点转向,称之为瞬时转向中心。

根据车轮偏转时绕轴线的数目,偏转车轮转向分为单轴线式、双轴线式和四轴线式。

(1)单轴线式转向,如图3-19a)所示。

对三支点车辆,位于车辆纵向中心面处的单个车轮(或两个并置的车轮)作转向轮。转向时,转向轮转动一个角度,使前后轮轴线交于一点,以满足所有的车轮作纯滚动的要求。

(2)双轴线式转向,如图3-19b)所示。

四支点车辆中,只有两个车辆作转向轮,分别绕各自的垂直轴线偏转。为了使各车轮旋转轴线交于一点,两个转向轮转向角度必须不同,而且满足:

$$\cot\beta - \cot\alpha = \frac{OD}{L} - \frac{OE}{L} = \frac{M}{L}$$

(3)四轴线式转向,如图3-19c)所示。

四支点车辆中,四个车轮均为转向轮,分别绕各自的垂直轴线偏转。为了使各个车轮轴线交于一点,需要满足:

$$\cot\beta - \cot\alpha = \frac{2OD}{L} - \frac{2OE}{L} = \frac{2M}{L}$$

车辆的转向方式影响车辆的机动性能。如果车辆轴距 L、转向轮最大偏转角 α_{max} 及外形尺寸相同,则从 O 到车辆纵向中心线的距离 OA 可以表示车辆机动性的好坏。OA 愈小,理论转弯半径愈小,则机动性愈好。从图3-17中可看出,采用单轴线转向方式的三支点车辆,其机动性比双轴线式转向的四支点车辆好。但是,三支点车辆的横向稳定性差,因此单轴线式转向方式多用于插腿式叉车、前移式叉车等小型车辆。它们适合在路面平坦、横向坡度小的狭窄场地或室内作业。室外作业的叉车和牵引车适合采用双轴线式转向方式。

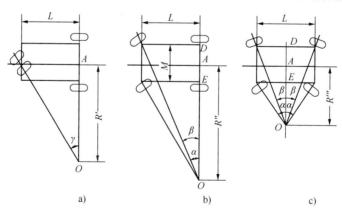

图3-19 转向方式简图
a)单轴线式;b)双轴线式;c)四轴线式

四轴线式转向方式虽然机动性很好,但结构复杂,一般用在挂车上,而在机动车上很少应用。因为挂车的全部车轮都是从动轮,为提高机动性,常采用这种转向方式。采用四轴线式转向,挂车的前后车辙重合,只要牵引车能通过的地方,挂车也就能够顺利通过。

2)转向轮布置

偏转车轮转向有前轮转向和后轮转向两种布置方式,如图3-20所示。

前轮转向时,如图3-20a)所示。前外轮转弯半径R_w最大,驾驶员很容易根据前外轮是否能避开障碍物而决定整机的行驶路线,有利于安全操作。在牵引车和载货汽车上都采用前轮转向。

平衡重式叉车的工作装置位于车辆前方,如果也采用前轮转向,则因前轮受载大而使转向沉重,而且,转向轮还可能与工作装置产生干扰。比较图3-20b)与图3-20c)可以看出,图3-20b)工作装置的前外端比前外轮距离瞬时转向中心更远,转弯半径R较大。而采用后轮转向,如图3-20c)可使瞬时转向中心前移,转弯半径R减小,机动性提高。因此平衡重式叉车都采用后轮转向。

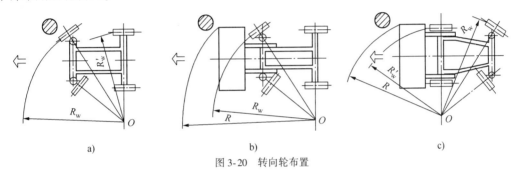

图3-20 转向轮布置

3)转向系的类型和组成

根据结构的不同,转向系分为机械转向系、液力助力转向系、全液压转向系三种。

(1)机械转向系

机械转向系以人力为动力克服转向阻力矩来操纵转向。如图3-21所示,机械转向系由转向操纵机构、转向器和转向传动机构组成。转向操纵机构包括转向盘、转向轴等部件。通过它们把作用在转向盘上的转动力矩传给转向器。转向器是减速传动装置。它把转向力矩放大后传给转向轮。转向器是机械转向系中保证转向轻便的主要部件。转向传动机构包括转向垂臂、纵拉杆、三连板、横拉杆、梯形臂、转向节等机件。

转向时,驾驶员转动转向器1,通过转向轴传给转向器。经转向器2输出的动力使转向垂臂8摆动,带动纵拉杆3推动三连板4转动。三连板经两侧横拉杆5分别推动两侧梯形臂6和转向节偏转,使转向轮转向。

(2)液压助力转向系

液压助力转向系如图3-22所示。与机械转向系相比,它在纵拉杆上安装一个液压转向助力器。液压转向助力器由控制阀和助力油缸两部分组成。控制阀阀体与助力油缸的缸体固定,阀芯通过拨杆与转向垂臂连接。助力油缸的活塞杆与车架铰接,油缸缸体与纵拉杆相连。转向时,驾驶员转动转向盘,操纵转向器1通过转向垂臂2的摆动,带动控制阀拨杆3来拨动助力器中的阀芯,以控制从液压回路来的压力油进入助力油缸的前腔或后腔,使缸体向前或向后移动,由此,带动纵拉杆5,使转向三连板8摆动,推动左右横拉杆9、10和左右转向节6、12,使左右车轮偏转。

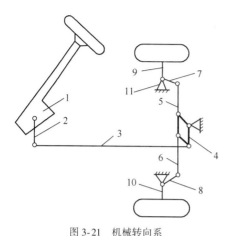

图 3-21 机械转向系

1-转向器;2-转向垂臂;3-纵拉杆;4-三连板;5、6-横拉杆;7、8-梯形臂;9、10-转向节;11-转向梁

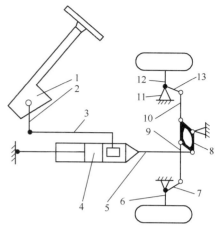

图 3-22 液压助力转向系示意图

1-转向器;2-转向垂臂;3-控制阀拨杆;4-转向助力器;5-纵拉杆;6、12-转向节;7、13-梯形臂;8-转向三连板;9、10-横拉杆;11-转向梁

当转向盘不转动时,拨杆3不再移动。由于阀体的随动作用,车轮就能够保持在原来的偏转位置。

当发动机熄火或液压回路发生故障而停止供油时,助力器不起作用。控制阀拨杆直接带动缸体前后移动,就像机械转向系一样工作。

（3）全液压转向系

在全液压转向系中,采用全液压转向器。从转向器到梯形机构完全用液压元件代替了机械连接,其组成如图 3-23 所示。

常用的摆线转阀式液压转向器,由控制阀4和摆线油马达2组成。两者装在一个壳体里,通过配油盘3连通内部油道。

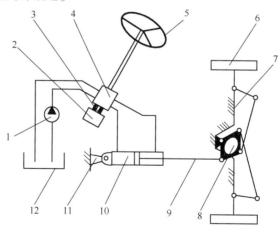

图 3-23 全液压转向示意图

1-转向油泵;2-摆线油马达;3-配有盘;4-控制阀;5-转向盘;6-转向轮;7-转向梁;8-转向三连板;9-活塞杆;10-转向油缸;11-车架;12-油箱

转向时,驾驶员操纵转向盘5,转动控制阀4的阀芯,由转向油泵1输来的压力油进入控

制阀,经配油盘 3 进入摆线油马达 2 的吸油区,并推动其转子旋转。压力油进入摆线油马达的压油区后,又经配油盘流回控制阀,然后再流向转向油缸 10 的油腔,使转向油缸内的活塞轴向移动。活塞杆推动转向三连板 8、左右横拉杆和左右转向节,使转向轮偏转。转向盘不转时,由于转子和阀套的随动作用,阀芯处于阀套的中间位置,关闭进入油马达的油路,转向油缸内油液亦被封闭,活塞杆不再移动。于是,转向轮保持在原来的偏转位置。转向油泵输出的压力油经控制阀直接流回油箱。

当发动机熄火或液压回路发生故障时,转向油泵停止供油,转动转向盘,摆线油马达起到手动油泵的作用。只要将转向盘转过一个角度,摆线油泵转子就跟着转向盘旋转而泵油。它将转向油缸一个油腔中的油抽出,经摆线油泵压向控制阀的相应油道,流向转向油缸的另一油腔,推动活塞杆工作,实现人力转向。

机械转向系结构简单,工作可靠。但使车轮偏转的动力完全来自人力,因此操纵比较吃力。在液压助力转向系和全液压转向系中,驾驶员在转向盘上只需施加较小的力,使控制阀阀芯移动或转动,而车轮的偏转力由转向油泵来的压力油提供,因此操纵比较轻便。这不仅大大减轻了驾驶员的劳动强度,而且对于转向阻力较大的重型车辆显得尤为重要。

机械转向系,由于是采用机械连接,地面不平对车轮的冲击会通过机构传给转向盘,于是驾驶员有"路感"。液压助力转向系的助力油缸中的油液具有缓冲作用,部分吸收路面冲击,因此减轻了驾驶员的"路感"。全液压转向系的转向器与转向油缸之间只有管路连接,因此驾驶员几乎没有"路感"。

由于动力转向具有明显的优点,所以,目前内燃叉车上多采用动力转向,尤其是全液压转向。

3.制动系

有效的制动是安全行车的保证。车辆在行驶过程中遇到不平的路面或障碍物,或者遇到交会车、急转弯、下坡等情况,驾驶员要能及时地减速。在出现可能与人、车辆或其他物体相撞的紧迫局面时,驾驶员需要在最短的时间和尽可能短的距离内把车停住。另外,当车辆停放在场地上,尤其是停放在坡道上的时候,必须可靠地保持住车辆在原地不动。

归纳起来说,制动系的作用是使行驶的车辆减速或驻车;使停歇的车辆可靠地保持原地不动。

(1)制动装置的类型和对制动装置的要求

根据制动系的作用,车辆应有两套相互独立的制动装置。

一套是行车制动装置。这套装置用于车辆行驶过程中的制动,使车辆减速或驻车。驾驶员用脚踩制动踏板操纵,踩下时制动,松开时制动作用消失,因此又称脚制动装置。

另一套是驻车制动装置。这套装置主要用来使车辆驻留原地。驾驶员通过制动手柄操纵并可以在制动位置上将手柄锁住,这样在驾驶员离开车辆后仍能保持制动状态,防止车辆意外移动,因此又称手制动装置。

两套制动装置一般都有各自的制动器和制动传动机构。

行车制动器一般装在车轮内侧,又称车轮制动器。驻车制动器一般装在变速器的输出轴上,也称中央制动器。

车辆上几乎都采用摩擦制动器。按照摩擦副元件的形状,制动器分为蹄式制动器、盘式制动器和带式制动器。其中带式制动器除了在某些车辆上作中央制动器外,应用很少。

制动传动机构有多种形式。仅依靠驾驶员施加于制动踏板或手柄上的力作为制动力源的,称为人力制动传动机构。人力制动传动机构有液压式和机械式两种。机械式现在只用于驻车制动装置上。当利用发动机的动力作为制动力源,尽管仍然由驾驶员通过踏板或手柄操纵,称作动力制动传动机构。动力制动传动机构有气压式、气液综合式和液压式。目前,在车辆上广泛采用的有人力液压式、气压式和气液综合式制动传动装置三种。对制动装置主要的要求是具有足够的制动力、工作可靠、操纵轻便。制动是否可靠,是用车辆在规定的路面上以规定的车速行驶,使用脚踏制动器紧急制动,从踩下踏板到车辆完全停住所滑行的距离来衡量的。

(2)行车制动装置

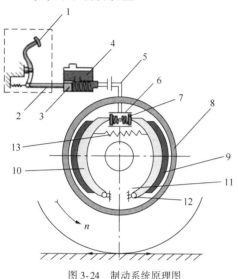

图3-24 制动系统原理图

1-制动踏板;2-活塞推杆;3-主缸活塞;4-主缸缸体;5-油管;6-轮缸缸体;7-轮缸活塞;8-制动鼓;9-摩擦衬片;10-制动蹄;11-制动底板;12-支承销;13-复位弹簧

行车制动装置由车轮制动器和制动传动机构组成,如图3-24所示。制动器由制动鼓8和制动蹄10等组成。制动鼓8固定在车轮的轮毂上,随车轮一起转动。制动蹄10有两片,制成弓形,其外缘弧面上铆有摩擦片9。制动蹄用支承销12铰接在制动底板11上。而制动底板则固定在车桥上,故不能随车轮转动。

不制动时,在复位弹簧13的作用下,两片制动蹄上端收拢紧靠在轮缸两端的活塞7上。摩擦片9与制动鼓8之间保持一定间隙,车轮和制动鼓可以自由转动。

制动传动机构包括制动踏板1、制动主缸4、制动轮缸6和油管5等机件。制动轮缸6装在制动底板11上不能转动。其内腔装有两只轮缸活塞7,分别与两制动蹄片的上端紧靠。

制动时,驾驶员踩下制动踏板1,通过推杆2和主缸活塞3,在主缸中产生一定的油压,经油管5送入轮缸中。压力油使轮缸活塞7向两侧张开,推动制动蹄10绕其支承销12转动张开,于是制动蹄的摩擦片9紧紧压在制动鼓8的内圆面上。制动蹄和制动鼓构成一对摩擦副。制动鼓上受到的摩擦力矩(制动力矩)的方向与车轮的转向相反。当制动力矩与作用在车轮上的驱动力矩相等时,车轮就停止转动。车轮在其惯性力的作用下在地面上滑行一段距离后即被制动住。如果制动力矩小于驱动力矩,则车轮减速旋转。

驾驶员松开制动踏板,主缸活塞3在复位弹簧13的作用下退回原位,油液回流。在复位弹簧13的作用下制动蹄10复位,车轮又可以自由转动。

(3)驻车制动装置

驻车制动装置由中央制动器和制动传动机构两大部分组成。中央制动器可以利用主减速器增大制动力矩,还可以利用差速器平衡左、右车轮的制动力矩。但是,在车辆行驶中不能单独使用中央制动器作紧急制动,否则会造成部件损坏,还可能造成车辆跑偏。常见的中央制动器有鼓式和盘式两种,均采用手操纵的机械式传动机构。

4.行驶系

行驶系主要起支承和传力作用。行驶系使车辆的各部件联系起来并承受整机的重量;接受传动系传来的驱动力矩并把驱动力矩转化为推动车辆前进的牵引力;承受并传递车辆制动时的制动力,在弯道或横向坡道上行驶时作用在车轮上的侧向力,以及颠簸路面对车辆的冲击力;避免或减轻冲击和振动,以保证车辆的平顺行驶和装卸作业。叉车采用轮胎式行驶系,它由车架、车桥、悬架、车轮等组成。

1) 车架

车架起支承和传力作用,是整个车辆的基体。在车架上直接或间接地安装着车辆所有的零部件或部件总成。车辆静止时,车架承受着大部分设备和货物的静载荷(重量)。车辆在行驶和作业的过程中,还承受着各种动载荷。为了保证车架上各部件的正确位置,车架应有足够的强度和刚度。

为保证车辆的稳定性和机动性,在考虑车架结构和形状时,应使车辆的重心尽可能降低,应使转向轮能够获得尽可能大的转向角。

车架可分为整体式和铰接式两类。其中整体式车架又有边梁式和箱格式两种。叉车都采用箱格式。图 3-25 所示是叉车的箱格式车架。

箱格式车架的纵梁和隔板焊成左右两个箱形结构。箱体部分兼作燃油箱 2 和液压油箱 3。车架的前部凸缘 1 与驱动桥凸缘用螺栓连接。车架的后部中央制有发动机支架 4。后底部焊有安装转向桥的支承 5。平衡重用螺栓紧固在后横梁 6 上。这种箱形车架的特点是刚度大、强度高。

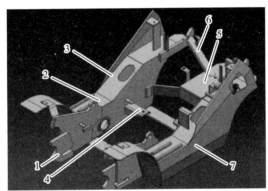

图 3-25 叉车的箱格式车架
1-凸缘;2-燃油箱;3-液压油箱;4-发动机支架;5-转向桥安装支承;6-后横梁;7-箱体

2) 车桥

车桥的两端安装着车轮,车桥又通过悬架与车架相连,用来支承车架并在车轮和车架之间传递载荷。

车桥根据安装的位置不同,可分为前桥和后桥。根据所安装车轮的作用,又可分为驱动桥、转向桥、转向驱动桥和支持桥。其中转向桥和支持桥由于其两端的车轮都是从动轮,因此都属于从动桥。平衡重式叉车是以前桥为驱动桥,后桥为转向桥。

(1) 驱动桥壳

装在驱动桥内部的主减速器、差速器、半轴和轮边减速器等传动件都属于传动系,只有驱动桥壳才是行驶系部件。

驱动桥壳是一根空心的梁。它是行驶系的承载部件,要承受驱动轮传来的各种反力和力矩,并通过悬架传给车架。驱动桥壳又是安装主减速器、差速器、半轴等部件并起到保护作用的基础件。大多数叉车的工作装置也直接支承在驱动桥壳的轴颈上。

驱动桥壳的构造形式有整体式和分段式。整体式桥壳又分为整体铸造式和冲压焊接式。整体式桥壳由一个中部空心梁和两端的半轴套管组成,如图 3-26 所示,这种桥壳的强度和刚度大。传动装置的装拆、调整和维修方便,但是它的重量大,而且铸造工艺复杂。

图 3-26 叉车整体铸造式桥壳

分段式驱动桥壳由两段或三段组成。各段铸造加工后用螺栓连接起来,因此铸造工艺简单。由于检修主减速器或差速器时必须把整个驱动桥从车上拆下来,因此这种形式的桥壳对装配、调整、维修和保养不便。

(2)转向桥

转向桥由转向梁、转向节、转向主销以及转向轮轮毂等组成。

转向梁通常是一根工字形截面的变截面梁,可以是模锻件、铸钢件或钢板焊接件。转向梁的两端与转向节的连接结构通常有拳形和叉形两种形式。模锻的或铸造的转向梁两端多用拳形,钢板焊接的转向梁两端多用叉形。

平衡重式叉车都采用叉形转向桥,如图 3-27 所示。转向梁 1 是用钢板焊成箱形结构,其两端制成叉形,转向节 14 制成拳形。两者制有通孔,用主销与转向节拳形部固定。主销两端通过滚针轴承 10 和衬套 11 支承在转向梁的叉孔内形成铰接。转向轮轮毂 8 用两只圆锥滚子轴承 16 支承在转向节的轴上。

转向梁中部装有转向三连板 3 和横拉杆 5,与两侧转向节上的转向梯形臂相连,组成转向双梯形机构。

转向桥中央的纵向支承轴与轴承座 4 铰接,轴承座用螺栓固定在车架后部的转向桥安装支架上。转向桥可绕纵向支承轴摆动。

3)车轮与轮胎

车轮是车辆的重要部件。通过车轮在路面上滚动实现车辆的行驶。车轮受到路面的法向力、切向力和侧向力,保证车辆的驱动、制动和转向。

叉车采用弹性车轮,即装有轮胎的车轮。轮胎的弹性可以使车轮在滚动时缓和冲击、减少噪声,使车轮与路面良好黏着。车轮由轮胎、轮辋、轮辐和轮毂组成。

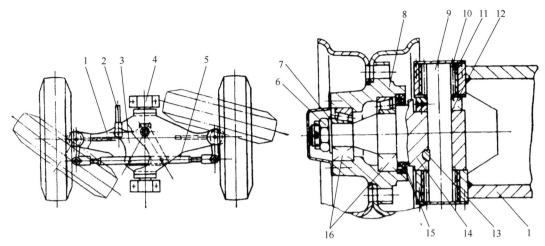

图 3-27　CPC3 型叉车转向桥

1-转向梁;2-转向纵拉杆;3-转向三连扳;4-轴承座;5-转向横拉杆;6-调整螺母;7-垫圈;8-轮毂;9-主销;10-滚针轴承;11-衬套;12-推力球轴承;13-定位销钉;14-转向节;15-油封;16-轮毂轴承

轮胎分为充气轮胎、超弹性轮胎和实心轮胎。充气轮胎在胎内充满压缩空气,使轮胎具有较大的弹性,能良好地缓和冲击和振动。它的黏着性好,滚动阻力小,适宜在多种路面上行驶,因此应用广泛。

超弹性轮胎在外形上与充气轮胎相似,但是内腔中不是空气而是充填了高弹性材料。由于内部没有空气,所以不会因表面刺破而失效,大大增加了车辆的工作安全性,特别适宜在恶劣的场地环境下使用。超弹性轮胎承载能力大,因而在同样的承载能力下轮胎外径较小,便于车辆的小型化。但是由于缓冲吸震能力稍差,轮胎在行驶中发热有能量的消耗,因此行驶速度不宜过高。

实心轮胎的车轮直径小,承载能力大。尤其是采用聚酰胺和聚氨酯做成的实心轮胎,其承载能力比充气轮胎和橡胶实心轮胎大数倍,很适宜于载荷大而要求车轮尺寸小的车辆,如电瓶叉车等。实心轮胎无刺破危险,维护简便。但是它的弹性较差,吸震能力差,只适宜在良好的路面上行驶。车速低,一般不超过 15km/h。

轮辋是车轮的金属外缘部分,用来安装轮胎。轮毂是车轮的中心部分,通过轴承支承在车轮的轴上。轮辐是轮辋与轮毂的连接部分。轮辐和轮辋分别冲压后焊成一体,再一起安装到轮毂上。当车辆轮压很大时,常采用双式车轮。它是在同一轮毂上安装了两个轮辐和轮辋,如图 3-28 所示。

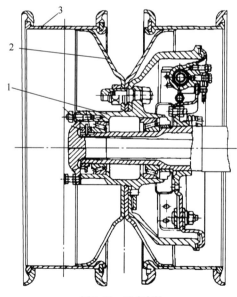

图 3-28　双式车轮

1-轮毂;2-轮辐;3-轮辋

4) 悬架

悬架又称悬挂装置,是车架与车桥之间的传力连接装置。悬架要适应不平的路面,保证全部车轮与地面良好地接触。

悬架有弹性悬架和刚性悬架两种。弹性悬架用钢板弹簧或其他弹性元件将车桥和车架连接起来。弹性元件可以缓和冲击、衰减振动,避免车辆的零部件和货物的损伤,保证驾驶员操作的舒适。弹性悬架用于车速较高的车辆。对于电动叉车,虽然其车速不高,但由于蓄电池极板受冲击后容易损坏,因此也宜采用钢板弹簧式悬架。

刚性悬架是用螺栓或铰轴把车桥和车架连接起来的。叉车行驶速度较低,载荷又重,装卸作业时要求取物装置准确对位,所以采用刚性悬架。叉车的驱动桥是通过驱动桥壳上的连接支承板用螺栓与车架前部凸缘紧固在一起的(参见图3-25)。叉车的转向桥则通过中央水平支承轴与轴承座铰接(参见图3-27)。当一侧转向轮因地面不平而产生垂直位移时,转向桥可以绕水平支承轴摆动,因此所有车轮仍能同时着地。

三、工作装置

叉车工作装置用来完成对货物的叉取、升降、堆放、拆垛等装卸作业。

平衡重式叉车的工作装置包括取物装置、起升机构、门架、门架倾斜机构以及液压传动系统,如图3-29所示。

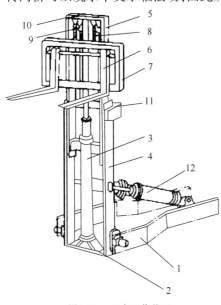

图3-29 叉车工作装置
1-车架;2-外门架下横梁;3-起升油缸;4-外门架;5-内门架;6-货叉;7-滑架;8-链条;9-链轮;10-内门架上横梁;11-外门架上横梁;12-倾斜油缸

外门架4的下端用销轴铰接在车架上或前桥上。外门架的另一支点通过倾斜油缸12再与车架铰接。内门架5装在外门架内,并可沿外门架上下伸缩,起升油缸3的下端固定在外门架下横梁2上,油缸柱塞的上端部与内门架上横梁10固定连接。当柱塞在油缸内上下移动时,内门架也随着一起移动。在内门架的顶部装链轮9,链条8绕过链轮,一端与滑架相连,另一端固定在外门架上横梁11上。取物装置装在滑架上,滑架可随内门架上下移动。

1.起升机构

叉车的起升机构由起升油缸、链轮、链条和滑架组成。当起升油缸柱塞在油压作用下上升时,柱塞即推动内门架上升,装在内门架顶部的链轮也一起上升。因为链条一端固定在外门架的上横梁而且总长度不变,所以链轮上升时,链轮至外门架上横梁之间的链条长度增加,链轮至滑架之间的链条长度缩短,也即滑架随内门架上升了。滑架移动的速度和距离比内门架(柱塞)上升的速度和距离快一倍,这样就使得货物能快速和大距离地起升。

起升油缸大多是单作用柱塞油缸。当操纵控制阀,使油缸底部的进油口不再进油,那么,在取物装置、滑架、内门架、货物重力的作用下柱塞缩回缸体内,实现货物下降。

起升机构一般采用两根链条,位于起升油缸的两侧,工作中要使两根链条受载均等。

链轮通过轴承空套在链轮轴上,可以自由转动,这样链轮和链条就构成了省时(增速)滑轮组。

2. 倾斜机构

倾斜机构由两个双作用活塞式油缸组成。油缸底部铰接在车架的纵梁上,油缸活塞杆的端部铰接在外门架纵梁的中部。当活塞杆在油压作用下伸出时,门架前倾,即货叉前俯,便于叉取货物或卸下货物。当活塞杆在油压作用下缩回时,门架后倾,即货叉后仰,那么叉车行驶时使货物在货叉上保持稳定,在制动时可以防止货物从货叉上滑落。同时,这样又减小了货物对叉车的纵向倾覆力矩,增加了叉车的纵向稳定性。

门架的前倾角一般为 6°,后倾角一般为 10°~12°。

3. 门架

门架是叉车工作装置的骨架。门架支承起升油缸,因此承受货物重力等垂直力。货物作用在货叉上的力矩,通过滑架传给门架,使门架受到纵向弯曲。门架又通过下部的铰轴和倾斜油缸将载荷传给车架,保持了门架的平衡。

为了减少叉车在不起升状态下的外形高度,叉车门架做成伸缩式的。即门架由不能升降的外门架和可沿外门架升降的内门架组成两节门架工作装置。为了保持良好的通过性,在提高最大起升高度的同时又不致使叉车的外形高度太大,可采用三节式门架。三节式门架由内门架、中门架和外门架组成。起升时,滑架沿内门架运动,内门架沿中门架运动,中门架沿外门架运动,这样最大起升高度可达 7~8m。

门架是由左右立柱和上下横梁焊接而成的门形框架。为了增加刚度,外门架的后面加焊中间横梁,内门架也有加焊中间横梁的。门架立柱是承受弯矩的构件,同时又作为滚轮运动的导轨。

根据内、外门架截面形状及布置方式,叉车门架分为重叠式和并列式两大类。重叠式门架,又称滑动式门架,内、外门架立柱都是 C 形截面。内门架立柱叠合在外门架立柱之内。滑架升降时,其滚轮在内门架槽内滚动;而内门架升降时,在外门架槽内滑动。由于运行阻力大,因此要在外门架槽内焊有导轨并经常保持良好的润滑。由于内门架立柱的截面尺寸较小,因此它的强度和刚度较低。

并列式门架又称滚子式门架。内门架的立柱列于外门架立柱的内侧。内门架升降时,滚轮沿门架立柱的翼缘滚动。内门架运动阻力小,立柱截面尺寸不受外门架的限制,因此强度和刚度较大。并列式门架立柱截面有多种组合形式,目前 CJ、CL 形截面用得最多,如图 3-30 所示。

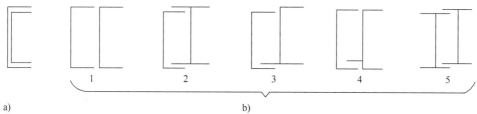

图 3-30 内外门架立柱截面形式
a) 重叠式门架;b) 并列式门架
1-CC 形;2-CI 形;3-CJ 形;4-CL 形;5-II 形

4.液压传动系统

图3-31所示是叉车液压传动系统。

从油泵输出的高压油到多路阀,由多路阀并经过其中的分流阀而分为两部分:一部分将高压油送到起升油缸和倾斜油缸,另一部分以恒定的流量送到转向器,来控制转向油缸。

当起升、倾斜两滑阀处于中立位置时,高压油直接从通道中流回油箱。当拉动起升滑阀时,高压油经节流阀进入起升油缸,实现货物起升。当推动起升滑阀时,起升油缸底部与低压相通,在取物装置、滑架、内门架、货物重力的作用下,柱塞下降,从起升油缸流出的油经过节流阀使下降速度得到控制。当操纵倾斜滑阀时,高压油可以流入倾斜油缸的前腔(后腔),另一腔与低压相通,门架实现后仰或前倾。

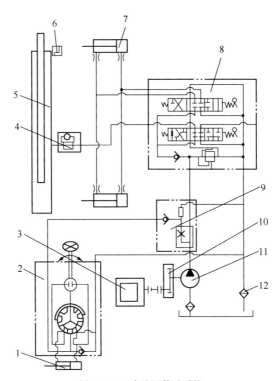

图3-31 叉车液压传动系统

1-转向油缸;2-液压转向器;3-发动机;4-单向节流阀;5-起升油缸;6-排气螺塞;7-倾斜油缸;8-换向滑阀;9-多路阀;10-泵轴齿轮;11-油泵;12-过滤器

5.叉车属具

叉车属具是指叉车取货的各种取物装置。叉车可以配备不同的属具,完成对多种货物的装卸作业。常用的叉车属具有货叉、吊架、串杆、推货器、侧夹器和货斗等。

1)货叉

货叉是叉车最常用的属具,也是叉车重要的承载构件。一般用中碳钢或合金钢锻成L形的整体。

货叉的水平段用来叉取并承载货物。其上表面平直,下表面前端略有斜度。叉尖较薄较窄,两侧带有圆弧。用货叉装卸货物时,一般将货物放在托盘或垫木上,以便于货叉插入底部。货叉的垂直段用来与滑架连接。根据连接方式,有挂钩型和铰接型两种。中、小型叉车普遍采用挂钩型货叉,依靠人力调整货叉间距。

另外,还有以下几种特殊的货叉可供选用:

(1)前移叉,如图3-32所示。

货叉通过平行四连杆机构装在滑架上,可在油缸的作用下前移或缩回。前移叉特别适宜装卸车辆上的货物。货叉前移,可直接在车厢中部叉取或卸下货物。

(2)旋转叉,如图3-33所示。

货叉装在旋转架上,滑架上的旋转油缸可驱动旋转架绕水平铰轴旋转。在特定的条件下或装卸特定的货物时,使用旋转叉可以大大提高装卸效率。

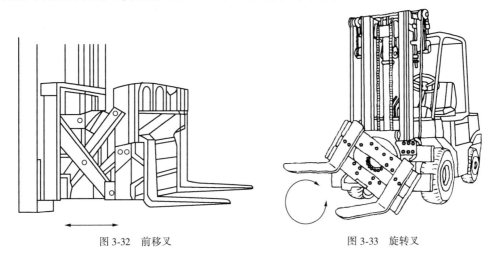

图3-32 前移叉　　　　　图3-33 旋转叉

(3)横移叉,如图3-34a)所示。

货叉装在横移架上,油缸缸体固定在滑架上,柱塞头部与横移架铰接。当货叉相对货物稍有偏离时,可将货叉横移对准货物,这样就不必来回倒车,以提高作业效率。堆垛时,货叉横移,能使货物堆放紧凑,提高仓库利用率。

2)吊架,如图3-34b)所示。

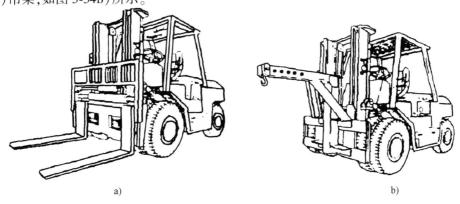

a) 　　　　　　　　　　b)

图3-34 叉车属具

a)横移叉;b)吊架

不便叉取的货物可用吊架作业。吊架装在滑架上,货物挂在吊钩上。起升滑架时,吊架、货物随之上升。移动吊架上吊钩的位置,可改变幅度。幅度愈大,起重量愈小。

3)推货器,如图 3-35 所示。

当叉车用货叉装卸无垫板的货物时,要使用推货器从货叉上卸下货物。推货器由装在滑架上的平行四连杆机构、推板和油缸组成。推板由油缸的伸缩来推动。货叉加上推货器,就可以无托盘装卸,既节省托盘又提高仓库利用率。

4)串杆,如图 3-36 所示。

为装卸钢丝卷、轮胎、盘圆、钢圈等有孔环状货物,可用串杆取物。串杆通过支承板安装在滑架上。串杆有单串杆和双串杆两种。

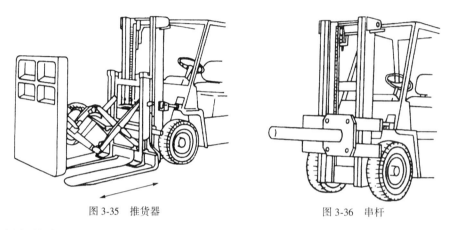

图 3-35　推货器　　　　　　　图 3-36　串杆

5)侧夹器,如图 3-37 所示。

两个夹臂由油缸驱动夹持货物。侧夹器的夹臂有直角形和圆弧形两类。直角形夹臂内侧为平面,又称平夹。适宜搬运纸箱、木箱、金属箱包装物,以及棉花等软包货物。

图 3-37　侧夹器

圆弧形侧夹适宜搬运不同直径的圆柱形物件,如圆桶或纸卷等。

6)货斗,如图 3-38 所示。

装卸非粘性的、颗粒较小的散货,如煤炭、谷物等,可用货斗作业。支架 5 代替货叉装在滑架上,随滑架升降。油缸 4 的底部与支架 5 的上横梁铰接,油缸柱塞 3 的头部与货斗凸缘连接。操纵控制阀使柱塞3伸出,货斗即绕轴2向上旋转以铲取货物,货物随滑架起升。当操纵液压阀,使单作用油缸内的油流回油箱时,在货物和货斗重量的作用下,货斗即向下翻转倒出货物,这时,推动柱塞复位。

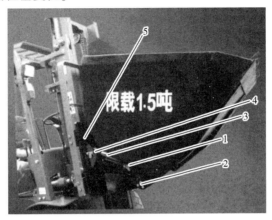

图 3-38　货斗
1-销轴;2-货斗旋转轴;3-油缸柱塞;4-油缸;5-支架

第四节　单　斗　车

一、单斗车概述

1.单斗车的特点和用途

单斗车又称装载机。它有自行的行走底盘,装有铲斗、升降机构和倾翻机构。单斗车利用铲斗能自行铲取散料、倾卸散料和对散料作短距离搬运。

单斗车是散粒物料的作业机械,能在场地上做散料的堆积和平整工作。在港口,能对自卸卡车、敞车和小型船舶进行装货作业,还能对带式输送机进行装料作业等。

单斗车采用轮胎式或履带式无轨运行。它机动灵活,在散货转运作业中优势明显。小型单斗车还可以在船舱内进行清舱作业,在矿山和其他工程作业中,单斗车可对矿石和砂石等进行轻度的挖掘工作。

单斗车的适用范围广,机动灵活,作业效率高,因此在许多场合被大量使用。

2.单斗车的型号和主要技术参数

1)单斗车的型号

国产单斗车的型号编制规则尚未完全统一。常见的型号表示方法如下:

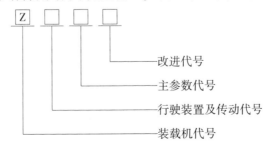

(1)改进代号:按汉语拼音字母顺序表示。
(2)主参数代号:以额定载重量(吨)×10 表示。
(3)行驶装置及传动代号:履带装置且机械传动省略不标,履带装置且液力传动标字母 Y,轮胎装置且液力传动标字母 L。

例如:

ZL50:表示额定载重量为5t,轮胎式液力传动的单斗车。

目前单斗车型号也表示如 Z450、Z435 等。型号中的第二位数字表示行走装置和传动形式代号,"1"表示履带装置且机械传动;"2"表示履带装置且液力传动;"3"表示轮胎装置且机械传动;"4"表示轮胎装置且液力传动。

型号中的第三、四位数字表示额定载重量×10。

例如:

Z450:表示额定载重量为5t,轮胎式液力传动的单斗车。

2)单斗车的主要技术参数

表示单斗车各种性能的参数有:额定载重量、铲斗容量、铲起力、铲斗卸载高度和卸载距离、铲斗卸载角与后倾角,以及作业时的行驶速度、牵引力和内燃机的功率等。

(1)额定载重量

额定载重量是指保证单斗车工作状态稳定性条件下的正常装载质量。装备一定规格的铲斗,最大行驶速度不超过 6.5km/h,在硬的、水平的地面上工作,轮胎式单斗车的额定载重量不应超过其倾翻载荷的 50%。单斗车在静止作业时,其实际载重量可高于额定载重量。

倾翻载重量是指单斗车停止在硬的水平地面上,带有标准使用质量(即油箱注满,驾驶员体重为80kg 和带有其他标准附件时单斗车的自重),铲斗处于装满后的翻起位置,动臂举起至铲斗处于最大卸载距离,使单斗车的后轮离开地面而绕着前轮与地面接触点的连线向前倾倒时,在铲斗载荷中心的最小质量。

对于铰接式车架的单斗车,其技术性能除了标明在直线位置时的倾翻载重量外,还必须标明前后车架处于最大偏转位置时的倾翻载重量。它要小于直线位置时的倾翻载重量。

单斗车的载重是根据与其配合的车辆载重量而定的。一般以 3~5 铲装满一辆自卸卡车为宜。

(2)铲斗容量

单斗车的铲斗容量分为几何斗容量和额定斗容量。

如图 3-39 所示,几何斗容量(几何斗容量也称平装斗容量)是指铲斗平装时由斗刃刃口与挡板(当铲斗装有挡板时)或斗背(当铲斗未装挡板时)最上部的连线 CD 与铲斗横断面内壁轮廓线所围成的面积,乘以铲斗内壁宽 B_0 所得的容积,用 V_k 表示。

额定斗容量又称名义堆装斗容量。它是指铲斗四周以 50% 的坡度堆积物料(料堆坡面线 DM 与斗刃刃口至挡板最上部连线 CD 间夹角 α 为 tanα=0.5),由料堆坡面与铲斗轮廓线所形成的容积,用 V_h 表示。

铲斗一般按斗容分为三类:正常斗容的铲斗,用来装卸黄砂和碎石;加大斗容的铲斗,斗容量为正常的 1.4~1.6 倍,用来装卸煤和煤渣;减小斗容的铲斗,斗容量为正常斗容的 0.6~0.8 倍,用来装卸矿石等。

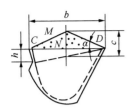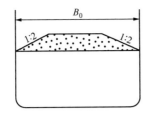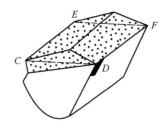

图 3-39　铲斗容量

(图中 h 为挡板高度，DF 为斗刃)

(3) 铲起力

铲起力是指铲斗绕着某一规定的铰接点回转时,作用在铲斗斗刃后面 100mm 处的最大垂直向上的力。实测铲起力的条件:单斗车停在硬的水平地面上,装备标准的使用质量,铲斗斗刃的底部平放在地面上,它在地面上下偏差不超过 ±25mm,当动臂举升或转斗过程中,使单斗车后轮离开地面时,垂直作用在铲斗上述位置的力,就是铲起力。

(4) 铲斗的倾卸角和后倾角

如图 3-40 所示,铲斗的倾卸角是指铲斗在卸载时斗底与水平面的夹角 α_1。在不同的卸载高度上倾卸角是不同的。通常取 $\alpha_1 = 50°$ 左右,并保证在任何卸载高度时不应小于 45°。

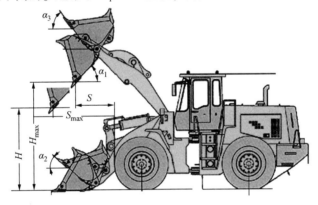

图 3-40　铲斗卸载高度与卸载距离

铲斗的后倾角是指铲斗在地面位置装满物料后翻起,其斗底与水平面间的夹角 α_2,一般为 42°~46°。在动臂提升过程中允许铲斗进一步后倾 15°。α_3 是在最大提升高度时的铲斗后倾角。

(5) 铲斗卸载高度和卸载距离

铲斗卸载高度是指铲斗倾卸角等于 45° 时,铲斗斗尖距地面的垂直距离。

铲斗卸载距离是指铲斗倾卸角等于 45° 时,铲斗斗尖距单斗车最前点(一般指前轮)之间的水平距离。

在单斗车的技术规定里,一般给出最大卸载高度 H_{max} 及在最大卸载高度时的卸载距离 S,并给出最大卸载距离 S 及在最大卸载距离时的卸载高度 H。

3) 单斗车的总体结构

前卸式单斗车由发动机、底盘和工作装置三大部分组成。其总体布置图如图 3-41 所示。工作装置安装在单斗车的最前端,由铲斗、动臂、连杆机构、动臂油缸和转斗油缸等组成。动臂一端铰接在车架上,另一端与铲斗铰接。铲斗的升降是由动臂油缸来完成的。铲斗的翻转则由转斗油缸来完成。

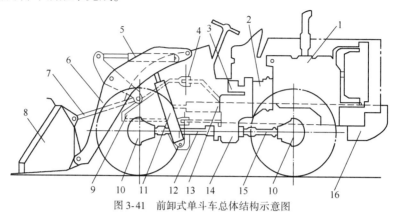

图 3-41 前卸式单斗车总体结构示意图

1-柴油机;2-液力变矩器;3-工作油泵;4-铰销;5-转斗油缸;6-动臂;7-连杆;8-铲斗;9-车架;10-驱动桥;11-动臂油缸;12-前传动轴;13-转向油缸;14-变速箱;15-后传动轴;16-配重

底盘也分为行驶、传动、转向、制动四个系统,其功用与平衡重式叉车相似。

单斗车不仅可以带货运行,而且在铲取物料时要依靠车辆的运行才能将铲斗插入料堆。除了受到一般的运行阻力外,还受到很大的插入阻力。因此,单斗车的前、后轮都是驱动轮。在良好的路面上行驶时只需要较小的牵引力,这时让后桥脱开传动,仅由前轮驱动。单斗车的前、后轮都装车轮制动器。

单斗车一般采用铰接式车架,前车架和后车架之间用垂直铰轴铰接,前桥连同前车架可绕铰轴偏转以实现转向。车桥与车架之间没有弹性悬架。前桥刚性地固定在车架上,后桥用纵向水平铰轴与车架铰接。这样后桥就可以绕水平铰轴自由摆动,在不平的路面上行驶时,能够保证单斗车的全部车轮都着地。

内燃机是单斗车的动力装置。一般将其安装在单斗车的后部,可以兼作平衡重用。

二、单斗车底盘

单斗车底盘由传动系、转向系、制动系和行驶系组成。其功用与平衡重式叉车相同。下面仅介绍单斗车底盘在构造、运行方式等方面的不同之处。单斗车大多采用铰接式车架。图 3-42 所示是 ZL30A 型单斗车的铰接式车架,由前车架 8 与后车架 4 两部分组成,相互间用两个垂直铰销轴 3 铰接。前、后车架都是用两根纵梁和数根横梁焊接而成。

前桥装在前车架底板 12 下面,用螺栓刚性连接。后桥与悬架 7 用螺栓连接。悬架 7 用两个水平销轴 6 与后车架上的两根支承架 5 铰接。在不平路面上行驶时,后桥可以绕水平销轴 6 摆动,保证两侧轮胎着地,而后车架仍保持水平位置。

单斗车前、后轮均为驱动轮,若采用像平衡重式叉车那样的偏转车轮转向式,则必须采用转向驱动桥而使构造变得复杂,因此单斗车大多采用铰接车架转向方式。

图 3-43 所示是转向传动机构简图。两只转向油缸 3 对称布置在车架两侧。油缸和活塞杆的端部分别与前车架 5 和后车架 1 铰接。

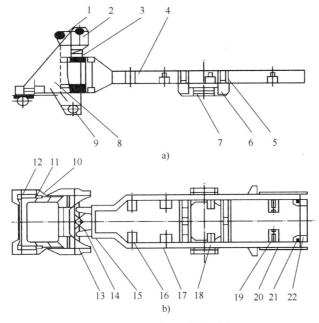

图 3-42 ZL30A 型单斗车铰接式车架简图

1-摇臂缸耳座;2-动臂耳座;3-垂直铰销轴;4-后车架;5-支撑架;6-水平销轴;7-悬架;8-前车架;9-动臂缸耳座;10-转向柱塞耳座;11-前板;12-底板;13-铰接座;14-铰接座;15-转向缸耳座;16-变速器支架;17-变矩器支架;18-发动机前支架;19-发动机后支架;20-配重支架;21-连接板;22-后梁

转向时,驾驶员操纵转向盘,带动转向器,通过转向控制阀控制进入转向油缸的压力油,使油缸内活塞移动,推动前、后车架相对偏转。与偏转车轮式转向不同,后者是靠转向车轮的偏转来引导整车转向,而前者是以车架与车桥一起偏转来实现整车转向的,这时车轮与车桥没有相对偏转。

铰接式车架的转向如图 3-44 所示。前、后车架绕垂直销轴偏转,前、后车桥轴线的交点即为瞬时转向中心。铰接车架转向方式不需要转向梯形机构。采用前、后桥驱动的单斗车,其前、后桥结构相同,不必设置复杂的转向驱动桥。由于前、后车架的相对偏转角可达 35°~45°,因而其最小转弯半径可小于车辆自身的长度。与同等级的偏转车轮转向的单斗车相比,铰接式车架单斗车机动性好,且可以在非常狭窄的场地作业。

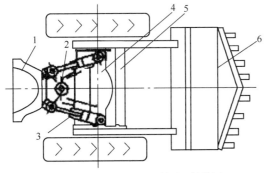

图 3-43 铰接式车架转向传动机构简图

1-后车架;2-垂直铰轴;3-转向油缸;4-前桥;5-前车架;6-铲斗

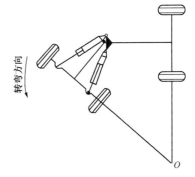

图 3-44 铰接式车架转向示意图

单斗车采用铰接式车架,使铲斗、前车架和前轮的方向始终一致,这样能使铲斗迅速对准作业面,再加上转弯半径小,可以减少调车所行驶的路程和时间,因此,在一个作业循环内平均行驶的路程可减少50%,而生产率可提高近1/3。

但是,铰接式车架在转向状态下车辆横向稳定性差。转向过程中,车轮有横向位移,转向阻力大,转向后不能自动回正。

单斗车前、后轮都是驱动轮,所以在前轮和后轮上均装有车轮制动器。

三、工作装置

单斗车工作装置用来完成对货物的铲掘、升降、倾卸等装卸工作。

前卸式单斗车的工作装置由铲斗、动臂、动臂油缸、连杆、摇臂和转斗油缸组成,如图3-45所示。

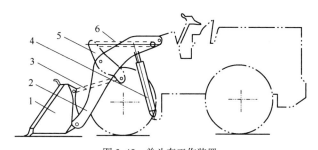

图3-45 单斗车工作装置
1-铲斗;2-动臂;3-连杆;4-动臂油缸;5-摇臂;6-转斗油缸

单斗车以铲斗的铲取、平移升降和倾翻动作来完成铲装作业。当动臂油缸闭锁在任何一个工作位置时,转斗油缸能够通过连杆机构使铲斗绕铰接点转动,以便装、卸物料。当转斗油缸闭锁时,在动臂油缸的作用下,动臂提升或下降,带动铲斗保持平移升降,以减少物料的撒落。当铲斗卸料后,动臂下降,能自动将铲斗放平,做好下次铲料的准备。

1.工作装置的结构形式

单斗车工作装置的结构形式可分为有铲斗托架式和无铲斗托架式两种。

(1)有铲斗托架式

有铲斗托架式工作装置如图3-46所示。动臂5和连杆4的后端分别与车架铰接,前端分别与铲斗托架2上、下铰接,托架2的下部与铲斗1铰接。转斗油缸3的缸体上部与托架2的上部铰接,油缸活塞杆的下部与铲斗后方铰接。动臂油缸6的活塞杆与动臂中部铰接,缸体与车架铰接。动臂、连杆、铲斗托架和车架构成四连杆机构。这种机构基本上能够保证动臂在升降的过程中铲斗只在空间作平移升降而无倾斜和转动,因此不至于发生物料的撒落。

铲斗托架类似于叉车的滑架,主要是便于更换工作属具,如将铲斗卸下后装上货叉、吊杆或圆木夹等,用不同的工作属具进行不同的作业。

有铲斗托架式工作装置结构较简单,铲斗和转斗油缸都直接铰接在托架上,所以可以获得较大的铲斗转角。但由于动臂前端装有较重的托架和转斗油缸,因此减少了铲斗的装载量。

(2)无铲斗托架式

无铲斗托架式工作装置如图 3-45 所示。动臂 2 的前端直接与铲斗 1 铰接,后端与车架上部支座铰接。转斗油缸 6 的一端与摇臂 5 铰接,另一端与车架铰接。连杆 3 的一端与铲斗铰接,另一端与摇臂 5 铰接。摇臂 5 的中央与动臂 2 铰接。这些杆件构成反转六连杆机构,相当于两个四连杆机构。因为铲斗的转向与摇臂的转向相反,因此称为"反转机构"。

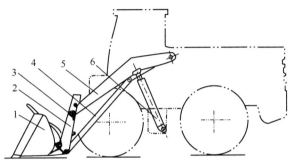

图 3-46 有铲斗托架式工作装置

1-铲斗;2-托架;3-转斗油缸;4-连杆;5-动臂;6-动臂油缸

这种装置因为没有铲斗托架,所以增加了铲斗的有效装载量。由于铲斗附近没有油缸、油管,装卸过程中撒落的物料不会造成设备事故。单斗车的工作装置大多采用无铲斗托架式反转机构。

2.工作装置的典型结构

(1)动臂

动臂是工作装置的主要受力构件,一般做成变截面曲梁。其断面结构形式有单板、双板和箱形三种。小型单斗车一般采用单板结构,大型单斗车大多采用箱形结构。对于单板式动臂,为提高工作装置的整体刚度,两侧动臂间用横梁连成一体。

(2)铲斗

铲斗是铲装物料的工具,它要承受很大的冲击载荷和剧烈的磨削,必须具有足够的强度和刚度,而且要耐磨。铲斗用锰钢板焊接而成,其构造如图 3-47 所示。斗壁和侧板 4 构成一定容量的斗体,斗壁底部为弧形,减小物料在斗内移动的阻力,以便于铲满和卸空。顶边焊有挡板 3,以免铲斗高举时物料撒落。铲斗底边焊有主切削刃 1(主刀板),两侧焊有侧切削刃 2(侧刀板),以减小插入阻力。有些铲斗主切削刃底边两端装有加强板 6。主切削刃有直线型和非直线型、带齿和不带齿的多种。直线型切削刃便于地面刮平作业,但插入阻力较大;非直线型切削刃中间凸出,容易插入料堆。用于铲装松散物料或粘性物料的铲斗不装斗齿;而用于铲装密实物料或矿石的铲斗在主切削刃上装有楔型斗齿 5,作业时插入力由斗齿分担,形成较大的比压,有助于插入密实的料堆或撬起大块的物料。斗齿用螺钉装在主切削刃上,便于磨损后更换。还有一种双刃铲斗,直线型的主切削刃下面用螺钉固装附加切削刃。附加切削刃由三段组成,便于根据磨损情况加以更换。

单斗车除了以铲斗作为取物装置之外,还可使用货叉、圆木夹和吊杆等属具。图 3-48 是配置不同属具的 Volvo BM4400 型单斗车。

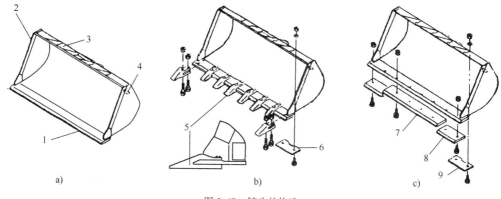

图 3-47 铲斗的构造
a)直刃铲斗；b)带齿铲斗；c)双刃铲斗
1、7-主切削刃；2-侧切削刃；3-挡板；4-侧板；5-楔型斗齿；6、9-加强板；8-附加切削刃

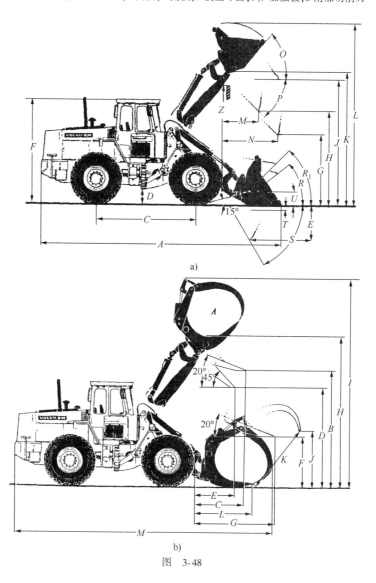

a)

b)

图 3-48

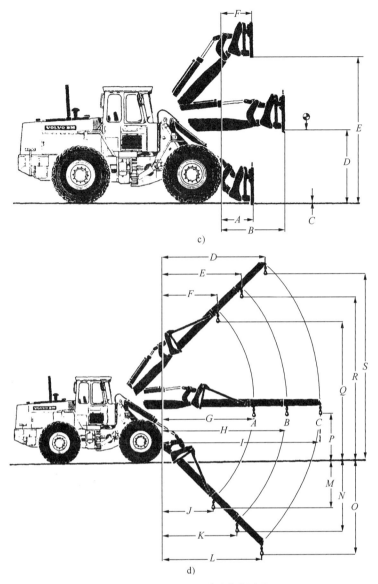

图 3-48 Volvo BM4400 型单斗车的属具配置
a)铲斗;b)圆木夹;c)货叉;d)吊杆

复习思考题

1. 装卸搬运机械有哪些类型？各类机械有什么特点？
2. 装卸搬运机械由哪几部分组成？各部分起什么作用？
3. 平衡重式叉车是由哪几部分组成的？请说出各部分的功用和结构组成。
4. 机械式传动系由哪几部分组成？各部分的作用是什么？这种传动方式有什么特点？
5. 液力机械式传动系由哪几部分组成？与机械式传动系相比有哪些优点？
6. 偏转车轮的转向方式有哪几种？各种转向方式有什么特点？分别使用在哪些车

辆上?

7.转向系有哪几种类型?试述各种转向系的组成、动作特点。

8.简述叉车制动系统的功能、组成及工作原理。

9.叉车行驶系的作用是什么?它是由哪几部分组成的?各部分的功用又是什么?

10.叉车的工作装置是由哪几部分组成的?请说出各部分的功用。

11.叉车门架的构造是怎样的?内、外门架立柱的截面有哪些排列形式?各有什么特点?

12.单斗车由哪几部分组成?总体布置有什么特点?

13.单斗车的工作装置是由哪几部分组成的?工作装置中采用了什么机构?

第四章 集装箱装卸专用机械

本章主要讲授集装箱机械的发展概况,集装箱机械的作用、特点和技术经济指标。详细阐述岸边集装箱起重机、轮胎式集装箱龙门起重机、集装箱正面吊运机等集装箱机械的结构特征、组成、动作原理和运用场合。

第一节 集装箱运输基础知识

一、集装箱装卸专用机械发展概况

20世纪50年代中叶,一种将货物装在特制箱子内再置于船上的运输方式,即集装箱运输,在美国脱颖而出,这对传统的用舱口式货船运输件杂货来说是一次挑战。半个世纪以来,这种运输方式日臻完善。

这种将货物装在特制箱子内的新颖运输方式与传统方式相比,具有如下优点:

(1)最有效地提高件货的装卸效率。件货是国际贸易中进入集装箱的主要货种,现代岸边集装箱起重机(以下简称岸桥)平均每小时可以装卸30~40TEU(标准箱)。以每个标准箱装货物8~10t计,即装卸率为240~400t/h。传统运输方式中通常采用10t门座起重机或船舶上的船用起重机作业,平均生产率只有35~45t/h。由此可以看出,采用集装箱运输后,件货的装卸效率可以提高近10倍。

(2)保证货物在运输过程中的安全,防止货物被盗,大幅度减少甚至消灭了货损货差。用传统方式装卸件杂货,出现1%~2%的货损和货差是难免的,对于玻璃类易碎货物则高达10%以上,而集装箱运输基本消灭了令运输企业极为头痛的货损货差。件杂货在运输过程中如何防偷盗始终是运输企业面临的一大难题,而集装箱运用"门锁+铅封"的办法,从根本上解决了防止偷盗的问题。

(3)船舶装卸实现全天候作业。传统的运输方式中,由于件货没有外包装或外包装不能防雨,在雨天必须关闭舱口、停止作业。在多雨季节,有的码头几乎有1/3日历天数内不能作业,导致泊位通过能力的下降。集装箱运输从根本上解决了这个问题。

(4)充分利用了堆存货场面积和空间,基本取消了仓库。过去件杂货到岸后必须进入仓库,即便放在货场,也需遮盖。集装箱运输则利用原箱堆码在货场;它既可防雨,又可防盗。一般集装箱堆场可以堆码4~5个箱高,在少数国家和地区,其堆码高度高达7个箱高(国际集装箱的设计规定每箱承压为9个高),充分利用了堆场面积和空间。

(5)实现了门到门的运送货物。过去国际货运由产到销的运输过程常需8~10个装卸环节(铁路货场、装车船码头、船运、入库存放,经公路或铁路运输、库场存放、进入用户工厂、仓库或实现商场售货),每个环节都要有装卸作业,需要机具和劳力,易产生货损货差,而集装箱运输由于货物始终装在特制的箱子内,由生产厂到用户,不必开箱倒载,实现了最高效率、最安全可靠的门到门运输。

(6)缩短了货物运输时间。集装箱运输是定点、定向、定船、定期的运输。在两港之间航线相对固定,船舶固定,到达和启程时间也固定。航运公司向世界公布各航线到达首尾港、中间港的船期和收货时间,因而可以准确预知货物启程和到达的时间,从而最有效地计划货物的产销周期。现代集装箱船航速高达 22~28kn,高速集装箱班轮缩短了路途时间。

随着集装箱深水码头数量的不断增加,集装箱港吞吐量不断增长,对集装箱港口装卸工艺和集装箱装卸技术装备提出了更新更高的要求,岸桥正朝着大型化、高效化方向发展。集装箱装卸专用机械的发展经历了以下几个阶段:

1957~1966 年是集装箱装卸专用机械发展的初级阶段。在集装箱运输的初期,港口是利用船上自备的轨道式龙门起重机或码头上的通用起重机来进行装卸的。1958 年美国马特松公司和帕色科公司联合研制了世界上第一台岸边集装箱起重机。经过实践证明,在港口码头前沿装设岸边集装箱起重机更为经济合理。因此,美国帕色科公司从 1965 年开始大量制造岸边集装箱起重机。在此期间,集装箱货场作业的机械也由通用的装卸机械发展为专用的集装箱机械。

1967~1976 年是集装箱装卸专用机械的发展阶段。欧洲、日本从仿制美国的集装箱机械逐步发展为独立设计制造。1973 年国际标准化组织(ISO)颁发了国际标准 ISO 668—1973《货物集装箱外部尺寸和重量》。从此,集装箱机械出现了标准化设计。

1977~1990 年是集装箱装卸专用机械的改造提高阶段。集装箱码头的装卸能力和装卸效率,在很大程度上取决于码头前沿岸边集装箱起重机的生产能力和生产效率。这一阶段集装箱专用装卸机械得到了广泛应用,机械类型和数量有了充分发展。

1990 年以后是集装箱装卸专用机械大型化、高端化发展阶段。随着第五代、第六代集装箱船舶投入使用,集装箱装卸专用机械技术含量越来越高,双小车岸桥、集装箱自动化码头等新技术、新工艺开始投入生产,作业效率不断提升。

从 20 世纪 50 年代第一艘改装集装箱船到今天的万箱集装箱船出现,航运业用了 50 多年的时间完成了集装箱运输工具的历史性换代升级,船舶大型化的速度令人眩晕。

20 世纪 60 年代中期建造的集装箱船,最大载箱量均不到 1000TEU,为第一代集装箱船舶;70 年代,航运公司开始订造 1000~2500 TEU 第二代集装箱船;80 年代,2500~3500TEU 型第三代集装箱船与 3500~4800TEU 型第四代集装箱船相继登场亮相,为适应环球航线之需,充分利用巴拿马运河的通航能力,船宽设定为 32.20m,称为巴拿马型集装箱船;90 年代中期,船宽超过 40m、载箱量 4800~6600TEU 型集装箱船投入营运,为第五代集装箱船,称为超巴拿马型集装箱船;进入 21 世纪,铁行渣华订造的 6674TEU 型"南安普敦"号和马士基订造的 7660TEU 型"马士基君主"号集装箱船先后交付使用,这些超过 6600TEU 的统称为第六代集装箱船。在新世纪的头 10 年时间里,从 8000TEU 到 1.2 万 TEU,集装箱船载箱量更以惊人的速度增加。地中海航运公司(MSC)于 2015 年 1 月下水的集装箱船 MSC Oscar 号货物装载能力达 19224TEU,是目前全球最大的集装箱船。

我国从 1975 年开始进行集装箱装卸专用机械的研制工作,1979 年前后研制出第一批岸边集装箱起重机、集装箱跨运车、牵引车和集装箱叉式装卸车等,并在全国各集装箱专用码头上得以运用。目前,上海振华重工(集团)股份有限公司(ZPMC)研制的大型港口集装箱机械遍布全世界78个国家主要集装箱码头的岸桥、场桥,产量已占世界市场70%以上份额,连续8年市场占有率世界第一。

二、集装箱装卸工艺

1.底盘车系统

该作业系统是美国海陆公司首先采用的一种装卸工艺方式,因此也称"海陆方式"。

码头的前沿采用岸边集装箱装卸桥承担船舶的装卸作业,进口集装箱由装卸桥直接卸到底盘车上,集装箱牵引车将载有集装箱的底盘车拖到堆场停放,出场时集装箱牵引车将载有集装箱的底盘车从堆场上直接拖出港区。出口集装箱由集装箱牵引车将载有集装箱的底盘车从港区停放在堆场上,装船时再由集装箱牵引车将载有集装箱的底盘车从堆场拖到码头前沿,由岸边集装箱装卸桥将箱吊装上船。该系统的主要特点是,集装箱在码头堆场的整个停留期间均放置在底盘车上。

底盘车系统主要适用集装箱码头的起步阶段,特别是整箱货比例较大的码头。

2.跨运车系统

码头前沿采用岸边集装箱装卸桥承担船舶的装卸作业,跨运车承担码头前沿与堆场之间的水平运输,以及堆场的堆码和进出场车辆的装卸作业。即"船到场"作业是由装卸桥将集装箱从船上卸到码头前沿,再由跨运车将集装箱搬运至码头堆场的指定箱位;"场到场"、"场到集装箱拖运车"、"场到货运站"等作业均由跨运车承担。

跨运车系统适用于进口重箱量大、出口重箱量小的集装箱码头。

3.轮胎式龙门起重机系统

轮胎式龙门起重机系统的码头前沿采用岸边集装箱装卸桥承担船舶的装卸作业,轮胎式龙门起重机承担码头堆场的装卸和堆码作业,从码头前沿至堆场、堆场内箱区间的水平运输由集卡完成。轮胎式龙门起重机一般可跨6列和1列集卡车道,堆高为3至5层集装箱。轮胎式龙门起重机设有转向装置,能从一个箱区移至另一个箱区进行作业。轮胎式龙门起重机系统适用于陆地面积较小的码头。我国大部分集装箱码头采用这种工艺系统。

4.轨道式龙门起重机系统

轨道式龙门起重机系统与轮胎式龙门起重机系统相比,堆场机械的跨距更大,堆高能力更强。轨道式龙门起重机可堆码4~5层集装箱,可跨14列甚至更多列集装箱。轨道式龙门起重机系统适用于场地面积有限,集装箱吞吐量较大的水陆联运码头。

5.跨运车—龙门吊混合系统

从经济性和装卸性能的观点来看,前四项工艺系统方案各有利弊,目前世界上有些港口采用了前述工艺方案的混合系统,跨运车—龙门吊混合系统,其主要特点是:

(1)船边的装卸由岸边集装箱装卸桥承担;

(2)进口集装箱的水平运输、堆码和交货装车由跨运车负责完成;

(3)出口箱的货场与码头前沿之间的水平运输由集装箱半挂车完成,货场的装卸和堆码由轨道式龙门起重机完成。由于混合系统能充分发挥各种机械的特点，扬长避短，更加趋于合理和完善，目前世界上已有不少码头采用了这种方案。

6.新型集装箱码头装卸工艺

集装箱的标准化和集装箱船的专用化，为港口码头装卸机械高效化提供了良好条件。在现代化的集装箱码头上，目前从事码头前沿集装箱起落舱作业的设备普遍采用的是岸壁式集装箱装卸桥来装卸集装箱船舶。

(1)新型集装箱码头装卸设备

①上海振华港机集团成功开发的双40英尺新型高效岸桥可同时起吊2个40英尺或4个20英尺箱。这种新型的双40英尺岸桥可使单台设备的装卸效率在原来的基础上提高50%以上。外高桥五期工程已成功开发和应用了世界上第1台双40英尺岸桥。

②继双40英尺岸桥之后，上海振华港机集团又开发了双40英尺双小车岸桥，该岸桥综合了双40英尺和双小车岸桥的优点，同时克服了二者的不足。理论上这种新型的双40英尺双小车岸桥装卸效率可达到每小时90~100个自然箱。

(2)新型自动化集装箱码头装卸工艺系统

基于自动化仓储技术的新型自动化集装箱装卸工艺主要由两个部分组成：新型岸桥和新型立库式集装箱堆场。

①新型岸桥与以往的设计不同点在于它有3个小车，其中陆侧小车和海侧小车都有吊具和升降机构。它是在40英尺常规岸桥基础上，再配置一个陆侧小车和一个转运小车。两个起重小车都安装在主梁轨道上，与原起重小车共用轨道，海侧小车位于岸桥主梁前端，陆侧小车位于主梁后端；转运小车轨道设置在主梁的外侧，与原轨道平行，转运小车悬挂在外侧轨道上，位于两个起重小车之间。两个起重小车都只负责垂直方向起吊集装箱，集装箱在两个起重小车之间的水平运输由转运小车完成，陆侧小车根据不同的装卸需要设定在某一个固定位置，在一段时间内可不进行水平运动，海侧小车可以进行水平和垂直运动，以保证效率最高。新增加的转运小车由行走机构和载运机构组成，载运机构用来中转海侧小车和陆侧小车抓取的集装箱，转运小车通过行走机构能在轨道上作简单的水平运动。

②新型立库式集装箱堆场将自动化立体仓储技术应用于集装箱堆场。

自动化集装箱堆场具体包括如下几个部分：自动仓储设备(自动化立体仓库)、各种输送机(梭车、升降机、堆垛机等)、信息检测传递系统。

作业时(以卸船为例，装船为其逆过程)，岸桥的海侧小车从船上吊取集装箱，转运小车运动到海侧小车的正下方，然后海侧小车将集装箱直接放到转运小车上，之后再去吊取下一个集装箱；转运小车将集装箱运送到横梁后方的陆侧小车正下方，陆侧小车将集装箱吊起后，转运小车返回海侧小车处，等待运送下一个集装箱，同时，陆侧小车将集装箱放到位于岸桥下方的转运平台上，完成一次卸箱作业。当岸桥将集装箱从船上卸下，放到对应的转运平台上后，转运平台上的射频识别系统将对集装箱上的标签进行读取，然后将信息传送到调度中心。调度中心将已分配好的货格位信息发送给回转平台，回转平台将集装箱分配至离目的室最近的梭车，梭车将集装箱运送到指定出入口时，起升机构将集装箱提升到指定层位，然后位于立库内的梭车将集装箱运送到指定货位。这就是集装箱入库的流程，反之则为出库流程。

第二节 集 装 箱

一、集装箱的定义

集装箱(container)是一种可长期反复使用的货物运输设备,便于使用机械装卸,是运输包装货或无包装货的成组工具(容器)的总称。也称作"货箱"或"货柜"。

关于集装箱的定义,由于所处的立场不同,国际上不同国家、地区和组织的表述有所不同。

1.国际标准化组织(ISO)对集装箱的定义

集装箱是一种运输设备,这一术语不包括车辆和一般包装。

(1)具有足够的强度,能反复长期使用;

(2)适合一种或多种方式运输,途中转运时,箱内货物不必换装;

(3)可进行快速搬运和装卸,特别便于从一种运输方式转移到另一种运输方式;

(4)便于货物装满或卸空;

(5)具有 $1m^3$ 及 $1m^3$ 以上的容积。

2.集装箱标准化

(1)国际标准集装箱

在集装箱运输早期,集装箱的规格相当紊乱,各个国家和地区,甚至各公司所制造的集装箱,在规格、结构、重量以及强度等方面差别很大,种类繁多。为了便于集装箱在国际间的流通,《国际标准化组织104技术委员会》(INTERNATIONAL ORGANIZATION FOR STANDARDIZATION TECHNICAL COMMITTEE 104,简称ISO-104)制定了国际通用集装箱的外部尺寸、公差和总重标准。现行第1系列集装箱的外部尺寸和总质量见表4-1。

国际集装箱的外部尺寸、公差和总质量　　　　表4-1

箱型	长度和公差				宽度和公差				高度和公差				最大总质量	
	公制		英制		公制		英制		公制		英制		kg	lb
	mm		ft/in	in	mm		ft	in	mm		ft/in	in		
1AA	12192	0 -10	40′	0 -3/8	2438	0 -5	8	0 -3/16	2591	0 -5	8′6″	0 -3/16	30480	67200
1A	12192	0 -10	40′	0 -3/8	2438	0 -5	8	0 -3/16	2438	0 -5	8′	0 -3/16	30480	67200
1AX	12192	0 -10	40′	0 -3/8	2438	0 -5	8	0 -3/16	<2438		<8′		30480	67200
1BB	9125	0 -10	29′11.25″	0 -3/8	2438	0 -5	8	0 -3/16	2591	0 -5	8′6″	0 -3/16	25400	56000
1B	9125	0 -10	29′11.25″	0 -3/8	2438	0 -5	8	0 -3/16	2438	0 -5	8′	0 -3/16	25400	56000

续上表

箱型	长度和公差			宽度和公差			高度和公差			最大总质量	
	公制	英制		公制	英制		公制	英制		kg	lb
	mm	ft/in	in	mm	ft	in	mm	ft/in	in		
1BX	9125	0 -10	29′11.25″ 0 -3/8	2438	0 -5	0 -3/16	<2438	<8′		25400	56000
1CC	6058	0 -6	19′10.5″ 0 -1/4	2438	0 -5	0 -3/16	2591	0 -5 8′6″	0 -3/16	20320	44800
1C	6058	0 -6	19′10.5″ 0 -1/4	2438	0 -5	0 -3/16	2438	0 -5 8′	0 -3/16	20320	44800
1CX	6058	0 -6	19′10.5″ 0 -1/4	2438	0 -5	0 -3/16	<2438	<8′		20320	44800
1D	2991	0 -5	9′9.75″ 0 -3/16	2438	0 -5	0 -3/16	2438	0 -5 8′	0 -3/16	10160	22400
1DX	2991	0 -5	9′9.75″ 0 -3/16	2438	0 -5	0 -3/16	<2438	<8′		10160	22400

国际标准集装箱长度关系见图 4-1。1A 型,40ft(12192mm);1B 型,30ft(9125mm);1C 型,20ft(6058mm);1D 型,10ft(2991mm);间距 i 为 3in(76mm)。

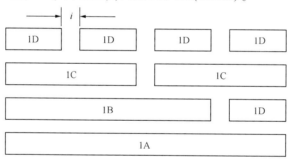

图 4-1 国际标准集装箱长度关系

虽然国际标准化组织对集装箱的规格、技术参数等作了规定,但目前在集装箱运输中使用的箱子有标准与非标准之分,存在集装箱国际通用问题,主要表现在:

①集装箱自重不一,20ft 干货集装箱有 1500~2300kg 不等;

②每种箱子的构件不一,影响箱子配件的配备与维护;

③单箱总质量趋于增加,目前 20ft 的 24t 集装箱已占 20ft 集装箱的 90%,英国与法国罐式 20ft 箱已达 30.38t,这影响到物流系统中其他环节的各种设备要求。

(2)我国国家标准集装箱

我国于 1980 年 3 月成立了全国集装箱标准化技术委员会,有计划地开展了标准化工作。参照采用 ISO 104 国际标准,规定了适用我国国内和国际联运的集装箱外部尺寸和主要系列,统一了我国集装箱的规格尺寸,为组织集装箱不同运输方式的联运和国际联运以及为实现我国交通运输业的机械化、自动化创造了条件,为研究制定集装箱的其他标准及相应配套设备的标准化打下了良好的基础。我国现行国家标准《集装箱外部尺寸和额定重量》(GB 1413—85)中集装箱各种型号的外部尺寸、极限偏差及额定重量与表4-1基本相同。

二、集装箱的分类

运输货物用的集装箱种类繁多,从运输家用物品的小型折叠式集装箱到标准集装箱,以及航空集装箱等。这里仅介绍在海上运输中常见的国际货运集装箱类型。

1. 按结构分类

按结构分类,集装箱可分为四种:内柱式集装箱、外柱式集装箱、折叠式集装箱和薄壳式集装箱,其中前两种主要指铝合金集装箱。

(1)内柱式集装箱(interior post type container),内柱式集装箱是指侧柱(或端柱)位于倒壁或端壁之内。

(2)外柱式集装箱(outside post type container),外柱式集装箱是指侧柱(或端柱)位于倒壁或端壁之外。

(3)折叠式集装箱(collapside container),指集装箱的主要部件(侧壁、端壁和箱顶)能简单地折叠或分解,再次使用时可以方便地再组合起来。

(4)薄壳式集装箱(monocoque container),是把所有部件组成一个钢体,它的优点是重量轻,可以适应所发生的扭力而不会引起永久变形。

2. 按使用目的分类

(1)通用干货集装箱(Dry Cargo Container)。也称为杂货集装箱,用来运输无需控制温度的件杂货,其使用范围极广,占全部集装箱的80%以上。这种集装箱通常为封闭式,在一端或侧面设有箱门。干货集装箱通常用来装运文化用品、化工用品、电子机械、工艺品、医药、日用品、纺织品及仪器零件等,不受温度变化影响的各类固体散货、颗粒或粉末状的货物都可以用这种集装箱装运,如图4-2所示。

(2)冷藏集装箱(Reefer Container)。以运输冷冻食品为主,能保持一定温度的保温集装箱。它专为运输如鱼、肉、新鲜水果、蔬菜等食品而特殊设计的。目前国际上采用的冷藏集装箱基本上分两种:一种是集装箱内带有冷冻机的,叫机械式冷藏集装箱,如图4-3所示;另一种箱内没有冷冻机而只有隔热结构,即在集装箱端壁上设有进气孔和出气孔,箱子装在舱中,由船舶的冷冻装置供应冷气,叫做外置式冷藏集装箱。

图4-2 通用集装箱

图4-3 机械式冷藏集装箱

(3)通风集装箱(Ventilated Container)。为装运水果、蔬菜等不需要冷冻而具有呼吸作用的货物,在端壁和侧壁上设有通风孔的集装箱,如图 4-4 所示。如将通风口关闭,同样可以作为杂货集装箱使用。

(4)罐式集装箱(Tank Container)。专用以装运酒类、油类(如动、植物油)、液体食品以及化学品等液体货物的集装箱,如图 4-5 所示。它还可以装运其他液体的危险货物。这种集装箱有单罐和多罐数种,罐体四角由支柱、撑杆构成整体框架。

图 4-4　通风集装箱　　　　　图 4-5　罐式集装箱

(5)散货集装箱(Bulk Container)。一种密闭式集装箱,有玻璃钢制和钢制两种。前者由于侧壁强度较大,故一般装载麦芽和化学品等相对密度较大的散货,后者则用于装载相对密度较小的谷物。散货集装箱顶部的装货口应设水密性良好的盖,如图 4-6 所示,以防雨水侵入箱内。

(6)台架式集装箱(Platform Based Container)。没有箱顶和侧壁,甚至连端壁也去掉,而只有底板和四个角柱的集装箱,如图 4-7 所示。这种集装箱可以从前后、左右及上方进行装卸作业,适合装载长大件和重货件,如重型机械、钢材、钢管、木材、钢锭等。台架式的集装箱没有水密性,怕水湿的货物不能装运,或用帆布遮盖装运。

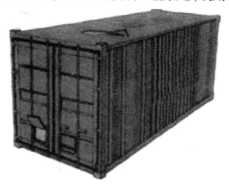

图 4-6　散货集装箱　　　　　图 4-7　台架集装箱

(7)平台集装箱(Platform Container)。这种集装箱是在台架式集装箱上再简化而只保留底板的一种特殊结构集装箱,如图 4-8 所示。平台的长度和宽度与国际标准集装箱的箱底尺寸相同,可使用与其他集装箱相同的紧固件和起吊装置。这一集装箱的采用打破了过去一直认为集装箱必须具有一定容积的概念。

(8)敞顶集装箱(Open Top Container)。这是一种没有刚性箱顶的集装箱,但有由可折叠式或可折式顶梁支撑的帆布、塑料布或涂塑布制成的顶篷,如图 4-9 所示,其他构件与通用集装箱类似。这种集装箱适于装载大型货物和重货,如钢铁、木材,特别是像玻璃板等易碎的重货,利用吊车从顶部吊入箱内不易损坏,而且也便于在箱内固定。

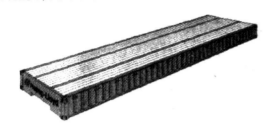

图 4-8 平台集装箱

图 4-9 敞顶集装箱

(9)汽车集装箱(Car Container)。一种运输小型轿车用的专用集装箱,其特点是在简易箱底上装一个钢制框架,通常没有箱壁(包括端壁和侧壁),如图 4-10 所示。这种集装箱分为单层的和双层的两种。因为小轿车的高度为 1.35~1.45m,如装在 8ft(2.438m)的标准集装箱内,其容积要浪费 2/5 以上。因而出现了双层集装箱。这种双层集装箱的高度有两种:一种为 10.5ft(3.2m),一种为 8.5ft 高的 2 倍。因此汽车集装箱一般不是国际标准集装箱。

(10)动物集装箱(Pen Container or Live Stock Container)。一种装运鸡、鸭、鹅等活家禽和牛、马、羊、猪等活家畜用的集装箱,如图 4-11 所示。为了遮蔽太阳,箱顶采用胶合板露盖,侧面和端面都有用铝丝网制成的窗,以求有良好的通风。侧壁下方设有清扫口和排水口,并配有上下移动的拉门,可把垃圾清扫出去。还装有喂食口。动物集装箱在船上一般应装在甲板上,因为甲板上空气流通,便于清扫和照顾。

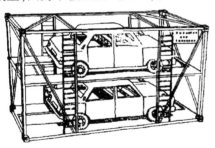

图 4-10 汽车集装箱

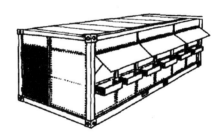

图 4-11 动物集装箱

(11)服装集装箱(Garment Container)。这种集装箱的特点是,在箱内上侧梁上装有许多根横杆,每根横杆上垂下若干条皮带扣、尼龙带扣或绳索,成衣利用衣架上的钩,直接挂在带扣或绳索上,如图 4-12 所示。这种服装装载法属于无包装运输,它不仅节约了包装材料和包装费用,而且减少了人工劳动,提高了服装的运输质量。

3.按箱体材料分类

集装箱按其主体材料构成可分为四类。

(1)钢集装箱。钢集装箱的外板用钢板,结构部件也均采用钢材。这种集装箱的最大优点是强度大、结构牢、焊接性和水密性好,而且价格低廉。但其重量大,易腐蚀生锈。由于自重大,降低了装货量;且每年需要进行两次除锈涂漆,使用期限较短,一般为 11~12 年。

图 4-12 服装集装箱

(2)铝集装箱。通常说的铝集装箱,并不是纯铝制成的,而是各主要部件使用最适量的各种轻铝合金,一般都采用铝镁合金,故又称铝合金集装箱。这种铝合金集装箱的最大优点是重量小,铝合金的相对密度约为钢的1/3,20ft 的铝集装箱的自重为1700kg,比钢集装箱轻20%~25%,故同一尺寸的铝集装箱可以比钢集装箱装更多的货物。铝集装箱不生锈,外表美观。铝镁合金在大气中自然形成氧化膜,可以防止腐蚀,但遇海水则易受腐蚀,如采用纯铝包层,就能对海水起很好的防蚀作用,最适合于海上运输。铝合金集装箱的弹性好,加外力后容易变形,外力除去后一般就能复原,因此最适合于在有箱格结构的全集装箱船上使用。此外,铝集装箱加工方便,加工费低,一般外表只需要涂其他涂料,维修费用低,使用年限长,一般为15~16年。

(3)玻璃钢集装箱。它是用玻璃纤维和合成树脂混合在一起制成薄薄的加强塑料,用粘合剂贴在胶合板的表面上形成玻璃钢板向制成的集装箱。玻璃钢集装箱的特点是强度大、刚性好。玻璃钢的隔热性、防腐性、耐化学性都比较好,能防止箱内产生结露现象,有利于保护箱内货物不遭受湿损。玻璃钢板可以整块制造,防水性好,还容易清洗。此外,这种集装箱还有不生锈、容易着色的优点,故外表美观。由于维修简单,维修费用也低。玻璃钢集装箱的主要缺点是重量较大,与一般钢集装箱相差无几,价格也较高。

(4)不锈钢集装箱。不锈钢是一种新的集装箱材料,它有如下优点:强度大,不生锈,外表美观;在整个使用期内无需进行维修保养,故使用率高;耐蚀性能好。其缺点是:价格高,初始投资大;材料少,大量制造有困难,目前一般都用作罐式集装箱。

三、集装箱标记

集装箱在国际贸易中,为了便于文件编制、业务管理和信息传输,国际标准化组织于1968年对集装箱的标记制订了标准。1969年10月,在TC104第6次大会上通过后正式使用。该标准在1973年和1981年进行了两次修订,下面介绍的主要是国际标准化组织1981年修订的《集装箱的代号、识别和标记》(ISO 6344—1981E)的内容。

国际标准化组织规定的集装箱标记有必备标记和自选标记两类。每一类标记中又分识别标记和作业标记两种。集装箱标记项目和位置如图 4-13 所示。

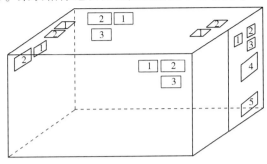

图 4-13 集装箱标记代号位置

1-箱主代号；2-箱号或顺序号、核对数字；3-集装箱尺寸及类型代号；4-集装箱总量、自重和容积；5-集装箱制造厂名及出厂日期

1.必备标记

（1）识别标记

它包括：箱主代号，即集装箱所属公司的代号；顺序号，又称箱号；核对数字。

（2）作业标记

它包括：额定重量和自重标记；空陆水联运集装箱标记；登箱顶触电警告标记。

2.自选标记

（1）识别标记

它包括：国家代号、尺寸和类型代号。

（2）作业标记

它包括：超高标记；国际铁路联盟标记。

标记的字体尺寸除总重和自重字体高度不小于 50mm（2in）外，其余都不应小于 100mm（4in）。所有字体的宽度和笔画粗细，应有适当的比例。字迹应当鲜明、耐久，并用不同于集装箱本身的颜色。

3.箱主代号、顺序号、核对号

国际标准中规定，集装箱箱主代号由四个大写的拉丁字母表示，前三位由箱主自己规定。为了使集装箱与其他设备相区别，第四个字母应用 U 表示。如中国远洋运输（集团）公司的箱主代码为 COSU。

集装箱顺序号又称箱号，它由六位阿拉伯数字组成，如有效数字不足六位时，则在有效数字前用"0"补足六位。

核对号是箱主代号和顺序号中的每一个数字，通过一定方式换算而得。

4.国家代号；尺寸和类型代号

（1）国家和地区代号

所使用的国家和地区代号应按 ISO 3166 所确定的两字母代号表示。

（2）尺寸和类型代号

集装箱的尺寸和类型代号，由四个阿拉伯数字组成，前两位表示尺寸，后两位数字表示类型。

(3)额定重量和自重

额定重量实际应为额定质量,自重应为空箱质量,由于目前商业上使用习惯,现仍然称为重量。

额定重量是集装箱的最大工作总重量,简称总重。自重是集装箱空箱时的重量。

集装箱的额定重量和自重应按 ISO 668 的规定标志,并要求以公斤(kg)和磅同时表示。

例如:"CN22G1",其中 CN 为集装箱登记所在国的代号(中国),"22G1"为集装箱尺寸与类型代号,"22"表示箱长为 20ft(6068mm),箱宽为 8ft(2438mm),箱高为 8ft6in(2591mm);"G1"表示上方有透气罩的通用集装箱。

四、集装箱货物的装箱作业

集装箱货物的现场装箱作业,通常有三种方法:全部用人力装箱;用叉式装卸车(铲车)搬进箱内再用人力堆装;全部用机械装箱,如货板(托盘)货用叉式装卸车在箱内堆装。这三种方式中,第三种方法最理想,装卸率最高,发生货损事故最少。但是即使全部采用机械装箱,装载时如果忽视了货物特性和包装状态,或由于操作不当等原因,也往往会发生货损事故,特别是在内陆地区装载的集装箱,由于装箱人不了解海上运输时集装箱的状态,其装载方法通常都不符合海上运输的要求,从而引起货损事故的发生。

1. 装箱时的注意事项

(1)在货物装箱时,任何情况下箱内所装货物的重量不能超过集装箱的最大装载量,集装箱的最大装货重量由集装箱的总重减去集装箱的自重求得;总重和自重一般都标在集装箱的箱门上。

(2)每个集装箱的单位容重是一定的,因此如箱内装载一种货物时,只要知道货物密度,就能断定是重货还是轻货。货物密度大于箱的单位容重的是重货,装载的货物以重量计算,反之货物密度小于箱的单位容重的是轻货,装载的货物以容积计算。及时区分这两种不同的情况,对提高装箱效率是很重要的。

(3)装载时要使箱底上的负荷平衡,箱内负荷不得偏于一端或一侧,特别是要严格禁止负荷重心偏在一端的情况。

(4)要避免产生集中载荷,如装载机械设备等重货时,箱底应铺上木板等衬垫材料,尽量分散其负荷。标准集装箱底面平均单位面积的安全负荷大致如下:20 英尺集装箱为 $1330 \times 9.8 N/m^2$,40 英尺集装箱为 $980 \times 9.8 N/m^2$。

(5)用人力装货时要注意包装上有无"不可倒置"、"平放"、"竖放"等装卸指示标志。要正确使用装货工具,捆包货禁止使用手钩。箱内所装的货物要装载整齐、紧密堆装。容易散捆和包装脆弱的货物,要使用衬垫或在货物间插入胶合板,防止货物在箱内移动。

(6)装载板货时要确切掌握集装箱的内部尺寸和货物包装的外部尺寸,以便计算装载件数,达到尽量减少弃位、多装货物的目的。

(7)用叉式装卸车装箱时,将受到机械的自由提升高度和门架高度的限制。在条件允许的情况下,叉车装箱可一次装载两层,但上下应留有一定的间隙;如条件不允许一次装载两层,则在箱内装第二层时,要考虑到叉式装卸车的自由提升高度和叉式装卸车门架可能起升的高度(h)。这时门架起升高度应为第一层货高减去自由提升高度,这时第二层货物才能装在第三者层货物上层,一般用普通起重量为2t的叉式装卸车,其自由提升高度为50cm左右,但还有一种是全自由提升高度的叉式装卸车,这种机械只要箱内高度允许,就不受门架起升高度的影响,就能很方便地堆装两层货物。此外,还应注意货物下面应铺有垫木,以便使货叉能顺利抽出。

2. 拼箱货在混装时的注意事项

(1) 轻货要放在重货上面;

(2) 包装强度弱的货物要放在包装强度强的货物上面;

(3) 不同形状、不同包装的货物尽可能不装在一起;

(4) 液体货和清洁货要尽量在其他货物下面;

(5) 从包装中会渗漏出灰尘、液体、潮气、臭气等的货物,最好不要与其他货混装在一起。如不得不混装时,就要用帆布、塑料薄膜或其他衬垫材料隔开;

(6) 带有尖角或突出部件的货物,要把尖角或突出部件保护起来,不使它损坏其他货物。

3. 冷藏货装载时的注意事项

(1) 冷冻集装箱在装货过程中,冷冻机要停止运转;

(2) 在装货前,冷冻集装箱内使用的垫木和其他衬垫材料要预冷;要选用清洁卫生的衬垫材料,不使它污染货物;

(3) 不要使用纸、板等材料作衬垫,以免堵塞通风管和通风口;

(4) 装货后箱顶与货物顶部一定要留出空隙,使冷气能有效地流通;

(5) 必须注意到冷藏货要比普通杂货更容易滑动,也容易破损,因此对货物要加以固定,固定货物时可以用网等作衬垫材料,这样不会影响冷气的循环和流通;

(6) 严禁已降低鲜度或已变质发臭的货物装进箱内,以避免损坏其他正常货物。

4. 危险货物装箱时的注意事项

(1) 货物装箱前应调查清楚该类危险货物的特性、防灾措施和发生危险后的处理方法,作业场所要选在避免日光照射、隔离热源和火源、通风良好的地点;

(2) 作业场所要有足够的面积和必要的设备,以便发生事故时,能有效地处置;

(3) 作业时要按有关规则的规定执行。作业人员操作时应穿防护工作衣,戴防护面具和橡皮手套;

(4) 装货前应检查所用集装箱的强度、结构,防止使用不符合装货要求的集装箱;

(5) 装载爆炸品、氧化性物质的危险货物时,装货前箱内要仔细清扫,防止箱内因残存灰尘、垃圾等杂物而产生着火、爆炸的危险;

(6) 要检查危险货物的容器、包装、标志是否完整,与运输文件上所载明的内容是否一致。禁止包装有损伤、容器有泄漏的危险货物装入箱内;

(7) 使用固定危险货物的材料时,应注意防火要求和具有足够的安全系数和强度;

(8) 危险货物的任何部分都不允许突出于集装箱外,装货后箱门要能正常地关闭起来;

(9) 有些用纸袋、纤维板和纤维桶包装的危险货物,遇水后会引起反应而发生自燃、发热或产生有毒气体,故应严格进行防水检查;

(10) 危险货物的混载问题各国有不同的规定,如日本和美国规定,禁止在同一区域内装载危险货物,或不能进行混合包装的危险货物,不能混载在同一集装箱内。英国规定,不能

把属于不同等级的危险货物混载在同一集装箱内。在实际装载作业中,应尽量避免把不同的危险货物混装在一个集装箱内;

(11)危险货物与其他货物混载时,应尽量把危险货物装在箱门附近;

(12)严禁危险货物与仪器类货物混载;

(13)在装载时不能采用抛扔、坠落、翻倒、拖曳拖拽等方法,避免货物间的冲击和摩擦。

五、集装箱的起吊方式

1.集装箱装卸作业方式

集装箱船舶在港口码头的装卸作业方式可分为吊上吊下方式和滚上滚下方式。吊上吊下方式是指码头前沿采用起重机进行装卸,用码头或船上的起重机械设备往船舱或甲板上装集装箱,或卸集装箱。吊上吊下方式也称为"垂直作业方式"。吊上吊下方式是当前用得最为广泛的一种方式。

滚上滚下方式是采用滚装船运输集装箱。是将集装箱放置在半挂车(底盘车)上,船舶到港后,牵引车通过与船首门、尾门或舷门铰接的跳板,进入船舱将半挂车(底盘车)拖带到码头货场,或者是将集装箱直接堆放在船舱内。船舶到港后,用叉车把集装箱放到底盘车上,由牵引车拖带到码头货场,或者仅用叉车通过跳板搬运集装箱。这种方式称为滚上滚下方式,滚上滚下方式也称为"水平作业方式"。

采用滚上滚下方式,与吊上吊下方式装卸集装箱比较,其装卸速度要快30%左右,勿需动用价格昂贵的港口大型专用机械设备,装卸费用低;有利于组织集装箱"门到门"运输;减少集装箱在港口的装卸环节,降低集装箱破损率。但滚装集装箱船的造价比吊上吊下集装箱船约高10%左右,其载重利用系数仅为吊上吊下集装箱船的50%,每一载重吨的单位运费比吊上吊下集装箱船要高,滚装集装箱码头所需要的货场面积比一般吊上吊下集装箱码头要大。

2.集装箱的起吊方式

集装箱的起吊方式通常有如下几种:

(1)上部四点起吊

上部四点起吊如图4-14所示,均采用专用的集装箱吊具(伸缩式吊具或固定式吊具)起吊集装箱。吊具的旋锁通过机械液压装置,与集装箱的四个顶角件自动结合,这是一种最理想的起吊方式。集装箱采用四点起吊,钢丝绳垂直受力均衡,起吊平稳。当吊具旋锁与集装箱上部四个顶角件全部锁紧,并通过装设在驾驶室里的显示装置确认无误后,方可起吊。这种起吊方式广泛用于集装箱装卸专用机械如岸边集装箱起重机、集装箱跨运车、轮胎式集装箱龙门起重机等。

(2)上部单点起吊

上部单点起吊如图4-15所示,通常采用简易吊具起吊集装箱。这种吊具的四角钢丝绳集中于一处,采用单点起吊。起吊集装箱时将吊具对准集装箱上部四个顶角件孔,工人站在地面上,牵动拉索,带动旋锁机构,使旋转锁在顶角件孔中转动,并目睹四个顶角件的旋锁确实锁紧后,再通知起重机驾驶员开始起吊。这种吊具结构简单,重量小,但需要辅助工人操作,且一点起吊,集装箱容易打转。一般用于臂架型起重机如门座起重机、轮胎起重机、汽车起重机等。

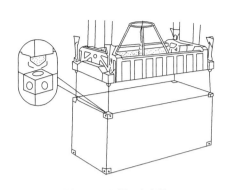

图 4-14 上部四点起吊

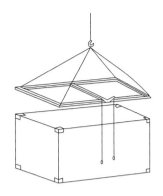

图 4-15 上部单点起吊

(3) 上部单点起吊（用于挂钩）

采用单点起吊，在吊架四角下面的钢丝绳上装有普通吊钩（图 4-16a）或安全吊钩（图 4-16b）、U 形钩（图 4-16c）、旋锁（图 4-16d）。起吊集装箱时，将吊架对准集装箱上方，由工人将吊钩（或安全吊钩、U 形钩、旋锁）挂入四个顶角件孔中，在确认四个顶角都已挂牢后，再以手势告知驾驶员起吊。这种起吊方式需要辅助工人挂钩或摘钩，效率低，且单点起吊集装箱容易打转。因此，仅适用于集装箱吞吐量较小的综合码头。

(4) 用钢丝绳直接挂钩自上部起吊

用钢丝绳直接挂钩自上部起吊是将四根钢丝绳一端装上吊钩，另一端集中到一起，用吊环直接挂到起重机的吊钩上起吊集装箱，如图 4-17 所示。采用这种方法起吊集装箱，需要注意四根钢丝绳与水平面的夹角应大于 60°。这种起吊方式不能用于起吊 20ft 和 20ft 以上的集装箱。

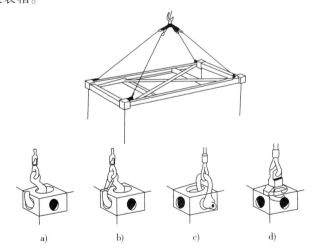

图 4-16 上部单点起吊（用于挂钩）
a) 普通吊钩；b) 安全吊钩；c) U 型钩；d) 旋锁

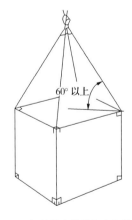

图 4-17 钢丝绳直接挂钩自上部起吊

(5) 采用横梁从下部起吊

采用一根横梁，横梁的两端各系两根钢丝绳，钢丝绳的末端装有手动旋锁，横梁用吊环挂到起重机的吊钩上起吊集装箱,如图 4-18 所示。采用这种方式起吊集装箱,是将钢丝绳末端的手动旋锁插进集装箱下部四个底角件孔中,转动 90°,在确认四个底角件都已锁紧后方可起吊。用这种方式起吊集装箱,工人可在地面操作旋锁。

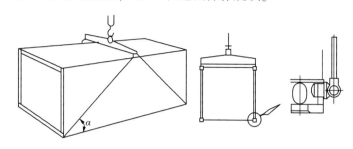

图 4-18　采用横梁从下部起吊

六、集装箱吊具

为了安全迅速地吊运集装箱,大多数集装箱装卸专用机械均采用集装箱吊具作为专用的取物装置。集装箱专用吊具如 20ft 和 40ft 等都与集装箱的规格尺寸配套。集装箱吊具按其结构特点,可分为 4 种型式。

1.固定式吊具

固定式吊具可分为直接吊装式和吊梁式两种。直接吊装式固定吊具如图 4-19a)所示。它是直接悬挂在起升钢丝绳上的,在吊具上装设有液压装置,通过旋锁机构转动旋锁与集装箱的角件孔连接或者松脱。这种吊具结构简单,重量较小。但一种规格只适用于起吊一种尺寸的集装箱。起吊不同尺寸的集装箱时,必须更换吊具,这不仅要花费较长时间,而且使用起来也不方便。吊梁式固定吊具如图 4-19b)所示。吊梁式固定吊具是将专用吊梁悬挂在起升钢丝绳上,用销轴分别与 20ft 或 40ft 专用吊具相连,则可起吊集装箱。吊梁式吊具更换下面的专用吊具比直接吊装式方便,但重量较大。

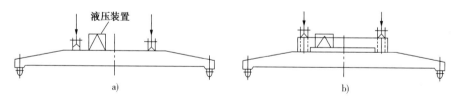

图 4-19　固定式吊具
a)直接吊装式;b)吊梁式

2.主从式吊具

主从式吊具也称组合式吊具。这种吊具由上下两个吊具组合而成。一般上吊具为 20ft,下吊具为 40ft。在上吊具上装有动力装置。起吊不同规格的集装箱时,只要装上或卸下下吊具即可。如图 4-20 所示的主从组合式吊具。其主吊具用于 20ft 集装箱,装有液压装置,通过旋锁机构转动旋锁。当需要起吊 40ft 集装箱时,则通过旋锁连接把 40ft 吊具挂在主吊具下面。40ft 吊具的旋锁机构由装在主吊具上面的液压装置驱动。这种吊具结构较简单,自重小,故障少,拆装和维修保养比较方便。

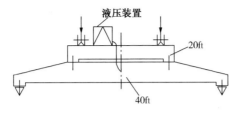

图 4-20　主从组合式吊具

3. 子母式吊具

子母式吊具也称换装式吊具。这种吊具在其专用吊梁上装有动力系统，用来驱动下面吊具上的旋锁机构。在吊梁下可换装 20ft、40ft 等多种规格集装箱固定吊具。

4. 伸缩式吊具

伸缩式吊具是通过液压传动驱动伸缩链条或油缸，使吊具自动伸缩改变吊具长度，以适应装卸不同规格的集装箱。伸缩式吊具虽然重量较大，但长度调节方便，操作灵活，通用性强，生产效率高，因此目前世界上的集装箱专用机械大都采用这种吊具。

伸缩式吊具如图 4-21 所示。它由上架、底架、伸缩架、吊具伸缩装置、旋锁驱动装置、导向装置和吊具前后倾斜装置等组成。

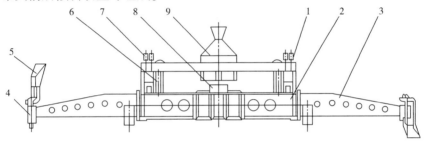

图 4-21　伸缩式吊具

1-上架；2-底架；3-伸缩架旋锁驱动装置；4-旋锁驱动装置；5-导向装置；6-吊具前后倾斜装置；7-吊具滑轮；8-油泵驱动装置和油箱；9-电缆存储器

吊具通过上架的滑轮组和起升绳卷绕系统相连。旋锁驱动装置、导向板驱动装置、吊具前后倾斜装置和吊具伸缩装置均采用液压传动，其共用的油泵驱动装置和油箱装设在底架上。底架通过销轴、吊具前后倾斜装置和上架相连。沿着吊具长度方向可伸缩的伸缩架支承在底架中的滑动支座上，由液压油缸驱动。旋锁驱动装置和导向板驱动装置的液压控制元件装设在伸缩架的端梁上，由油泵经高压软管供油，从运行小车垂下的电缆存放在电缆存储器中。

吊具的伸缩在驾驶室内操纵，伸缩变换吊具长度的时间约需 20s 左右，动作迅速平稳。但吊具结构较为复杂，自重也较大，约 10t 左右。伸缩式吊具是目前最为广泛采用的一种吊具，特别是码头前沿的岸边集装箱起重机和堆场上集装箱龙门起重机更为合适，因为这类机械往往需要吊运不同规格的集装箱，为了提高生产率，要求尽可能缩短更换吊具的时间。

吊具的连接装置是使吊具与集装箱在吊运时连成一体的装置。对于国际标准集装箱，采用旋锁连接装置，即在吊具框架的四角相应于集装箱角件孔位处，装设一个可转动的旋锁,旋锁连接装置如图 4-22 所示。

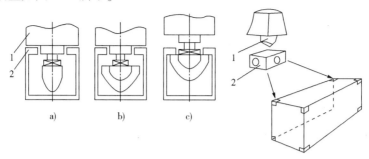

图 4-22 旋锁连接装置
1-吊具旋锁；2-集装箱角配件

当吊具通过导向装置降落到箱体上时,吊具旋锁即准确地插入集装箱角件的椭圆形孔内(图 4-22a),将旋锁转动 90°(图 4-22b),就可锁住集装箱而吊运(图 4-22c)。

吊具四角的旋锁装在相应的旋锁箱内,旋锁箱结构如图 4-23 所示。旋锁箱内有一个顶杆 4,顶杆在弹簧作用下,突出于旋锁体底部。当旋锁 5 进入集装箱角件孔后,旋锁箱底面与集装箱角件顶面接触时,突出的顶杆即被压回。顶杆 4 上端接触开关 1,吊具四角的指示灯和驾驶室操作台上的指示红灯同时发亮,即可转动旋锁,通过液压传动装置使旋锁转动 90°触及限位开关,指示灯绿灯亮,表示旋锁已锁闭,即可开始起吊集装箱。

旋锁顶杆用于产生讯号起到一定的联锁作用。当顶杆被压回、顶端触及开关指示红灯亮时,起升机构下降回路即被切断。而当吊具四个角的旋锁顶杆均被压向箱体,四个角的旋锁全部进入相应的集装箱角件孔后,旋锁驱动装置的动作回路方被接通。驾驶员掀动"闭锁"按钮,即将旋锁与集装箱角锁紧,旋锁液压传动装置的液压缸推动连杆,触及终点行程开关,指示绿灯亮,同时接通起升机构回路。

起升机构上升动作瞬间,旋锁箱底面即脱离集装箱角件顶面,顶杆在弹簧张力的作用下恢复突出旋锁箱体底部,此时吊具四角的指示灯和驾驶室操作台上的指示灯同时熄灭,旋锁驱动装置动作回路即被切断。在这种电气保护下,即使驾

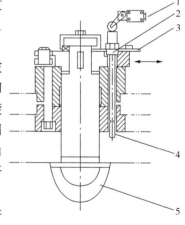

图 4-23 旋锁箱
1-接触开关；2-调整螺栓；3-固定板；
4-顶杆；5-旋锁

驶员操作失误亦不致在吊运集装箱时自动开锁。同时只有在旋锁全开或者全锁时,起升机构才能动作。集装箱吊具上设的电气和机械的连锁安全装置在一个动作没有完成以前,后一个动作不能进行。

伸缩式吊具装有导向装置,它在吊具接近集装箱时起定位作用。当吊具中心线和集装箱中心线偏离不大于 200mm 的情况下,驾驶员不必重新启动行走小车,可放下吊具导向板,吊具即能迅速对准集装箱,使旋锁插入集装箱的角件孔中。导向装置由导向板、摆动液压马达和液压传动系统组成。导向板的末端是用钢板做成的角锥形包角,通常是按集装箱长度方向成对动作,或者两对导向板同时动作。在使用时导向板可转动 180°向下,正好套在集装

箱四个角上。不工作时导向板全部翻转向上,吊具的外廓尺寸和集装箱一致,因而可以畅通地出入集装箱的格栅之间。

吊具通过金属构架上的滑轮组和起升钢丝绳相连,实现吊具的升降。由于在装卸过程中,集装箱船出现横倾或纵倾时,要求吊具在前后、左右方向作一定角度的倾斜,所以常设有允许±5°的吊具倾斜装置,它是通过液压缸伸缩或卷筒钢丝绳的收放来实现吊具倾斜的。图4-21所示伸缩式吊具的前后倾斜装置6是由前后倾斜油缸和液压系统组成的。正常状态时,吊具的上架平面与底架平面互相平行,当倾斜油缸伸缩时,吊具可前后倾斜±5°。

七、集装箱的固定方式

集装箱在运输及搬运过程中,为了防止位移和倾翻,需将集装箱固定在运输搬运工具上,在货场上堆放时,为了防止在大风情况下倾翻,亦需将集装箱进行固定。

1.集装箱在船舶上的固定方式

在船舶上用于固定的工具有集装箱锁垫(分为船舱中使用和甲板上使用两种)、加固杆、箱顶桥形连接件等。

集装箱装载在船舱中时,40英尺的集装箱是利用舱内的栅格来达到固定目的。如果在40英尺的栅格中装载20英尺的集装箱,则应该利用舱内集装箱锁垫进行固定。

集装箱在甲板上进行固定时,甲板表面带有锁孔或锁垫插槽,用甲板上使用的锁垫与集装箱锁孔连接以达到固定目的。同时甲板上的集装箱还应用加固杆进行再次加固。在甲板集装箱装载完毕后,箱垛顶部箱与箱之间有时也要用箱间桥形连接件进行紧固,防止箱垛单纵列倒塌。

集装箱在船上的定位是有一定规律的。以正对集装箱船舶的侧面的视野来看,集装箱横向用bay来定位,每一个bay都有固定的标号,以船头到船尾的顺序,一个20英尺bay用奇数来表示,一个40英尺bay用偶数来表示。如图4-24所示。以正对集装箱船船尾的视野来看,集装箱纵向用"列"来定位,每一列也都有固定的标号,以船舶上中心列为"0"列,中心列左右的列分别用偶数和奇数来标示。如图4-25所示。

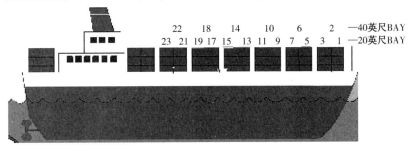

图4-24 集装箱在船舶上的横向定位

2.集装箱在运输车辆上的固定方式

图4-26所示是将集装箱固定在铁路、公路运输车辆上的固定方式。

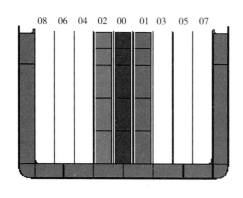 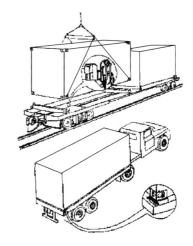

图 4-25　集装箱在船舶上的纵向定位　　　　图 4-26　集装箱固定在铁路和公路运输车辆上

八、吊具自动定位系统及吊具防摇装置

1.吊具自动定位系统

随着现代科学技术的迅速发展,以及对集装箱装卸效率越来越高的要求,目前世界上出现了智能型吊具。所谓智能吊具,即在吊具上安装专门的 PLC 装置,来控制吊具的运动及对整个吊具进行在线动态监控。

对于一般的吊具,如吊具的伸缩梁位置发生了偏移,起重机司机需用手动操作的方式重新予以定位。而吊具自动定位系统则专门用于吊具伸缩梁的准确定位,且可在吊具受强烈外力冲击伸缩梁位置偏移的情况下,自动地调节吊具的长度,使伸缩梁回到原来的位置,从而保持司机所选的吊具伸缩长度值。

自动定位系统由一个伸缩控制器和一个绝对位置编码器组成。绝对位置编码器通过联轴器直接安装在从动链轮轴上,用来检测从动链轮轴的旋转角度,并将此角度值信号不断地传输给伸缩控制器。伸缩控制器一般安装在吊具的主电气接线箱内。伸缩控制器中有必要的程序逻辑来控制吊具的伸缩动作和伸缩长度。它接受发自于司机的吊具伸缩位置信号并控制液压阀上的伸、缩电磁线圈,从而实现吊具的伸缩运动。伸缩控制器的精确定位操作始终贯穿在集装箱装卸的全过程中,也即是能始终保持伸缩梁的正确位置。由于绝对位置编码器检测信号的精度高,而且是完全自动调节,所以司机不必担忧吊具伸缩位置的偏离问题,这样集装箱装卸作业效率可明显提高。

2.吊具防摇装置

带着提升载荷(空吊具或空吊具+满载集装箱)的主小车在运行到预定位置时,依靠减摇装置使悬吊着的提升载荷围绕悬吊点的摇摆幅度在规定的时间内或规定的摇摆周期内减到规定的数值内。这个功能称为吊具的防摇功能。

防摇装置主要分为机械式(包括机械液压式)和电子式两大类。目前在新型岸桥中普遍采用了电子式防摇技术。

电子式防摇装置是模仿"跟钩"动作的自动控制过程。当起制动时吊具等悬吊重物发生摇摆而偏离中心位置时,电子防摇系统根据此时的加速度值的大小和方向,通过电脑的快速运算,使小车进行第二次起(制)动,以达到跟钩动作,保证当制动吊具向前摇到重心最高位置时,小车第二次起(制)动也同时到该位置,这样动能就转化为货物提高的势能使势能下降,从而使摇动逐渐停止。电子式防摇因为小车架上的滑轮组不需分离,故机械布置最为简单;尺寸最小,重量最轻。

第三节　岸边集装箱起重机

岸边集装箱起重机是集装箱码头前沿进行集装箱船舶装卸作业的专用机械,如图 4-27 所示,它是由前后两片门框和拉杆组成的门架,沿着与岸边平行的轨道行走,桥架支承在门架上,行走小车沿着桥架上的轨道往返于水陆两侧吊运集装箱,进行装船和卸船作业。为了便于船舶靠离码头,桥架伸出码头前沿的伸臂部分可俯仰。岸边集装箱起重机具有起升机构、小车运行机构、前大梁俯仰机构和大车运行机构以及集装箱专用吊具和其他辅助设备。对于高速型岸边集装箱起重机,还有吊具减摇装置等。

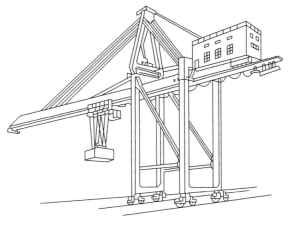

图 4-27　岸边集装箱起重机

一、结构种类

1. 按主梁的结构型式分类

主梁是岸桥金属结构的主要构件,不论采用何种型式,主梁结构必须保证足够的强度和刚度,主梁的长度应满足集装箱装卸作业的对象即集装箱船最大外伸距和后伸距的要求。

(1) 单箱形梁结构主梁

单箱形梁结构主梁只有一根箱形梁,所配置的多是将起升机构置于小车上的载重小车,它悬挂在主梁轨道上运行。单箱形梁的截面有矩形和梯形两种型式。

通常矩形断面的主梁,小车运行轨道设置在主梁上部;梯形断面的主梁,小车运行轨道设在主梁的下部。

单箱形梁结构的前主梁其支承多采用单拉杆,这种型式的主梁结构简单、自重轻,主梁具有良好的抗扭性能。由于梁下具有足够的空间,适合于将起重小车做成自行式载重小车。

(2) 双箱形梁结构主梁

双箱形梁结构主梁由两根箱形梁组成,如图 4-28a)、b)所示,两根箱形梁之间用横梁联接。为了加强结构的刚度,有时在横梁和主梁之间增加平面桁架。

双箱形结构主梁的整体截面有梯形、矩形和由矩形和梯形组合的复合形。梯形断面的双箱形结构主梁的承轨梁可以方便使用轧制的 T 形钢,为小车车轮布置提供了较大空间。

双箱形矩形断面结构的承轨梁布置通常采用两种型式,如图 4-29 所示:一种是插入矩形梁中,如图 4-29a)所示,另一种是采用焊接组合承轨梁,如图 4-29b)所示。这种结构要求承轨梁面板与腹板间的焊缝要保证足够的强度和刚度,要求焊缝要平滑,避免在轮压反复辗压下发生疲劳裂纹。

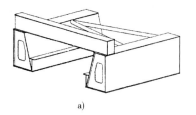
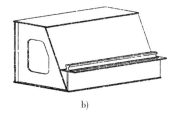

图 4-28 双箱梁截面形式
a) 双箱型梁结构;b) 双箱型梁的梯形截面

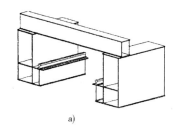
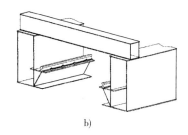

图 4-29 双箱形矩形断面承轨梁的布置形式
a) 承轨梁插入矩形梁式;b) 焊接组合承轨梁

双箱形结构主梁在大型超巴拿马型的岸桥中,是使用最多的一种型式。

（3）板梁与桁架组合结构主梁

这种结构型式的典型结构是两边采用两根焊接组合工字梁,上下水平平面内布置平面桁架,垂直平面内布置桁架或框架。

（4）桁架结构主梁

这种结构型式主梁断面有三角形、矩形和梯形三种型式。三角形断面桁架结构主梁重量轻,但结构尺寸大,制造工艺复杂,维修保养工作量大,一般在码头承载能力不大的情况下或一些需要改造的老码头上采用。适用于外伸距不大,要求自重轻、许用轮压低的岸桥。

2.按起重小车型式分类

按起重小车运行方式可分为自行起重小车式、全绳索牵引小车式、自行非起重式等几种型式。

（1）自行式起重小车

这种型式的起重小车是将运行小车的驱动机构和主起升机构均装在起重小车上。它没有一整套绳索牵引装置,起升绳长度短,钢丝绳使用寿命长,结构紧凑,吊具易于对吊具易于对箱,但小车自重较大（通常可达 60~95 t）,小车轮压也较大,驱动功率大。

（2）绳索牵引小车

这种型式小车的运行驱动机构和主起升机构均设置在小车上,并安装在机器房中。起升和小车牵引钢丝绳经过一套卷绕系统以达到牵引小车运行和起升下降。

牵引式小车的最大优点是大大减轻了起重小车重量,小车轮压大大降低,结构简单,从而减小小车驱动功率。由于起重小车运行驱动是由牵引绳来实现的,在起制动时不受车轮轨道之间的粘着力的影响而产生打滑现象,起制动性能好。这种小车的岸桥相对载重式小车的岸桥,重量轻、轮压小。但这种型式小车增加了一套钢丝绳缠绕装置和牵引绳的张紧装置,卷绕系统较复杂,钢丝绳用量大,增加了钢丝绳和滑轮的维修工作量。在港口设备上大多数岸桥小车运行都采用绳索牵引方式。

(3)自行式非起重小车

这种型式小车的运行驱动设置在小车上,主起升机构设置在机器房内,起升绳从机器房中引出,经过主梁后部滑轮及小车上的滑轮,绕入吊具上架滑轮至前主梁的端部固定。它介于自行式起重小车和全绳索牵引式两者之间,因此自重介于两者之间;无需设置一套牵引绳卷绕系统和张紧装置,滑轮和钢丝绳用量比全绳索牵引式小车要少。

(4)差动减速器驱动机构小车

差动减速箱是3000型岸桥起升与小车驱动机构的主要装置。集装箱的起升、下降运动和小车运动就是靠差动减速箱来叠力完成的。3000型岸桥采用的CXC244.4343型差动减速箱。

3.按可限制岸桥高度分类

有些码头周围、飞机场附近,对岸桥高度有一定限制,因此岸桥的前主梁可做成限制高度的俯仰式、伸缩式、弯折式和主梁升降式等型式。

(1)俯仰式主梁

在工作时,主梁放至水平状态,其主梁下的净空能安全避开船的上层建筑。在非工作时,主梁仰至80°,如图4-30所示。

(2)弯折式主梁(鹅颈式)

这种型式主梁是将前主梁做成可弯折的形式,装卸作业时,主梁可放置水平位置,仰起呈弯折形式,可保证起重机最高点不超过允许的净空高度,因其形状像鹅颈,俗称鹅颈式主梁,如图4-31所示。

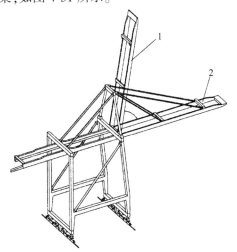

图4-30 俯仰式主梁
1-非工作状态;2-工作状态

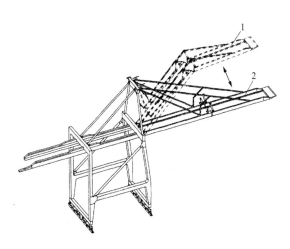

图4-31 弯折式主梁
1-非工作状态;2-工作状态

(3) 伸缩式主梁

这种型式的前主梁可通过一套驱动机构进行伸缩,作业时,前主梁向海侧方向伸出,非工作时,可将前主梁滑移收缩到陆侧框架内。这种岸桥主要适用于对净空高度要求较严的场所。这种型式的前主梁是悬臂梁,受的弯矩大,因此主梁断面尺寸大,重量大,通常采用桁架结构,以减轻主梁重量,如图 4-32 所示。

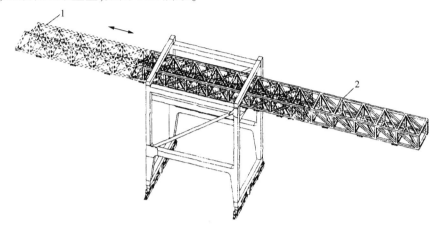

图 4-32 伸缩式主梁
1-非工作状态;2-工作状态

(4) 主梁升降式岸桥

岸桥的大型化、高速化对司机操作提出了更高的要求。在这种情况下,提出了一种主梁升降式的岸桥构想。起重机的主梁以上部分可根据装卸作业需要进行升降,装卸高位箱时,主梁升起;装卸低位箱或小船时,主梁可下降至较低的作业位置。

这种岸桥主要结构件与普通的岸桥基本相同,其特点是在海陆侧门框的 4 个立柱上设置导轨及主梁升降装置,以便实现上部结构沿着导轨作垂直升降运动,且在任何高度位置均设有锁定装置。目前这种主梁升降式的岸桥尚在设计方案阶段。

二、主要技术参数

岸边集装箱起重机的主要技术参数与集装箱的箱型、船型、码头结构和装卸要求等有关系。

1. 起重量

岸边集装箱起重机的起重量是所吊集装箱最大总重量与吊具的重量之和,通常以 Q 表示,单位为吨(t)。

目前集装箱装卸机械产品样本和有关技术书刊中,习惯上把岸边集装箱起重机的起重量定为额定起重量与吊具的重量之和。这里的额定起重量不包括集装箱吊具的重量,为所起吊的集装箱最大总重量。

对于国际标准 40ft 的集装箱,其最大总重量取 30.5t。目前世界各国岸边集装箱起重机普遍采用伸缩式吊具,其重量一般为 10t 左右。随着结构的不断改进,有的伸缩式吊具的重量已减小到 8~8.5t。固定式吊具的重量则比伸缩式小,且较不易损坏,尽管更换吊具需要一定的时间,但近几年出现了以固定式吊具代替伸缩式吊具的趋势。目前各种岸边集装箱起重机起重量一般为60t左右,最大达到100t。

2. 尺寸参数

岸边集装箱起重机尺寸参数的选定,与所装卸的集装箱船船型、集装箱箱型、码头作业条件及装卸工艺等有关。目前,世界上海上集装箱运输以第六代集装箱船为主,其代表船型的载重量为30万吨,载箱量为10000TEU以上,船宽约49m。岸边集装箱起重机的尺寸参数包括起升高度、外伸距、内伸距、轨距、基距和门架净空高度等。

(1) 起升高度

起升高度应根据船舶型深、吃水、潮差和船上集装箱的装载情况来定。巴拿马型船集装箱起重机的轨上起升高度通常为27m以下,超巴拿马集装箱起重机在27~36m之间,而现在则要求达到40m多。

(2) 外伸距

外伸距是指岸边集装箱起重机水侧轨道中心线向外至吊具铅垂中心线之间的最大水平距离。

外伸距的确定应根据船宽并考虑在甲板上堆放四层8ft6in高的集装箱,在船舶横倾向外倾斜时,仍能吊走甲板上外舷侧最上层的集装箱。目前,主流岸边集装箱起重机的外伸距为62m以上,可接卸22排以上甲板载箱,最大型岸边集装箱起重机的外伸距达到73m,可接卸目前最大的1.4~1.8万TEU集装箱船舶。

(3) 内伸距

内伸距是指岸边集装箱起重机陆侧轨道中心线向内至吊具铅垂中心线之间的最大水平距离。

为了保证装卸船舶的装卸效率,在码头前沿水平搬运机械(如跨运车、底盘车等)来不及搬运的情况下,内伸距就可起到某些缓冲作用。此外,考虑到起重机要把舱盖板吊放到内伸距范围下和起重机陆侧不同的供电方式对内伸距的要求,内伸距一般取7~11m。

(4) 轨距

轨距是指岸边集装箱起重机两行走轨道中心线之间的水平距离。

轨距的确定,应使岸边集装箱起重机具有足够的稳定性和考虑到由于轨距变化给起重机轮压带来的影响。同时,要考虑码头前沿的装卸工艺方式。目前一般轨距为30m,最大达到35m。

(5) 门架净空高度

门架净空高度取决于门架下通过的流动搬运机械的外形高度,主要考虑通过跨运车,并留出一定的安全间隙0.8~1m。堆码三层集装箱,通过两层集装箱的跨运车的外形高度约为9m,则门架的净空高度可取10m。

(6) 基距

基距是指同一轨道上两个主支承中心线之间的距离。门框内的空间应能通过40ft(12m)集装箱、大型舱盖板(14m×14m)并考虑在装卸过程中可能产生的摆动,两边须留有一定的间隙,则门框内的有效宽度应约为16m。

3. 工作速度

工作速度的选定应满足装卸生产率的要求,并对各机构的工作速度进行合理分配。提高升降和小车运行速度对缩短装卸工作循环时间意义较大,但在速度分配时还要尽量使之与电动机的容量规定相配合,并尽可能使机电设备配件通用化,以便于维修更换。此外,起重机工作速度的提高会增加吊具的摇摆,集装箱对位更加困难,对位时间相应增加。因此,必须采用效果良好的减摇装置。

(1)起升速度

起升速度通常设有两种,即起吊额定负荷量时的起升速度和空载起升速度。空载起升速度通常是满载起升速度的一倍以上。普通型岸边集装箱起重机的起升速度为:满载50m/min,空载120m/min,相应的设计生产率为30TEU/h左右。高速型岸边集装箱起重机的最大起升速度达到400m/min。

(2)小车运行速度

岸边集装箱起重机的小车行走距离一般都在50m左右,小车运行时间约占整个工作循环时间的25%左右。因此,提高小车运行速度对缩短工作循环时间,提高生产率是有意义的。但是,小车运行速度的提高,将会增加吊具的摇摆和驾驶员的疲劳,因此必须具有效果良好的减摇装置,并对小车和驾驶室采取减振措施,为驾驶员创造舒适的操作条件。普通型岸边集装箱起重机的小车运行速度一般为120～180m/min,高速型为180～300m/min,并在向350m/min发展,根据实际使用情况,小车运行速度在140m/min以上,必须装设吊具减摇装置。

(3)大车运行速度

移动大车的目的是调整作业位置。因此,对大车运行速度并不要求很快,一般在25～45m/min即可。

(4)臂架俯仰时间

臂架俯仰时间是指将臂架仰起和放下一个工作循环所需要的时间。由于臂架俯仰机构属于非工作性机构,在集装箱船舶靠离码头或移泊时,岸边集装箱起重机需将臂架仰起来,以便让船通过,故速度较低。一般一个俯仰工作循环,即臂架仰起和放下,取8～10min。

三、工作机构

1.起升机构

岸桥起升机构的作用是实现集装箱或吊具吊梁升降运动,它是岸桥最主要的工作机构。

起升机构除了采用专用集装箱吊具起吊集装箱外,还可以通过吊钩梁对重件、件杂货进行装卸作业。

由于岸桥通常用4根钢丝绳并通过吊具滑轮形成8根独立的钢丝绳承受外载荷。为便于更换绳,通常将两根卷扬钢丝绳的4个绳头分别固定在卷筒上。

起升机构的布置形式为:一台减速器居中,两侧布置电机和卷筒,如图4-33所示。

该布置形式结构紧凑,占机器房空间小,也有利于减小钢丝绳对卷筒的偏角,但减速器体积和重量较大,需配备大起重量的维修起重设备。采用这种布置形式,要考虑方便电机的接线盒部位的维修,位于卷筒和电机之间的制动器应注意留有安装和调整空间。卷筒轴经过链传动带动起升高度限制器,在起升高度的上限和下限时自动切断起升和下降回路。起升机构还装设有超负荷限制器。

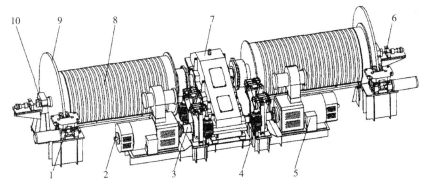

图 4-33　起升机构典型布置

1-低速级制动器;2-测速开关;3-制动器联轴器;4-高速级制动器;5-电机;6-凸轮限位开关/超速开关;7-减速箱;8-卷筒;9-低速制动器;10-卷筒支座

起升钢丝绳卷绕系统如图 4-34 所示。左右两侧双联卷筒的四根钢丝绳分为两组,绕经大梁后端滑轮、小车滑轮、吊具起升滑轮,再经小车滑轮至大梁前端固定。

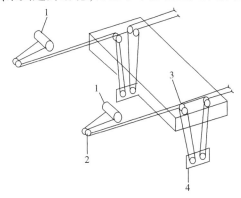

图 4-34　起升钢丝绳卷绕系统

1-起升卷筒;2-后大梁端部滑轮;3-小车滑轮;4-吊具起升滑轮

自行小车式的岸边集装箱起重机,其起升机构、小车行走驱动装置安装在行走小车车架上。起升钢丝绳由卷筒直接绕经吊具滑轮,没有复杂的卷绕系统。自行式小车的定位和微动操作较为简便,易于准确地确定位置。但小车自重较大,使整机自重增加,轮压加大。

为了适应集装箱的倾斜,以保证吊具能与不处于水平状态的箱体锁扣,就必须使吊具倾动。吊具的倾动可以由吊具本身设置倾动油缸来实现,也可以由吊具卷绕系统中增设吊具倾斜装置来实现。

图 4-35 所示是一种能使吊具实现纵向倾斜的起升机构卷绕系统图。倾斜装置 7 安装在陆侧伸臂端部,由电动机、减速器和摩擦卷筒组成。两根起升钢丝绳从两个起升卷筒通过吊具纵向同侧滑轮,一直伸到陆侧端固定滑轮,并卷绕到倾斜装置的卷筒上,吊具升降时,开动两起升卷筒。若吊具需要纵向倾斜时,只需开动倾斜卷筒(此时起升卷筒不动作),就可以使吊具本身纵向与水平位置产生倾斜角。这种吊具的横向倾斜可由吊具本身装设的横向倾斜油缸来完成。

图 4-36 所示是一种使吊具既能进行纵向又能进行横向倾斜的卷绕系统。这种卷绕系

统是每根钢丝绳由一个起升卷筒驱动,钢丝绳通过海侧伸臂端部滑轮绕过吊具横向同侧滑轮一直伸到陆侧伸臂端部固定滑轮,并卷绕到倾斜装置的卷筒上形成闭合回路。这种绕法如果要纵向倾斜,倾斜装置是不动的,只需开动两个起升卷筒中的一个就可达到目的。若要横向倾斜则要开动倾斜装置来实现。因此,它既可横向倾斜,又可纵向倾斜。但其电气控制方面较为复杂,即在起升(或下降)时,两个起升卷筒须同时动作,而在需要吊具纵向倾斜时,两个卷筒则须分别动作。

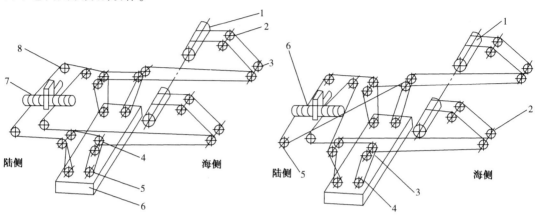

图 4-35 能使吊具实现纵向倾斜的起升机构卷绕系统图
1-起升卷筒;2-导向滑轮;3-海侧伸臂端固定滑轮;4-小车上的滑轮;5-吊具上的滑轮;6-吊具上的滑轮;7-倾斜装置;8-陆侧伸臂端固定滑轮

图 4-36 能纵向、横向倾斜的起升机构卷绕系统
1-起升卷筒;2-海侧伸臂端固定滑轮;3-小车上的滑轮;4-吊具上的滑轮;5-陆侧伸臂端固定滑轮;6-横向倾斜装置

2.小车运行机构

由于岸边集装箱起重机的伸臂前伸距离较大,减小小车重量对金属结构部分有着重要影响,故多采用全绳索牵引式小车。它是将起升驱动装置和小车运行驱动装置都设置在机房内,而通过钢丝绳牵引来实现小车运行。其钢丝绳卷绕系统如图4-37所示。钢丝绳由一台电动机通过减速装置带动两个卷筒驱动,卷筒卷绕两组共四根钢丝绳,其中两根钢丝绳绕经后大梁端部滑轮,末端与小车车架后端连接,另两根钢丝绳绕经前大梁端部滑轮,末端与小车车架前端连接。其特点是:小车的起动和加速性能较好,不致产生打滑现象;小车自重大大减小,起重机前伸臂的载荷减小,整机重量减小,码头建造费用相应降低。但更换钢丝绳较为费事。

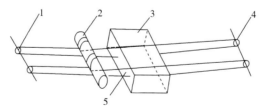

图 4-37 运行小车钢丝绳卷绕系统
1-后大梁端部滑轮;2-卷筒;3-小车车架;4-前大梁端部滑轮滑轮;5-钢丝绳末端

自行小车式和半绳索牵引小车式的小车运行机构则由两套或四套独立的包括直流电动

机、减速器、制动器及车轮等组成驱动装置,运行机构装设在小车上,驱动小车运行。

3.大车运行机构

岸边集装箱起重机在装卸作业过程中,需要经常移动大车对准船上的箱位,并不致碰撞邻近的集装箱和船舶的上层建筑,因而要求大车运行机构具有较好的调速、微动和制动性能,所以通常采用直流电动机驱动。

大车行走机构由设在门框下的4组行走台车组成。为使每个行走轮受力均匀,装有两个车轮的行走台车通过中间平衡梁、大平衡梁再与门框下横梁铰接。整个岸桥的重量通过4个支座法兰或铰轴耳板传给大平衡梁,再通过中平衡梁,使重量均布到行走台车上。每台行走装置都配有50%的驱动机构,从电机输出的转矩,经减速箱增大,驱动10轮行走装置中的5个车轮。海、陆侧行走装置两端设有液压缓冲器。

(1)车轮布置形式

岸桥门框下的每套行走台车组的车轮数量为10轮。按照台车平衡梁的构造形式和车轮数量,其典型布置形式如图4-38所示。

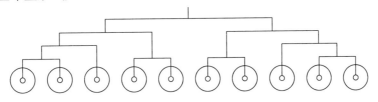

图4-38　10轮台车布置形式

(2)驱动形式布置

大车的驱动形式多样,下面就简单介绍通用的几种形式。

卧式驱动如图4-39所示。

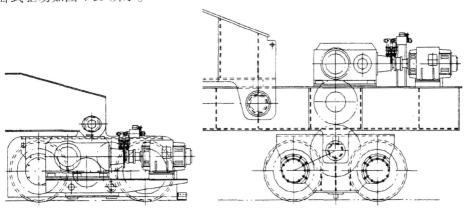

图4-39　卧式驱动布置形式

平行轴减速器驱动如图4-40所示。

全轮制动的驱动形式如图4-41所示。

大车运行机构还装设各种安全保护装置,如缓冲器(安装在均衡车架外侧,以便当邻近两台岸边集装箱起重机发生碰撞时,起到缓冲作用)、防爬楔、夹轨器、锚定装置等。非工作状态时,将防爬楔楔入车轮踏面与轨道顶面之间,以防止在阵风情况下起重机沿轨道滑移。当风速大时,应使用夹轨器和锚定装置。

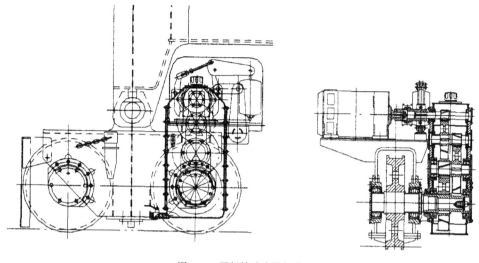

图 4-40 平行轴减速器驱动

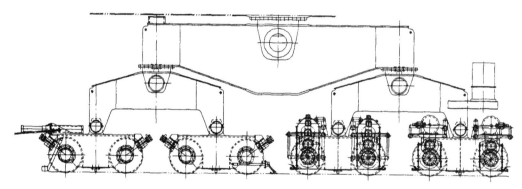

图 4-41 全轮制动的驱动形式

4.前大梁俯仰机构

岸边集装箱起重机的前大梁俯仰机构是调整性机构。当船舶停靠或离开码头以及起重机移动舱位时,运行小车行至起重机跨度以内,通过俯仰机构使前大梁仰起。作业时,通过俯仰机构放下前大梁,供小车运行,俯仰机构即停止工作。

机构驱动装置的布置形式为电机与卷筒位于减速器两侧,如图 4-42 所示。

俯仰机构的驱动装置设置在机房内。它由直流电动机、减速器、卷筒、制动器和限位开关等组成。通过钢丝绳卷绕使前大梁伸臂俯仰,俯仰钢丝绳卷绕如图 4-43 所示。两根俯仰钢丝绳分支由双联卷筒引出,经过双联滑轮组后,连接在平衡滑轮上,双联滑轮组的定滑轮动减速装置和限位开关和动滑轮分别装于人字架的上横梁上和前大梁的俯仰滑轮架上。平衡滑轮安装在人字架上横梁后侧,用以补偿两侧俯仰钢丝绳的伸长不均。在前大梁俯仰的终点位置,装有自动调节装置。当前大梁起升到终点位置时,驾驶室内有信号灯指示,并通过装于人字架上的安全钩拴锁,以使钢丝绳处于松弛状态;当前大梁放下时,先将前大梁微微仰起,并立即停止后,由液压推杆将安全钩抬起,即可放下前伸臂。

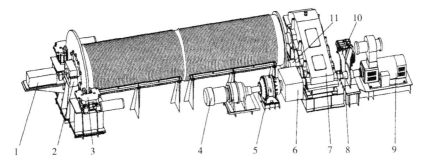

图 4-42 俯仰机构驱动装置形式
1-凸轮限位器;2-卷筒支座;3-低速级液压盘式制动器;4-应急电机;5-应急减速器;6-应急换档器;7-减速器;8-高速级联轴器;9-直流电机;10-高速级制动器;11-测速超速开关

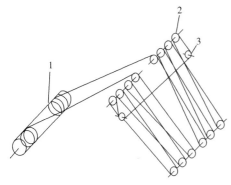

图 4-43 前大梁伸臂俯仰钢丝绳卷绕系统
1-俯仰卷筒;2-平衡滑轮;3-定滑轮

四、减摇装置

岸边集装箱起重机的小车运行距离较长,运行速度也较高。当小车起动和制动时,吊具及所吊的集装箱会在小车运行方向上发生摇摆。小车运行速度越高,所产生的摇摆越严重。据试验,当小车运行速度达到 180m/min 以上,在小车制动驻车后,吊具及其集装箱的摆幅可达 2m,要经过 30s 左右摆动才能停止,从而影响安全作业。由于吊具需要与集装箱对位,尽管吊具上装有导向装置,但它只能在吊具与集装箱连接位置相距 150~200mm 范围内才能有效地工作,而且摇摆使对位时间延长,对装卸效率影响极大。因此,对于小车运行速度较高的岸边集装箱起重机,必须装设减摇装置。目前,世界各国对吊具减摇装置的性能,要求在起吊离开地面 10m,小车以额定速度运行,制动驻车后 10s 内,应将吊具的摇摆量控制在 ±10cm 以内。吊具与所起吊的集装箱的摇摆量与驾驶员的操作有很大的关系。实践表明,小车行走速度在 130m/min 以下可不必装设减摇装置。目前,减摇装置的形式很多,现介绍其中的几种。

1. 应用减摇绳的减摇装置

应用减摇绳的减摇装置是利用减摇绳的水平拉力起减摇作用的,如图 4-44 所示。在吊具上除起升绳外,四根减摇绳 2 斜拉在吊具 1 的四角上,通过能在小车架上移动的托架 3 上的滑轮 4,绕到用液压马达 6 带动的卷筒 5 上。液压马达与起升电机相连锁,使减摇绳和起升绳同时收放升降,并始终保持张紧状态。当吊具的悬挂长度增大时,行走托架在动力带动下,可沿小车梁下部轨道移动,拉开托架间距离,以保证减摇绳的斜拉角具有足够的数值,即始终保持四根减摇绳具有足够的水平拉力拉住吊具,从而达到减摇的目的。

2. 摩擦离合器式减摇装置

摩擦离合器式减摇装置是利用其摩擦在吊具摇摆时消耗摆动的部分能量来减少摇摆的。图 4-45 所示为摩擦离合器式减摇装置的工作原理图。在吊具滑轮 1 的轴上装有锥形齿轮 2,锥形齿轮 2 与吊具滑轮 1 一起转动,并与摩擦离合器 6 连接的锥形齿轮 7 相啮合。当

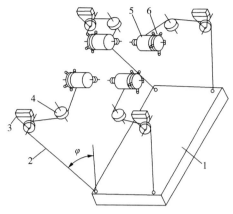

图 4-44 减摇绳的减摇装置
1-吊具；2-减摇钢丝绳；3-托架；4-滑轮；5-卷筒；6-液压马达

吊具发生摇摆时，吊具滑轮在起升绳张力差的作用下转动，起均衡滑轮的作用。左、右吊具滑轮分别带动其锥形齿轮2同方向转动（若吊具向A方向摆动，左、右吊具滑轮同时逆时针转动；若吊具向S方向摆动，左、右吊具滑轮则同时顺时针转动）。作为与摩擦离合器的固定摩擦片分别连接的左、右锥形齿轮7，在与相啮合的锥形齿轮2的带动下以相反方向转动，使摩擦离合器起作用，以摩擦消耗摆动能量，从而使摇摆迅速衰减，起到减摇作用。

3.撑杆式减摇装置

撑杆式减摇装置如图4-46所示。它是在小车梁5下面每侧各铰接两根减摇撑杆3，撑杆端部装有导向滑轮，起升绳从小车固定滑轮绕过撑杆端部滑轮到吊具滑轮上。当集装箱出现摇摆时，油缸4带动撑杆向外撑开，把起升绳之间的角度θ撑大，即增大水平拉力拉住集装箱，从而起到减摇效果。

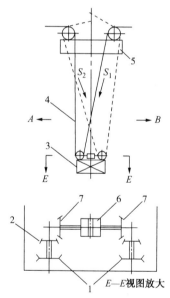
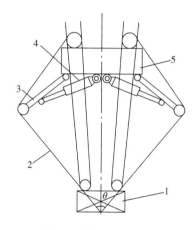

图 4-45 摩擦离合器式减摇装置
1-左右吊具滑轮；2-锥形齿轮；3-吊具；4-起升绳；5-小车梁；6-摩擦离合器；7-左右锥形齿轮

图 4-46 撑杆式减摇装置
1-吊具；2-起升绳；3-减摇撑杆；4-液压油缸；5-小车梁

4.跷板梁式减摇装置

跷板梁式减摇装置如图4-47所示。它是由跷板梁和装在行走小车上的液压缓冲油缸所组成。它是将集装箱吊具的摇摆动能转化为跷板梁的转动能量，迅速地被缓冲油缸吸收并缓冲，以此达到减摇的目的。跷板梁式减摇装置的工作原理如图4-48所示。当行走小车以额定速度运行时,集装箱将大致位于行走小车的中心线上,如图 4-48a)所示。当行走小车减速时,由于惯性的作用,集装箱如图 4-48b)所示,摆向前进方向。此时,左边钢丝绳 5 的张力大于右边钢丝绳 4,从而跷板梁也跟着倾斜。在这种情况下,跷板梁的倾斜能量将由液力缓冲缸吸收,因而集装箱的摇摆量为 S_1(如没有液力缓冲缸,摇摆量则为 S_0)。由于集装箱的摇动受到阻力,于是集装箱将如图 4-48c)所示,往相反的方向回摆。此时,跷板梁也跟着往相反的方向倾斜,并迅速吸收集装箱的摆动能量。因此,集装箱摇摆量 S_2 将大大小于 S_1。如此往复数次,便将集装箱的摇摆能量转化为跷板梁的转动能量,并被缓冲油缸迅速吸收而使其缓冲,从而达到减摇的目的。

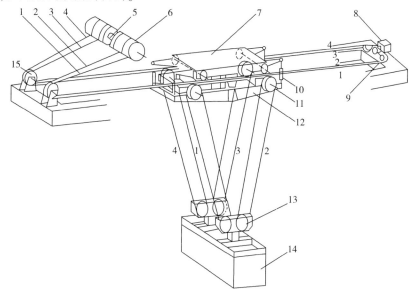

图 4-47 跷板梁式减摇装置

1、2、3、4-起升钢丝绳;5-纵倾控制离合器;6-起升卷筒;7-行走小车;8-横倾控制离合器;9-前伸臂端部滑轮;10-液力缓冲缸;11-小车滑轮;12-跷板梁;13-吊具滑轮;14-集装箱;15-后伸臂端部滑轮

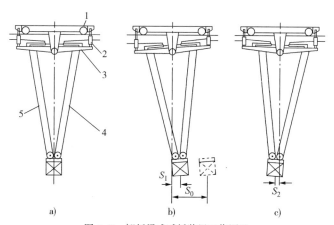

图 4-48 跷板梁式减摇装置工作原理
a)匀速前进时;b)减速时;c)集装箱回摆时
1-行走小车车架;2-液力缓冲缸;3-跷板梁;4-右边钢丝绳;5-左边钢丝绳

这种减摇装置在正常运行条件下,无论是满载或是空载,都可以在 5s 以内使集装箱的摇摆衰减至±5cm 范围内。该减摇装置的结构简单,操作容易,工作平稳,不使用复杂的电气、机械控制系统,仅由机械式上下摇动的跷板梁和液力缓冲缸进行减摇,无需精确的转速调整措施,也没有其他另加的减摇钢丝绳和滑轮等。

第四节　集装箱龙门起重机

集装箱龙门起重机有轨道式和轮胎式两种。

一、轨道式集装箱龙门起重机

轨道式集装箱龙门起重机是集装箱货场进行装卸、堆码集装箱的专用机械,如图 4-49 所示。它由两片双悬臂的门架组成,两侧门腿用下横梁连接,两侧悬臂用上横梁连接,门架通过大车运行机构在地面铺设的轨道上行走。在港口多采用双梁箱形焊接结构的轨道式集装箱龙门起重机,个别采用 L 形单梁箱形焊接结构。在集装箱专用码头上,岸边集装箱起重机将集装箱从船上卸到码头前沿的挂车上拖到堆场,用轨道式集装箱龙门起重机进行装卸堆码作业,或者相反。集装箱专用码头货场上轨道式集装箱龙门起重机的工作速度应与码头前沿岸边集装箱起重机的生产率相适应,以保证码头前沿不停顿地进行船舶装卸作业。对于标准集装箱码头,在 1 个泊位配备 2 台岸边集装箱起重机的情况下,货场一般配备 3 台跨度为 30~60m 的轨道式龙门起重机,其中 2 台供前方船舶装卸作业,1 台供后方进箱和提箱用。我国大连起重机器厂制造的用于集装箱码头和中转站的 DQ 型轨道式集装箱龙门起重机,额定起重量为 30.5t,适用于装卸 20ft、30ft 和 40ft 集装箱,其跨度为 30m,双悬臂伸距各为 12.25m,起升高度 12m,起升速度约为 13m/min,大车运行速度约为 71m/min,小车运行速度约为 57m/min,小车可回转±210°,回转速度约为 1.23r/min。吊具为伸缩式,并设有减摇装置。

图 4-49　轨道式集装箱龙门起重机

为了便于装卸集装箱半挂车和汽车,在轨道式集装箱龙门起重机的载重小车上还装有回转机构。转盘下面有4个滚轮,其中2个为主动滚轮,由2台对称布置的驱动装置驱动,在固定的小车环形轨道上行走。另一种形式的回转小车采用大直径滚柱轴承,结构紧凑,回转平稳,只需一套回转驱动装置。

轨道式集装箱龙门起重机较轮胎式集装箱龙门起重机跨度大、堆码层数多,可以充分利用堆场面积,提高堆场的堆存能力。轨道式集装箱龙门起重机结构较为简单,操作容易,维修方便,有利于实现自动化控制。

二、轮胎式集装箱龙门起重机

轮胎式集装箱龙门起重机如图4-50所示,也是集装箱货场进行装卸、堆码集装箱的专用机械,它由前后两片门框和底梁组成的门架支承在橡胶充气轮胎上,以便在货场上行走。装有集装箱吊具的行走小车沿着门框横梁上的轨道行走,用以装卸底盘车和进行堆码作业。轮胎式集装箱龙门起重机的驱动形式有两种:内燃机—电力驱动和内燃机—液压驱动。目前,世界各国采用内燃机—电力驱动较为普遍。这种驱动方式是以柴油机带动直流发电机发电,发出的电再供给各机构直流电动机,驱使各机构工作。这种驱动方式的操作性能较好,但动力装置重量较大。

图4-50 轮胎式集装箱龙门起重机

轮胎式集装箱龙门起重机的机构部分主要有起升机构、小车运行机构和大车运行机构,并设有吊具减摇装置和回转装置。回转装置使吊具能在水平面内小范围回转(通常为±5°),以便吊具对准集装箱锁孔。轮胎式集装箱龙门起重机采用了机械液压装置或无线电感应装置,保持在货场上直线行走,并可作90°直角转向,从一个货场转移到另一个货场,一般不载重箱行走。

轮胎式集装箱龙门起重机的起升机构是由直流电动机通过减速器驱动起升卷筒,从而实现吊具升降的。在卷筒的一端装有限位开关,以控制其起升最高位置和下降的最低位置。

轮胎式集装箱龙门起重机小车运行机构有分别驱动和集中驱动两种。分别驱动的两台电动机分别通过减速器驱动左右车轮。集中驱动以一台电动机,往往采用低速轴共轴形式,驱使左右车轮。轮胎式集装箱龙门起重机的小车运行机构一般在轨道两端装有限速开关和限位停止开关,小车在轨道中间段可以全速行驶,而距轨道两端2m处,通过限速开关即自动减速,行至停止限位开关处,即自行停止行走。小车运行机构采用齿轮齿条驱动,如图4-51所示。

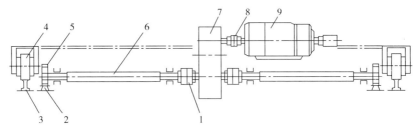

图4-51　齿轮齿条驱动的小车运行机构
1-联轴节;2-齿条;3-小车运行轨道;4-小车行走轮;5-驱动齿轮;6-驱动半轴;7-减速器;8-联轴节;9-电动机

在门架上横梁中部的运行轨道内侧铺设有两根齿条2。小车运行机构由一台电动机9通过联轴节8、减速器7、联轴节1驱动两根半轴6。在半轴6的末端装有驱动齿轮5,齿轮5在齿条2上运行,从而使小车行走。这种驱动方式的优点是小车行走定位比较准确,在风雪天气行走不致出现打滑现象。

轮胎式集装箱龙门起重机的大车运行机构由两台电动机分别通过减速器、链传动驱动起重机两侧的一个车轮行走。大链轮固定在车轮上,车轮随大链轮一起转动。采用螺栓调整减速器的位置以张紧链条。

轮胎式集装箱龙门起重机在货场上只能直线行走,当需要从一个堆场转移到另一个堆场时,必须转向行驶。但由于其跨距大,如按照一般车辆进行任意转向,转弯半径则很大,需占用相当大的堆场面积,因而在集装箱专用码头,均采用90°直角转向方式,仅在货场相当宽敞的内陆集装箱中转站采用定轴转向方式。对于跨距小于10m的轮胎式集装箱龙门起重机,在货场条件允许的情况下,宜采用自由转向方式。

90°直角转向如图4-52所示。轮胎式集装箱龙门起重机装有四套转向装置,即每一条支腿平衡梁的底部装有一套90°转向装置,转向装置由液压缸1、转向销2、拉杆4、锁销液压缸5、销轴6、转向板7和限位开关8等组成。车轮3处于实线位置表示起重机直线行走状态,在这种情况下,锁销6在转向板7的锁口位置A上,当需要作90°转向时,先扳动操纵杆,通过锁销液压缸将锁销6退出,液压缸1推动转向板7回转,并借助于拉杆4使车轮绕转向销2回转90°,此时,车轮处于虚线位置,销口B转到原来锁口A的位置,再用锁销液压缸5将

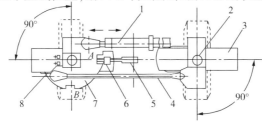

图4-52　90°直角转向装置
1-转向液压缸;2-转向销;3-车轮;4-拉杆;5-锁销液压缸;6-锁销;7-转向板;8-限位开关

锁销锁在锁口 B 中,起重机即可横向运行。整个操作在驾驶室内进行。当起重机开到堆场一头需要转向时,按上述操作过程将车轮转动 90°,然后横行到另一堆场一头,再转向 90°,即可在另一堆场进行装卸作业。在堆场两头转向处,应铺设转向垫板,以防止转向时车轮变形和磨损。

第五节 集装箱正面吊运机

集装箱正面吊运机是一种集装箱装卸搬运机械。它是在 20 世纪 70 年代中期随着集装箱运输的迅速发展,除了码头的前沿机械外,集装箱货场、中转站和铁路场站都要求性能好、效率高、多用途的流动式集装箱装卸搬运机械而开发的一种新机型。它与叉车比较,具有机动性能好、稳定性好、轮压较小、堆码层数高和堆场利用率高等优点,是比较理想的货场装卸搬运机械。集装箱正面吊运机如图 4-53 所示。主要由运行机构,臂架伸缩机构,变幅机构和可以回转、伸缩、横移的吊具等组成。集装箱正面吊运机除运行部分外,臂架俯仰、伸缩、转向及吊具的各项动作均采用液压驱动传动。

图 4-53 集装箱正面吊运机

一、集装箱正面吊运机的结构特点

集装箱正面吊运机的结构具有以下特点:

(1) 有可伸缩和左右回转 120°的吊具,因此特别适应在货场作业。由于吊具可伸缩,能用于不同尺寸的集装箱装卸作业。吊具又可左右回转,在吊装集装箱时,吊运机不一定要与集装箱垂直,即可以与箱子成夹角吊装。在吊起集装箱后,又可转动吊具,使箱与吊运机处在同一轴线上,以便通过比较狭窄的通道。同时,吊具可以左右各移动 800mm,便于在吊装时对箱,从而提高生产效率。

吊具悬挂在伸缩臂架上,可绕其轴线转动。当吊运的集装箱不水平时(如集装箱在半挂车上,而半挂车板面与地面不平),也可以正常操作。因此,集装箱正面吊运机几乎可以在任何条件下在集装箱堆场进行作业。

(2) 有能带载变幅的伸缩式臂架。集装箱正面吊运机一般采用套筒式方型伸缩臂架,臂架的伸缩用液压油缸推动。集装箱的起升、下降运动由臂架伸缩和变幅来完成,它没有专门的起升机构。因为臂架的伸缩和变幅同时进行,所以可获得较大的升降速度,从而具有较高的效率。

（3）能堆码多层集装箱及跨箱作业。由于集装箱正面吊运机在设计时吸取了集装箱叉式装卸车、集装箱跨运车等机械的优点，并考虑到了这些机械的不足，因此，它能够完成其他机械所不能完成的作业。集装箱正面吊运机一般可吊装 4 个箱高，有的可达到 5 个箱高，而且可跨箱作业，这样就可以提高堆场的利用率，如图 4-54 所示。

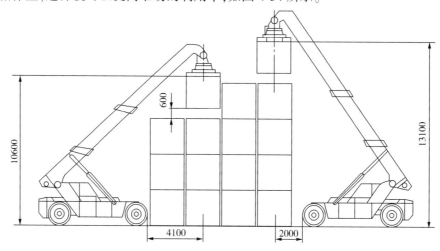

图 4-54　集装箱正面吊运机作业情况（尺寸单位：mm）

（4）集装箱正面吊运机具有多种保护装置，能保证安全作业。由于集装箱正面吊运机是流动机械，而且臂架可带载伸缩和带载变幅，因此，必须具有足够的保护装置来确保安全操作。一般有六种保护装置：

①防倾覆保护。当起吊重量超过各种工作幅度下的允许值时，该保护装置即开始动作，此时臂架不能伸缩、俯仰，吊具不能回转，并且有红色灯光信号警告。

②旋锁动作保护。其一是旋锁完全进入集装箱角件孔内，旋锁才能动作，否则旋锁不能转动；其二是旋锁不在全开或全闭的状态下，臂架伸缩、俯仰和吊具回转都不能动作，同时也有信号灯指示。

③起吊集装箱后，整机不能用高速档行驶，否则发动机自行停止运转。

④变速杆入档后，发动机不能启动。

⑤臂架最大仰角有限位保护。

⑥入档后再拉手制动，发动机即停止。

（5）在吊具上安装吊爪后，可以连集装箱半挂车一起起吊，吊重可达 38t。将集装箱吊具换装为吊钩后可作一般起重机使用。

采用集装箱正面吊运机，可提高装卸效率，与叉车相比，堆场利用率也可提高 80%。但是，集装箱正面吊运机带箱运行时，一般是将臂架升至最大仰角，这时货物重心移至前轴线内，因后桥负荷比空载时增大，将造成后轮胎磨损加剧。

二、结构类型

集装箱正面吊运机按其结构形式可以分为两大类。

1. 单臂架集装箱正面吊运机

单臂架集装箱正面吊运机如图 4-53 所示。其起重臂为单箱式结构,用两根变幅油缸支撑,制造工艺简单。在吊运倾斜的集装箱时,利用吊具与臂架间的自由摆动进行对位。但是,由于吊具与臂架是单支点连接,故吊运装载重心偏移的集装箱时所产生的倾斜,要通过横移吊具保持其平衡。而且吊运机行走时,由于路面不平,易导致摇摆。此外,臂架变幅是由双油缸驱动,由于各种原因,可能出现油缸工作不同步,使臂架受扭。

2. 双臂架集装箱正面吊运机

双臂架集装箱正面吊运机为双起重臂,起重臂为箱形结构。它与单臂架正面吊运机的不同之处是,用两个小断面的臂架代替了一个大断面臂架。两个臂架都可以伸缩,并由两个变幅油缸分别支撑,两个臂架可以分别动作,也可同步动作,因此其结构和液压控制系统比较复杂。由于是双臂架,与吊具是双支承连接,所以吊具稳定件较好,即使遇到集装箱装载偏心或路面不平的情况,也不会引起吊具摆动。同时,在吊运倾斜的集装箱时,可对两臂架采用不同的高度而使吊具就位,如图 4-55a) 所示,并可让两臂架伸出不同的长度而使集装箱转动一定的角度,如图 4-55b) 所示,此角度最大不超过 12°。双臂架集装箱正面吊运机受力比较简单,变幅油缸不存在同步问题。同时,两臂架中间距离较大,驾驶室可放在中间,并可以适当提高其高度,使驾驶员视野较好。

对于双臂架,为了使吊具能旋转较大的角度,必须在平衡架下再安装吊具旋转机构,因而整个吊具高度较大,从而降低了有效起升高度。

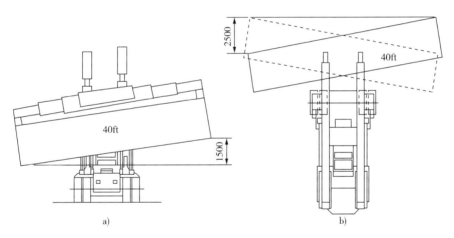

图 4-55 双臂架集装箱面吊运机(尺寸单位:mm)
a) 吊运倾斜集装箱;b) 集装箱转过一定角度

三、主要技术参数

1. 起重量

集装箱正面吊运机的起重量根据额定起重量和吊具的重量来确定。额定起重量一般按所吊运的集装箱最大总重量确定,对于国际标准 40ft 集装箱的最大重量取 30.5t。目前,各厂家生产的起吊 40ft 集装箱的正面吊运机,其吊具重量约为 10t。

2.起升高度

起升高度即堆码高度,一般为4层箱高,如按8ft6in(即2.591m)箱高考虑,还加上一定的安全间隙,故起升高度一般为11m左右。如要求堆五层箱高时,起升高度应不小于12.955m,一般为13m左右(图4-55)。

3.工作幅度

集装箱正面吊运机通常能跨一排箱作业。一般要求在对第一排箱作业时,前轮外沿离集装箱的距离为700mm左右,工作幅度最小应距前轮外沿2m。在对第二排箱作业时,前轮外沿离第一排集装箱的距离为500mm左右,工作幅度最小应距离前轮外沿4.1m,如图4-54所示。

4.车身外形尺寸

集装箱正面吊运机主要用在货场作业,要求能适应狭小的场地条件,因此对通过性能要求较高,需要控制车身宽度和长度。另外,还要考虑整机的稳定性和车架受力情况。一般要求正面吊运机能在7.5m左右的直角通道上转弯,在9.5m左右的通道内能90°转向。因此,要求其最小转弯半径在8.5m左右,最大轴距为5500mm左右,车体带臂架时长度约为7500~8000mm左右,车身宽度一般为3500~4000mm左右。

5.行走速度

集装箱正面吊运机的运行距离一般在40~50m以内较为合理。如距离太远,则应在前沿机械与堆场间用拖挂车来作水平运输。集装箱正面吊运机在满载时只允许低速行驶,因集装箱正面吊运机自重较大,在吊运40t时,整机总重达110t,如行驶速度过快,则对制动、爬坡、整机稳定性以及发动机功率都有较大影响,故满载时最高速度一般不超过10km/h。空载时可高速行驶,一般为25km/h左右。

四、臂架伸缩机构及俯仰机构

集装箱正面吊运机作业时,臂架伸缩和俯仰频繁。采用液压驱动,可使整机操作灵活、轻便、平稳。

1.臂架伸缩机构

为了提高装卸效率,集装箱正面吊运机采用伸缩式箱形臂架,其臂架伸缩和俯仰机构能在满载工况下工作,如图4-56所示。

集装箱正面吊运机臂架的伸缩用液压油缸推动。伸缩段4与基本段3之间的相对运动是由伸缩油缸1驱动的。臂架轴向力由伸缩油缸1来承受,力矩则由支承装置2、5组成的反力矩来平衡。对于承载伸缩的集装箱正面吊运机的内外臂架间,采用托辊式支承装置,其伸缩阻力较小。托辊组支承装置由四个托辊及托辊轴、三组楔形滑块和托盘等组成。楔形滑块的作用是当四个托辊受力不均时,在水平分力差的作用下,滑块作横向移动,使受力较小的托辊上升,从而达到各托辊受力均匀的目的。

2.臂架俯仰机构

臂架俯仰机构采用两个油缸直接推动臂架基本段,使臂架绕三角支承上的轴转动,从而实现俯仰。

左右两侧俯仰油缸采用并联方式。由于臂架基本段的刚件较强,俯仰油缸采用三通接头直接通油。如由于多种原因造成两侧油缸外载不同时,液压系统中油压自然平衡。这样,油缸伸缩即使不同步,臂架及俯仰机构仍能正常工作。

五、吊具

因吊运和堆码集装箱的要求,集装箱正面吊运机的吊具应能旋转120°(左转90°,右转30°);横移1600mm(左、右各800mm);缩入能吊运20ft箱,伸出能吊运40ft箱,具有旋转机构(90°转角);绕吊运机前行轴线摆动(无动力)。另外,吊具还必须装设安全保护装置,以保证吊具未与集装箱连接妥当时,不致吊起集装箱。集装箱正面吊运机的吊具结构如图4-57所示。

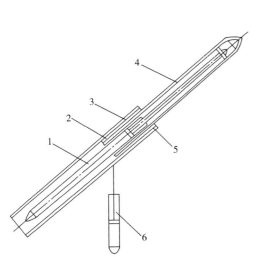

图4-56 集装箱正面吊运机臂架伸缩和俯仰原理图
1-伸缩油缸;2、5-支承装置;3-基本段;4-伸缩段;6-变幅油缸

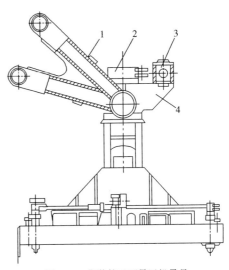

图4-57 集装箱正面吊运机吊具
1-人字架;2-转轴;3-旋转驱动装置;4-旋转支承

1.吊具的旋转机构

吊具的旋转机构一般有三种形式:第一种是用油缸推动。即油缸固定在某一位置时,旋转机构即可固定不动,便于对位和操纵,机构也稳定。这种机构结构简单,有自锁装置。第二种是用液压马达带动齿轮箱的旋转机构,或用大转矩低转速的液压马达直接带动吊具旋转。这种机构由于没有制动装置,所以在停止转动后有不稳定的现象,特别在重载时这种现象更为严重。第二种是用摆动油缸来使吊具旋转。由于摆动油缸采用叶片密封,故在低压时采用较好,在高压时采用则不易解决密封问题。目前采用较多的是油缸驱动,通过吊具人字架与臂架伸缩段连接。当旋转油缸通油后,推动转轴上的连杆使转轴转动,转轴通过横轴带着吊具上架一起转动。

2.吊具横移机构

吊具横移机构一般用油缸驱动。横移油缸一端固定在吊具上架上,另一端与吊具底架固定。在吊具上架上安装有四个滚轮,吊具底架的支承梁就悬挂在这四个滚轮上。当横移油缸伸缩时,吊具底架在吊具上架的四个滚轮上左右移动,带动集装箱左右横移。一般可左右横移800mm。

3.吊具伸缩机构

吊具伸缩机构采用两套油缸驱动,在液压系统中采用并联形式,使两套油缸同时动作,吊具的旋转、横移和伸缩油缸全部采用同一规格,以便更换和维修。伸缩机构的驱动油缸,一端与吊具底架连接,另一端与伸缩架连接。伸缩架在吊运集装箱时变形较大、因此油缸与伸缩架不是固定连接而采用自由连接长形孔。

4.吊具旋锁回转机构

吊具旋锁回转机构的作用是将旋锁回转90°后锁住被吊运的集装箱角件,吊起集装箱;当旋锁转角小于90°即尚未将集装箱完全锁住时,使起升、伸臂等动作不能进行,以保证安全。

第六节 其他集装箱机械

一、集装箱叉式装卸车

集装箱叉式装卸车是用于装卸、搬运和堆码集装箱的一种专用机械。它具有机动性能强和使用范围广等优点,是从普通型叉车逐渐发展成为适应集装箱装卸作业需要的专用叉车,如图4-58所示。集装箱叉式装卸车有集装箱正面叉式装卸车和集装箱侧面叉式装卸车。该叉车可以采用货叉插入集装箱底部叉槽内举升搬运集装箱,也可在门架上装设一个吊顶架,借助转锁与集装箱连接,从顶部起吊集装箱。

图 4-58 集装箱叉式装卸车
a)集装箱正面叉式装卸车;b)集装箱侧面叉式装卸车

集装箱叉式装卸车的性能特点是:其起重量与各种箱型的最大总重量一致。如装卸40ft或20ft轻载集装箱可分别选用起重量为25t或20t的集装箱叉车;载荷中心距(货叉前壁至货物重心之间的距离)取集装箱宽度的二分之一;其起升高度按堆码集装箱的层数来确定;为改善操作视线,将驾驶室位置升高,并装设在车体一侧;为了适应装卸集装箱的要求,除采用标准货叉外,还备有顶部起吊和侧面起吊的专用属具,如图4-59所示;为便于对准箱位和箱底的叉槽,整个货架具有侧移(约100mm)和左右摆动的性能,货叉也可沿货架左右移动,以调整货叉之间的距离。但是,使用集装箱叉车的通道宽度需大于14m,占用通道面积大,集装箱只能成两列堆放,影响堆场面积的利用;满载时前轴负荷和轮压较大,对码头前沿和通道路面的承载能力要求高;叉车液压件多,完好率低,维修费用较高;叉车前方视线较差,对集装箱的损坏率较高。因此,集装箱叉式装卸车一般只用在集装箱吞吐量不大的普通综合性码头和堆场进行短距离的搬运作业。合理搬运距离为50m左右,超过100m用集装箱叉式装卸车搬运是不经济的,在这种情况下,可采用集装箱拖挂车配合使用。

图4-59 配专用属具的集装箱叉式装卸车

集装箱侧面叉式装卸车是一种专门设计带有侧叉的集装箱叉式装卸车。它可将门架和货叉移出,叉取集装箱后收回,将集装箱放置在货台上进行搬运,与集装箱正面叉式装卸车比较,其载箱行走时的横向尺寸要小得多,因而要求的通道宽度也小(约4m);载箱行走时负荷中心在前后轮之间,行走稳定性较好,轮压分配比较均匀。但是,结构和控制较为复杂,装卸视线差,装卸效率也较低。在设计和选用集装箱侧面叉式装卸车时,要求具有门架前后移动、货架侧移和货架左右摆动等性能。为了保证装卸集装箱时车体的稳定性,通常在叉车一侧装设有两个液压支腿,供装卸时使用,行走时收回。因此,还应考虑使码头货场的承载能力与集装箱侧面叉式装卸车的支腿压力相适应。

二、集装箱跨运车

集装箱跨运车是集装箱码头前沿和库场之间短途运输以及堆码集装箱的专用机械。它以门形车架跨在集装箱上,由装有集装箱吊具的液压升降系统吊起集装箱,进行搬运和堆码,可将集装箱堆码2~3层高。还可用于货场上集装箱底盘车的装卸。因此它比集装箱龙门起重机具有更大的机动性。

集装箱跨运车如图4-60所示。它由门形跨架、驱动装置、起升机构、轮胎式的无轨运行机构及其他辅助设备组成。

集装箱跨运车的驱动装置为了适应跨运车的流动性能,均采用柴油机作为动力设备,然后通过液压传动使各机构动作。

门形跨架分为前跨架和后车架两部分。前跨架一般采用管形结构,由四根管形纵梁和四根或六根管形立柱焊成左、右两片。前跨架为起升机构提升架的支承与导轨,其作用与叉车的外门架相似。后车架为箱形结构,作为动力设备、驾驶室以及其他辅助设备的支承。前跨架和后车架焊为一体,即成为门形跨架。

图 4-60 集装箱跨运车

起升机构由提升架及其升降油缸和吊具组成。提升架插入门形跨架前跨架的立柱中,靠装设在前跨架立杆中的四个升降油缸沿立柱作升降运动。起升机构的吊具升降与叉式装卸车的货架相似,油缸头部装有链轮;起升链条的一端固定在前跨架上,另一端绕过链轮与吊具相连,当油缸起升时,吊具以两倍的速度上升。

集装箱跨运车采用轮胎式无轨运行机构。它由运行驱动传动装置以及前跨架底部悬挂的左、右两组从动轮和后车架底部左、右两组驱动轮等组成。目前世界各国集装箱跨运车大多采用机械传动方式。为了减缓传动系统的冲击载荷,改善跨运车的牵引性能,通常在传动系统中采用液力变矩器。后车架上面的驱动装置通过减速器和链传动,把动力传递给驱动轮。

集装箱跨运车的转向系统通常为全部行走轮转向和全液压动力转向系统。转向系统由转向油泵、全液压转向器、流量控制阀、转向动力油缸和转向梯形机构等组成。驾驶员在驾驶室内操纵转向盘,转向油泵输出的压力油经液压转向器配流给位于车架下的转向动力油缸,推动转向梯形机构实现车轮转向。此系统转向轻便灵活。转向动力油缸为双作用活塞式。转向梯形机构由左右两组拉杆和横拉杆组成,保证 8 个车轮在转弯时能够接近纯滚动,以减少轮胎磨损。

三、集装箱牵引车和挂车

集装箱牵引车专门用于拖带集装箱挂车或半挂车、两者结合组成车组,是长距离运输集装箱的专用机械。

集装箱牵引车如图 4-61 所示,其内燃机和底盘的布置与普通牵引车大体相同。但是集装箱牵引车前后车轮均装有行走制动器,车架后部装有连接挂车的牵引鞍座。

集装箱牵引车可按驾驶室的形式分为长头式和平头式。长头式集装箱牵引车的发动机布置在驾驶座的前方,驾驶员受发动机振动的影响较小,比较舒适,发生碰撞时也较安全。此外,打开发动机罩检修也比较方便。但这种车头较长,因而整个车身长度和转弯半径较大。平头式集装箱牵引车的发动机在驾驶员座位上面,舒适感较差。但牵引车的驾驶室较短,视线较好,轴距和车身全长比较短,转弯半径较小。在驾驶员座位后面可以加一小床,以便长途行车时驾驶员换班休息。

集装箱挂车按拖挂方式不同,分为半挂车和全挂车两种,其中以半挂车最为常用。半挂车其挂车和货物的重量一部分由牵引车直接承受,不仅牵引力得到有效发挥,而且拖挂车身较短,便于倒车和转向,安全可靠。半挂车装有支腿,以便与牵引车脱开后,能稳定地支承在地面上。

全挂车是通过牵引杆架使牵引车与挂车连接,牵引车车身亦可作为普通货车单独使用,但操作比半挂车要稍难些。

图 4-61 集装箱牵引车

半挂车有平板式和骨架式之分。平板式半挂车底盘上全部铺有钢板。既可搬运集装箱,也可搬运长大件货物。骨架式半挂车只有底盘骨架,没有铺板平台,又称盘车。

如图 4-62 所示为集装箱牵引车和半挂车,可装两个 20ft 或一个 40ft 集装箱。它由车架、支腿、行走装置、制动装置和集装箱锁定装置组成。车架四角装有旋锁装置,可与集装箱的角配件锁定。车架下部前方装有支腿,有单脚或双脚之分。当半挂车与牵引车分离后,必须使用支腿才能稳定地停住。车架后方有一个或两个车桥,装有若干组轮胎。车架与车桥之间采用钢板弹簧悬架。车轮制动器采用气制动,以便与牵引车的制动系统连接或分离。对于 20ft 和 40ft 集装箱兼用的半挂车,除了在车架四角装有旋锁件之外,还在车架中部装有四个起伏式旋锁件,当搬运 40ft 集装箱时可将中部旋锁件伏下不用。

图 4-62 集装箱牵引车和半挂车

复习思考题

1. 集装箱机械有哪些起吊方式?各种起吊方式的特点及适用场合是什么?
2. 集装箱吊具有哪几种类型?
3. 伸缩式吊具由哪些部件组成?各部分有何作用?
4. 何谓岸边集装箱起重机?它由哪些机构组成?
5. 岸桥各机构的作用是什么?

6. 岸边集装箱起重机有哪些技术参数?

7. 集装箱吊具为何要安装倾动装置?倾动装置有哪些形式?它们是如何实现吊具倾动的?

8. 分别叙述能使吊具实现倾斜的装置的结构特点和动作原理。

9. 在岸边集装箱起重机中为何要安装减摇装置?减摇装置有哪些类型?对减摇装置有何要求?

10. 集装箱龙门起重机有哪两种类型?两者有何异同。

11. 轮胎式集装箱龙门起重机的小车运行机构采用哪种驱动传动形式?有何特点?

12. 集装箱正面吊运机由哪几个机构组成?集装箱的升降由哪些机构动作来实现?集装箱正面吊运机有哪些特点?

13. 在集装箱正面吊运机上安装有哪些安全保护装置?

14. 集装箱叉车、跨运车、牵引车、挂车各适用于哪些场合?